Claudia Heyne
Tatort Couch

Claudia Heyne

TATORT COUCH

Sexueller Mißbrauch in der Therapie
– Ursachen, Fakten, Folgen
und Möglichkeiten der Verarbeitung

Mit Beiträgen von
Marco Nicola, Barbara Schüller, Irmgard Vogt, Ursula Wirtz

Kreuz Verlag

Alle in diesem Buch enthaltenen Angaben, Daten, Ergebnisse etc. wurden von der Autorin nach bestem Wissen erstellt und von ihr mit größtmöglicher Sorgfalt überprüft. Gleichwohl sind inhaltliche Fehler nicht vollständig auszuschließen. Daher erfolgen die Angaben etc. ohne jegliche Verpflichtung oder Garantie des Verlags oder der Autorin. Beide schließen deshalb jegliche Verantwortung und Haftung für etwaige inhaltliche Unrichtigkeiten aus, es sei denn im Falle grober Fahrlässigkeit.

Die Deutsche Bibliothek – CIP-Einheitsaufnahme

Tatort Couch: sexueller Mißbrauch in der Therapie –
Ursachen, Fakten, Folgen und Möglichkeiten der Verarbeitung /
Claudia Heyne. Mit Beitr. von Marco Nicola... – 1. Aufl. –
Zürich: Kreuz-Verl., 1991
ISBN 3-268-00119-X
NE: Heyne, Claudia

1. Auflage
© Kreuz Verlag AG Zürich 1991
Umschlaggestaltung: Jürgen Reichert, Stuttgart
Umschlagbild: René Magritte »Der bedrohte Mörder«,
© 1991, COSMOPRESS, Genf.
Gesamtherstellung: Ebner Ulm
ISBN 3 268 00119 X

Inhalt

Denen, die mir Eltern waren

Vorwort

»Das Wichtigste«, schrieb Ursula Wirtz in ihrem 1989 erschienenen Buch »Seelenmord. Inzest und Therapie« zum Thema des sexuellen Mißbrauchs in der Psychotherapie, »scheint mir gegenwärtig, daß in der Öffentlichkeit ein Bewußtsein für das Faktum der sexuellen Ausbeutung in Therapien und Institutionen geweckt wird und etwas zur Veränderung dieser Zustände unternommen werden kann.«

Diesem Anliegen soll dieses als Handbuch konzipierte Buch dienen. Es liegen zwar inzwischen vereinzelte Berichte betroffener Frauen vor, doch fehlte bisher eine Arbeit, die das komplexe Problem in seinen verschiedenen Aspekten differenziert beleuchtet und theoretische wie praktische Informationen übersichtlich geordnet zur Verfügung stellt.

Die jeweiligen Kapitel des Buches beziehen sich aufeinander, sind aber so abgefaßt, daß sie im Prinzip auch einzeln lesbar sind. Dadurch ergeben sich gewisse Überschneidungen. An entsprechenden Stellen finden sich außerdem Verweise auf Kapitel, in denen die angesprochene Problematik vertieft ist. Wo es aus Gründen der Kompetenz sinnvoll war, habe ich einzelne Kapitel an Fachleute (Dr. Ursula Wirtz, Zürich; Dr. Irmgard Vogt, Frankfurt; Rechtsanwältin Barbara Schüller, Freiburg; Dr. Marco Nicola, Basel) delegiert.

Meine eigenen Kenntnisse beziehen sich überwiegend auf das Gebiet der ehemaligen Bundesrepublik, jedoch sind die Erfahrungen aus der Schweiz ebenfalls berücksichtigt. In Österreich sind mir im Hinblick auf das Thema keine besonderen Aktivitäten bekannt. Es besteht aber wenig Grund zu der Annahme, daß dort andere Verhältnisse herrschen sollten, als in Deutschland und in der Schweiz.

Ich wende mich mit meinem Buch nicht nur an betroffene Frauen, sondern auch an Fachleute und ganz allgemein an Interessierte, die sich sachkundig machen wollen; an Frauen beispielsweise, die beabsichtigen, eine Psychotherapie zu beginnen und sich im Vorfeld mit den Risiken auseinandersetzen wollen.

Für betroffene Frauen kann das Buch vielleicht dazu beitragen, das Gefühl der Vereinzelung aufzuheben, sich wiederzufinden, besser zu verstehen, was eigentlich geschehen ist, und Anregungen zu bekommen, wie und wo welche Hilfe möglich ist. Ich hoffe, daß das Buch diesen Frauen Mut machen kann und auch denen, die kaum noch glauben, daß sie die tiefen Verletzungen, die der Mißbrauch hinterlassen hat, je werden verarbeiten können, neue Zuversicht gibt.

Den Fachfrauen und -männern möchte ich das Buch als Mittel an die Hand geben, sich in Hinblick auf die verschiedenen Aspekte der Problematik einen Überblick zu verschaffen. Hierzu dienen einerseits theoretische Informationen, andererseits solche Kapitel, die nachvollziehbarer machen sollen, was typischerweise beim Mißbrauch in der Therapie passiert und warum die Folgen oft so katastrophal sind.

Ich habe über einen Zeitraum von eineinhalb Jahren mit einer ganzen Reihe betroffener Frauen ausführliche Gespräche geführt. So entstand allmählich ein tieferes Verständnis dessen, was den Mißbrauch ausmacht und die häufig schweren Folgeschäden hervorruft. Die Erfahrungen von fünf dieser Frauen sind Grundlage der zentralen Kapitel des Buches. Ich würde mir wünschen, daß ihre Berichte den Leserinnen und Lesern den Zugang zum Verständnis der Problematik eröffnen können.

Ganz bewußt spreche ich hier von »Mißbrauch« und nicht (scheinbar) neutral und wertfrei von »sexueller Beziehung«. Es handelt sich nämlich um eine Beziehung, in der Macht und Abhängigkeit sehr ungleich verteilt sind. Die Frau befindet sich gegenüber dem Therapeuten in einer Abhängigkeitsposition, die am ehesten mit der einer Tochter gegenüber ihrem Vater vergleichbar ist. Aufgrund dieser ausgeprägten Asymmetrie kann es für sie keine wirklich freie Entscheidung für eine sexuelle Beziehung geben. Die freie Entscheidung setzt voraus, daß sich zwei erwachsene Menschen auf einer gleichberechtigten Ebene begegnen.

In der therapeutischen Situation ist das nicht der Fall. Der Therapeut, der dies ja weiß, beutet daher die Abhängigkeit seiner Klientin aus, wenn er mit ihr eine sexuelle Beziehung beginnt. Ausnutzen von Abhängigkeit aber nenne ich Mißbrauch.

Der zweite Grund für die Wahl dieses Begriffes ergibt sich für mich aus den Konsequenzen der sexuellen Ausbeutung für die mißbrauchte Frau. Die Folgen sind, und darin sind sich diejenigen, die sich mit dem Problem wissenschaftlich befaßt haben, einig, den Folgen von Vergewaltigung und Inzest vergleichbar. Dies ist – auch unter Fachleuten – viel zu wenig bekannt, unter anderem deshalb, weil das Thema in Forschung und Lehre, Aus- und Weiterbildung bisher kaum vorkommt. Die zerstörerische Dimension, die eine sexuelle Beziehung zwischen Therapeut und Klientin für die betroffene Frau in aller Regel hat, möchte ich durch die Wahl des Begriffes »Mißbrauch« eindeutig kennzeichnen.

Zweifellos gibt es nicht nur Therapeuten, die Klientinnen mißbrauchen, sondern auch Therapeutinnen, die Klienten ausbeuten. Es gibt auch Therapeuten, die Klienten, und Therapeutinnen, die Klientinnen mißbrauchen. Das soll nicht verschwiegen werden.

Ganz überwiegend aber handelt es sich bei Mißbrauch in der Therapie um sexuelle Beziehungen, die männliche Psychotherapeuten zu Klientinnen aufnehmen.

Dies scheint mir nicht zufällig. Ich glaube, daß sich hier allgemeine Macht- und Ohnmachtverhältnisse zwischen Männern und Frauen, wie sie auch in anderen Varianten sexuellen Mißbrauchs zum Ausdruck kommen, recht genau widerspiegeln.

Deshalb habe ich mich darauf beschränkt, von mißbrauchenden Therapeuten und mißbrauchten Klientinnen zu berichten. Meine Parteinahme gilt selbstverständlich allen Opfern sexueller Ausbeutung, seien es nun Frauen oder Männer.

Ich danke all denen, die mich bei der Arbeit an diesem Buch unterstützt haben, indem sie mir ihre Zeit, ihr Wissen und ihre Erfahrungen zur Verfügung gestellt haben.

Mein ganz besonderer Dank gilt den Frauen, die ihr Schweigen gebrochen haben. Ohne ihre Hilfe wäre dieses Buch nicht zustande gekommen.

Merzhausen, im März 1991   *Claudia Heyne*

Statt einer Einleitung:
»Jetzt aber bin ich bei Ihnen
in Gefahr . . .«

Nein, es war keine Zeitverschwendung. Ich habe viel von Ihnen be-
kommen. Das will ich nicht kleiner machen, als es war, es behält seine
Gültigkeit. Aber ich denke, es ist Zeit, zu gehen. Einmal in meinem Le-
ben bin ich geblieben, wo ich hätte gehen sollen. Ich habe es teuer be-
zahlt. Einmal in meinem Leben habe ich mich verstrickt in eine Lei-
denschaft, bis ich die Kontrolle gänzlich verloren hatte. Ich werde sie
nicht noch einmal aufgeben. Autonomie sei, sagten Sie einmal, die Fä-
higkeit, ja oder nein zu sagen, eine Wahl treffen zu können. Ich treffe
eine Wahl, und diesmal sage ich nein. Es ist wie bei allen Trennungen:
Man will nicht wahrhaben, daß etwas zu Ende geht. Der Wunsch,
dem Schmerz der Trennung aus dem Wege zu gehen, ist so groß, daß
man die Augen verschließt, Warnungen beiseite schiebt und ins offene
Messer rennt, wenn man nicht rechtzeitig geht.
  Ich will Ihnen einen Traum erzählen. Ich war mit meinen Kindern
und meinem Bruder, den ich immer sehr geliebt habe, in einem Mu-
seum, ein Ort, der in der katastrophalen Beziehung zu A. einmal eine
wichtige Rolle gespielt hat. In diesem Museum gab es eine Art Hei-
zung, die nicht richtig funktionierte. Die Flammen schlugen viel zu
hoch. Der Mechanismus der Heizung war sehr kompliziert, und mein
Bruder begann, sich daran zu schaffen zu machen, obwohl der Mecha-
nismus ihm nicht vertraut war. Das war leichtsinnig, ich wußte es ge-
nau. Ich rief ihm Warnungen zu, forderte ihn auf, seine Finger davon
zu lassen, aber er wollte nicht hören und öffnete ein weiteres Ventil.
Mir war klar, daß diese Situation sehr gefährlich war, daß er die
Kontrolle über das Feuer in seiner Blindheit und seinem Hochmut
(das ist die Illusion, alles beherrschen zu können) verlieren würde –
und schon schlugen große Flammen aus dem Ofen und setzten das
ganze Haus in Brand. Ich aber war mit meinen Kindern im letzten
Augenblick aus der Tür geschlüpft. Der Brand konnte dann gelöscht
werden, aber der Schaden war erheblich.
  Die Vorfälle im vergangenen Monat haben – das kann ich nicht
länger übersehen – verschiedene Dinge beeinflußt und verändert. Zum

einen haben Sie eine Grenze überschritten, hinter die wir nicht mehr zurückkönnen. Die Beziehung ist spätestens seitdem keine therapeutische Beziehung mehr, sondern eine ganz normale zwischenmenschliche, nur mit einem speziellen Hintergrund.

Zum anderen und im Zusammenhang damit haben meine Gefühle für Sie sich verändert. Sie sind aus der Sphäre des Irrealen hinübergeglitten ins wirkliche Leben. Ich dachte, Sie seien unerreichbar. Sie sind es nicht. Zum dritten – und das ist die Folge – habe ich kein Vertrauen mehr in Sie.

Ich bin in eine Zwickmühle geraten, aus der ich mich befreien muß. Eine Therapie ist nur sinnvoll, wenn ich offen über alles sprechen kann, was mich beschäftigt, also auch über mein Verhältnis zu Ihnen. Tue ich das aber, so provoziere ich Sie in der jetzigen Situation unentwegt, unabhängig davon, ob ich das beabsichtige oder nicht. Ich würde dauernd zweierlei sich widersprechende Botschaften aussenden: Laß deine Finger von mir, ich will nicht, denn ich weiß, daß es nur zu meinem Schaden wäre, mich auf eine Affäre einzulassen. Und: Ich habe Sehnsucht, ich liebe dich, ich will. Selbst wenn ich es nicht sagen würde, würde es sich in vielem ausdrücken, in der Gestik, in der Mimik, im Tonfall. Darauf hätte ich wenig Einfluß, es sei denn, ich wollte diese Gefühle konsequent vor Ihnen verstecken. Was soll das aber für eine Therapie sein, in der ich meine Gefühle vor Ihnen verstecken muß?

Daß ich mich in Sie verliebt habe, wäre für sich genommen nicht weiter tragisch. Im Gegenteil. Wir könnten darüber sprechen, ich könnte mich damit auseinandersetzen, vielleicht etwas daran erkennen und lernen . . . wenn, ja wenn Sie zuverlässig wären. Nun waren Sie es schon einmal nicht. Zwar habe ich Ihr Angebot eindeutig zurückgewiesen, aber Sie haben keine Distanz. Es sind nur Kleinigkeiten, aber es ist in vielem zu spüren. Anders als in der Vergangenheit habe ich heute nicht mehr die Sicherheit, daß Sie standhalten, und ich wüßte nicht, wohin es führen sollte, wenn so etwas noch einmal passierte. Ich kann meine Hand nicht dafür ins Feuer legen, daß ich imstande wäre, noch einmal nein zu sagen.

Als ich Ihnen vor nicht langer Zeit erzählte, daß ich mich in Sie verliebt hätte, sagte Sie zu mir: Sie suchen das Risiko. Ich frage mich allerdings, wer von uns beiden das Risiko wirklich sucht. Auf dem Hintergrund der jüngsten Erfahrungen läßt sich Ihre damalige Bemerkung auch als Warnung verstehen: Wenn ich mich Ihnen gegenüber *gefühlsmäßig öffne, dann wird es riskant. Sie irren sich, wenn Sie meinen, ich suchte – in der Realität – das Risiko. Ich bin gefährdet, ich muß auf mich achtgeben – aber das tue ich seit geraumer Zeit ganz zuverlässig. Das Risiko mag einen gewissen Reiz haben. Aber es ist ein himmelweiter Unterschied, mit diesen Reizen in der Phantasie spielerisch umzugehen oder aber das Risiko in der Realität aufzusuchen. Das erstere habe ich getan. Jedoch war ich mir der Unlebbarkeit dieser Wünsche bewußt, ich war damit einverstanden, auch wenn ich darüber traurig war; ich konnte damit leben. Sie aber haben das Risiko in der Realität aufgesucht, und das nicht erst seit diesem Überfall. Sie hätten z. B. nur einmal sagen müssen, ich solle Ihnen keine Briefe mehr schreiben – ich hätte es nicht mehr getan. Aber Sie wollten lesen, was ich schrieb, Sie wollen es immer noch. Ich schreibe allerlei, aber das meiste bleibt jetzt bei mir liegen. Sie bekommen es im Unterschied zu früher nicht mehr zu sehen.*

Niemand hat Sie genötigt, mir von Ihren zahlreichen erotischen Affären zu erzählen. Niemand hat Sie genötigt, mir mitzuteilen, daß ich in Ihren Phantasien herumspuke. Und über meine erotischen Phantasien hätten Sie mich auch zu einem weniger brisanten Zeitpunkt befragen können. Im Rückblick sieht es natürlich so aus, als hätten Sie Ihre Therapeutenrolle benutzt, um für sich als Mann zu erfahren, wo denn in meinen Phantasien Ihr Platz ist. Das ist kein schöner Gedanke.

Was war mit dieser Bemerkung über mein braves Kleid, mit dem ich mich wohl schützen wolle? Weniger verschlüsselt: Ich hätte Grund, mich vor Ihnen zu schützen. Und was war mit den Fragen nach dem, was darunter ist? Warum in bezug auf meine Kleidung solche Bemerkungen wie: Wenn ich Sie so sehe, kommt mir die Phantasie, die Träger durchzuschneiden? Sie haben mich mit all dem in Verwirrung gestürzt, aber das wußten Sie ja ganz gut. Ich habe es Ihnen nicht verschwiegen. Erinnern Sie sich, was Sie seinerzeit zu mir sagten, als ich zum erstenmal offen zugab, wie sehr ich mich von Ihnen angezogen fühlte: »Ich werde vorsichtig damit umgehen.« Jetzt sagen Sie selber: Haben Sie es getan?

Dieses Hin und Her. Verbale Distanzierungen, am Anfang der Stunde die kühlen Worte, am Ende die gierigen Gedanken, die besitzergreifenden Hände.

Und dann diese Anrufe bei mir zu Hause. Sie waren – und das wußten wir beide, ein Einbruch in mein Leben, eine weitere Grenz-

überschreitung, eine Fortsetzung der Zwielichtigkeiten auf anderer Ebene.

Wie soll ich in Sie jetzt noch Vertrauen setzen? Natürlich, nachdem ich Ihnen mitgeteilt habe, daß ich Ihr Angebot nicht annehmen möchte, sagen Sie, Sie hätten sich zurückgezogen. Soll ich das glauben, nur weil wir uns im Moment an die Regeln halten? Jenseits der Regeln teilt sich anderes mit. Kühl geredet haben Sie vorher auch. Daran gehalten haben Sie sich nicht.

Ich habe entschieden den Eindruck, daß Sie sich die Tragweite Ihres Verhaltens nicht eingestehen können. Glatt winden Sie sich aus allem heraus, verhalten sich, als wäre nichts gewesen, als könnten wir einfach weitermachen wie vorher. Das ist kein guter Stil. Wundert es Sie wirklich, daß mich das alles so aufwühlt? Finden Sie es wirklich so wenig gravierend, eine Ihrer Klientinnen so zu überfallen? Wie oft sind Sie dem Reiz des Verbotenen denn schon erlegen? Ja, es sind böse Gedanken, die ich jetzt denke. Betroffen zeigten Sie sich über meinen wütenden Brief, in dem ich Sie wegen des Übergriffs beschimpfe. Das ist merkwürdig. Ich meine, Sie hätten Anlaß, über Ihr Verhalten betroffen zu sein. Und dann bieten Sie mir auch noch die Interpretation an, ich sei wütend, weil Sie sich zurückgezogen hätten – das stellt die Dinge doch sehr auf den Kopf. Ich weiß sehr genau, worüber ich weine, wenn ich Freunden von dieser Geschichte erzähle. Warum sollte ich über einen Rückzug weinen, der von mir ausging? Nein, ich weine über den unglaublichen Vertrauensbruch, mit dem Sie mich sehr verletzt haben.

Mich machen zwei Dinge nachdenklich. Erstens, daß das überhaupt passieren konnte. Neben der Frage, wieviel Respekt Sie vor mir haben, ist ein solcher Kontrollverlust doch wirklich erstaunlich. Sie riskieren viel. Ich könnte Ihnen ziemlich schaden. Zweitens macht mich nachdenklich, wie Sie mit der ganzen Situation umgehen. Unter den Teppich kehren, darüber hinweggehen, glatte Entschuldigungen, die erst nach Aufforderung von mir kommen.

Ich habe den Eindruck, als machten Sie sich eine Menge vor. Ihre Souveränität hat sich als unecht erwiesen, die wirklichen Abgrenzungen sind alle von mir gekommen. Fast habe ich das Gefühl, als hätte seit einiger Zeit ich die Rolle übernommen, die eigentlich Ihre wäre.

In der Vergangenheit habe ich viel zu wenig darauf vertraut, daß meine Gefühle angemessene Reaktionen auf die Wirklichkeit waren, mich mit ihr verbinden. A. und später H. habe ich gegen meine Gefühle immer wieder entschuldigt, in Schutz genommen, verteidigt, statt mich an dem klaren Empfinden zu orientieren, daß das nichts wird, daß ich dabei den kürzeren ziehe, daß ich die Zeche am Ende zahlen muß. Diesmal werde ich nicht so unklug sein.

Sie unterschätzen die Gefahren, die in der Situation liegen. Ich habe meine wohlbegründeten Zweifel daran, daß Sie sich wirklich gefangen haben. Die Sprache selbst ist in einer mehrdeutigen Situation nicht mehr eindeutig. Ich weiß nicht mehr sicher, was Ihre Worte bedeuten. Ich kann nicht mehr unterscheiden, wo der Therapeut spricht, wo der Mann. Wenn Sie zum Beispiel nach den Gedanken in meinen schlaflosen Nächten fragen (»Es sind doch sicher nicht nur unangenehme Gedanken?«) – wer fragt da? Wollen Sie hören, daß ich in Gedanken mit Ihnen beschäftigt bin und auf welche Art? Früher hätten Sie so fragen können, und ich hätte offen geantwortet. Mann und Therapeut in einem, das geht nicht.

Dem Therapeuten habe ich über viele Dinge Auskunft gegeben, die ich selbst in einer Liebesbeziehung für mich behalten oder nur im Laufe sehr langer Zeit und begründeten Vertrauens geäußert hätte. Dem Mann kann und will ich mich nicht in diesem Maße preisgeben.

Ich habe anfangs geglaubt, wir könnten zu der früheren Ebene der Offenheit und des Vertrauens zurückkehren. Aber Sie sind durch diese Übergriffe für mich zum ganz normalen Mann geworden, und dementsprechend fühle und handle ich jetzt. Ich muß mich, wie in jeder anderen Beziehung zu einem Mann auch, fragen, wie groß das Risiko dieser Beziehung ist. Ich halte es für unwägbar, und je offener ich bin, um so größer ist es.

Diese Trennung fällt mir unendlich schwer. Aber sie ist vielleicht der Beweis dafür, daß ich in den letzten Jahren einiges bei Ihnen gelernt habe. Dafür habe ich Ihnen zu danken, dafür habe ich in der Vergangenheit mit allem Vertrauen und aller Liebe, zu der meine beschädigte Seele noch und wieder fähig war, gedankt.

Jetzt aber bin ich bei Ihnen in Gefahr.

Wie sagten Sie doch, als ich mich seinerzeit darüber entsetzte, wie H. mit mir umging? »Das mag sein. Aber Sie können handeln. Sie können sich zurückziehen. Sie können gehen.«

Ja, das sehe ich heute auch so. Ich habe lange darüber nachgedacht. Ich nehme die Warnungen ernst, ich verlasse mich auf die Botschaft meiner Gefühle. Ich bin kein Kind mehr. Ich bin eine erwachsene Frau. Ich gehe.

Ein Abschiedsbrief an einen Psychotherapeuten. Ein erzwungenes Ende. Erzwungen, weil der Therapeut die Grenze des Erlaubten massiv und im Empfinden der Frau gewaltsam überschritt. Ein grober sexueller Übergriff am Ende einer Stunde, der andere vorausgegangen waren, in denen sich das Geschehen ankündigte. Sie erkannte es zu spät, weil sie es für ausgeschlossen gehalten hatte, daß etwas Derartiges passieren könnte; weil sie ihren Therapeuten für einen integeren, souveränen Mann hielt; weil sie ihm vertraute.

Heute, mehr als zwei Jahre später, sagt sie: »Noch immer überkommt mich ein Gefühl der Angst, wenn ich daran denke, wie knapp ich einer Katastrophe entkommen bin. Noch heute staune ich darüber, daß ich damals die Kraft hatte, mich diesem Mann zu entziehen, mich nicht auf eine Affäre mit ihm einzulassen. Ich habe ihn zutiefst geliebt, aber ich wußte, wenn ich mich darauf einlasse – das wäre, nach allem, was hinter mir lag, das Ende gewesen.« Was hinter ihr lag: Eine dramatische Trennung von einem Mann, in deren Verlauf die ersten Erinnerungen an den jahrelangen sexuellen Mißbrauch durch ihren Vater auftauchten. Angstzustände, Depressionen, ein Selbstmordversuch, weil sie den Erinnerungen nicht gewachsen war. Eine Therapie, die ihr nicht geholfen hatte, dann die neue Therapie. Diesmal fand sie die Hilfe, die sie brauchte. Es ging ihr besser. Zum erstenmal seit Jahren gelang es ihr wieder, zu einem anderen Menschen – einem Mann – Vertrauen aufzubauen. Und dann dies. »Der Therapeut«, sagt sie, und in ihrer Stimme liegt immer noch Fassungslosigkeit, »kannte meine Geschichte. Wie konnte er das tun?«

Obwohl sie diejenige war, die die Therapie abbrach, waren die Folgen des Übergriffs gravierend: Verwirrung, Angst, Scham, Schuldgefühle. Wut, Haß, Trauer. Ein Gefühl grenzenloser Enttäuschung und Verlassenheit. Schlaflosigkeit, Alpträume, Depressionen, Selbstmordgedanken. Das Schlimmste jedoch war, daß der Mißbrauch durch ihren Therapeuten die Erinnerungen an den Mißbrauch durch ihren Vater hochschwemmte. »Es war wie ein Dammbruch«, sagt sie. »Alle Schleusen waren geöffnet. Ich wurde von den Bildern und Gefühlen jener Zeit überrollt. Wochenlang dachte ich immer nur: Nein, ich kann nicht, ich will nicht. Lieber möchte ich sterben, als all das noch einmal erleben zu müssen. Ich will nicht wissen, daß es so war. Ich will nicht wissen, daß er so war.« Er: der Vater, trotz allem geliebt. »Ich habe mich festgeklammert an der Illusion, daß er mich geliebt hat. Aber es stimmt nicht. Er hat mich nicht geliebt, er hat mich mißbraucht.« Nun hat sie zum zweitenmal die Erfahrung machen müssen, daß ein Mann, dem sie vertraute, dem sie sich anvertraute, auf dessen Schutz sie angewiesen war, sie mißbraucht.

Und er? Er machte weiter, als wäre nichts gewesen. Mehr als einmal versuchte sie eine Auseinandersetzung mit ihm. Sie schrieb ihm – und bekam keine Antwort. Sie suchte ihn auf, um ihn zur Rede zu stellen – er weigerte sich, mit ihr zu reden. Eine Mauer des Schweigens.

Einige Zeit später erfuhr sie, daß sie nicht die einzige Klientin gewesen war, die mit diesem Therapeuten derartige Erfahrungen gemacht hatte. Das nahm ihr die letzten Illusionen. »Es war«, sagt sie, »als schüttete mir jemand einen Eimer kaltes Wasser über den Kopf. Bis zu diesem Zeitpunkt hatte ich mir immer noch einbilden können, ich persönlich hätte eine gewisse Bedeutung für ihn gehabt, aber ich war austauschbar und damit noch einmal entwertet und gedemütigt.«

Nach langen inneren Kämpfen entschloß sie sich, gegen ihren früheren Therapeuten eine Strafanzeige zu erstatten. »Das«, sagt sie heute, »war der entscheidende Schritt im Prozeß der Loslösung. Ich konnte das Schweigen nicht mehr ertragen, und ich konnte den Gedanken nicht ertragen, daß nach mir andere Frauen möglicherweise die gleichen Erfahrungen mit ihm würden machen müssen. Es war, als begründe sich durch das Schweigen eine heimliche Komplizenschaft, ein unsichtbares Band, das mich an ihn fesselte. Mißbrauch und Schweigen – das gehört zusammen. Ich konnte mich, solange ich schwieg, nicht aus der Rolle des Opfers befreien. Mit *mir* hatte er nicht sprechen wollen, *mir* hatte er nicht zuhören wollen. Dann mußte ihn eben jemand mit den Folgen seines Handelns konfrontieren, dem er sich nicht entziehen konnte. Die Strafanzeige hat sich für mich als der Weg erwiesen, um aus der Verstrickung herauszufinden, klare Grenzen zu ziehen, zu mir selber zurückzufinden und das Gefühl der Ohnmacht und Wehrlosigkeit zu überwinden. Wäre er bereit gewesen, sich einer Auseinandersetzung über sein Verhalten und dessen zerstörerische Folgen zu stellen, wäre er bereit gewesen, Konsequenzen daraus zu ziehen, hätte ich ihn wahrscheinlich nicht angezeigt.«

Das Schlimmste war für sie nach einem guten Jahr überstanden. Manche andere Frau jedoch, die in Unkentnnis der Gefahren dem Gefühl der Liebe zu ihrem Therapeuten nachgegeben hat, ist nicht so »glimpflich« davongekommen. »Fünf Jahre braucht es mindestens, bis du es überwunden hast«, habe ich einige von ihnen sagen hören. Vielleicht aber auch zehn.

Was heißt denn hier Mißbrauch oder: Ihr seid doch beide erwachsene Menschen

Eine Frau entschließt sich, eine Therapie zu machen, weil es in ihrem Leben Probleme gibt, die sie für klärungs- und veränderungsbedürftig hält. Sie landet bei einem Mann, vielleicht gar nicht so zufällig. Vielleicht hat sie gerade im Verhältnis zu Männern Schwierigkeiten und meint, den Ursachen in der Auseinandersetzung mit einem Mann besser auf die Spur kommen zu können. Im Laufe der Zeit wächst Vertrauen. Eine Bindung entsteht, auch Nähe und Intimität. Das bringt die therapeutische Arbeit mit sich. Eines Tages stellt die Frau fest, daß sie sich in ihren Therapeuten verliebt hat. Vielleicht weiß sie, daß Klientinnen sich recht häufig in ihren Therapeuten verlieben. Vielleicht hat sie davon gehört, daß man solche Liebe Übertragungsliebe nennt. Denn das Gefühl der Liebe gilt nicht eigentlich dem Mann, der ihr gegenüber oder hinter ihr am Ende der Couch sitzt. Vielmehr geht es um Gefühle und Konflikte der Vergangenheit, die wieder lebendig geworden sind und sich nun an diesen Menschen heften, der sich in seiner Rolle als Therapeut für diese Stellvertreterfunktion anbietet.

Ja, vielleicht weiß diese Frau das alles. Aber in ihrem Fall, da ist sie sicher, handelt es sich um wirkliche, also personenbezogene Liebe. Zwar kennt sie diesen Mann persönlich gar nicht, aber sie ist überzeugt, daß sie ihn, genau ihn und nur ihn meint. Und das, obwohl die Beziehung recht einseitig ist. Denn er weiß zwar viel von ihr, sie jedoch kaum etwas von ihm. Sie weiht ihn in ihre intimsten Gedanken und Gefühlsregungen ein, die sie vielleicht noch nie zuvor einem anderen Menschen offenbart hat. Er dagegen ist für sie ein Buch mit sieben Siegeln.

Sie hätte es nie für möglich gehalten, aber eines Tages gibt er zu erkennen, daß er interessiert ist. Zu Beginn sind es vielleicht nur winzige Hinweise, kleine Bemerkungen, eine weichere Stimme, eine andere Art, sie anzuschauen . . . Unmerklich verändert sich die Atmosphäre. Er beginnt, mehr von sich zu erzählen, er weiht sie ein, er zieht sie ins Vertrauen. Und sie fühlt sich mit einemmal wichtig. Er braucht sie. Grenzüberschreitungen, die zu Anfang kaum wahrnehmbar sind, sich aber nach und nach häufen und verdichten. Ganz allmählich verändern sich die Rollen. Eines Tages ruft er vielleicht bei ihr zu Hause an. Oder er räumt ihr Privilegien ein. Vielleicht umarmt er sie am Ende der Stunde, vielleicht geht diese Umarmung über das Tröstlich-Freundschaftliche, das es früher schon gab, hinaus. Vielleicht beginnt er, sie mit deutlichen Anspielungen zu provozieren. Vielleicht spielt sie mit, vielleicht auch nicht. Jedenfalls greift er eines Tages zu. Vielleicht hat auch sie den Anfang gemacht, und er nimmt ihre Liebeserklärung willig an, kommt ihr entgegen, geht auf sie zu. Vielleicht erklärt er ihr sogar seine Liebe, und da sie in ihn verliebt ist, fallen seine Worte und Handlungen auf fruchtbaren Boden. Später, wenn er ihrer überdrüssig geworden ist, wird er gegen sie vorbringen, daß sie ihn verführt habe. Später, wenn sie ihm lästig geworden ist, wird er seine Hände in Unschuld waschen. Nicht sie ist mißbraucht worden, sondern er ist ihren Verführungskünsten erlegen. Er ist das eigentliche Opfer, denn sie hat es gewollt. Folglich ist sie auch schuld.

Eine sexuelle Beziehung zwischen einem Therapeuten und seiner Klientin folgt in aller Regel gewissen Gesetzmäßigkeiten. Sie hat Voraussetzungen, einen Hauptteil, der sich in immer ähnlichen Variationen wiederholt, und einen stereotypen Schluß.

Zu den Voraussetzungen zählen: die Asymmetrie der Beziehung, die Abhängigkeit der Klientin, das Machtgefälle zwischen den beiden beteiligten Personen, die Verliebtheit der Frau und die Bedürftigkeit des Therapeuten. Erschreckend häufig sind zudem die betroffenen Frauen bereits in ihrer Kindheit sexuell mißbraucht worden.

Der Hauptteil besteht aus einer oft leidenschaftlichen, meist nicht allzulang andauernden Affäre. Von »Liebe« ist hier bewußt nicht die Rede, denn um Liebe geht es nicht. Für den Therapeuten geht es, ähnlich wie bei anderen Sexualdelikten, um Macht. Auch eine Vergewaltigung hat nicht die sexuelle Lust zum Ziel, sondern das Erlebnis der Macht, deren Beiwerk die Lust ist; und sexueller Mißbrauch von Kindern bringt für den Täter zwar sexuelle Lust mit sich, ist aber letztlich begründet in dem Wunsch nach Macht und Kontrolle. Beides, das versteht sich, kann man über schwächere und abhängige Menschen viel eher gewinnen als über eine gleichwertige Partnerin.

Die Klientin fühlt zwar Liebe, jedoch ist der Mann, den sie zu lieben meint, eine Fiktion; eine äußere Gestalt, die sie füllt mit Wünschen, Projektionen, Phantasien, Sehnsüchten und Konflikten, die ihrer Lebensgeschichte entstammen. Sie verzaubert ihn in den, den sie in ihm sehen will, indem sie sein Gesicht, seinen Körper, seine Stimme mit ihrer Geschichte verklammert, und als Klammer dient ihre Verliebtheit. Auch wenn es sich anfühlt wie jede andere Liebe – in dieser Situation hat das Gefühl der Liebe nur eine Funktion zu erfüllen. Die Verliebtheit ist der Zaubertrank, mit dessen Hilfe die Frau sich weghext aus dem Reich der verstandesmäßigen Kontrolle. Sie ist das Mittel der Wahl, mit dem die Klientin der Vormundschaft ihrer Abwehrmechanismen ein Schnippchen schlägt, die Hintertür, die ihr den Weg öffnet in die Unterwelt ihrer prägenden Erfahrungen und Gefühle. Mit Hilfe der Verliebtheit inszeniert sie nun ihre eigene Geschichte als Theaterstück, in dem sie dem Therapeuten die Hauptrolle zuweist. Und was sie selbst früh erlernt und ihr ganzes Leben wiederholt hat, wird sie ohne Einflußnahme des Therapeuten auch in diesem Stück wiederholen wollen wie eine Schauspielerin, die nur eine einzige Rolle beherrscht. Sie wird genau diejenige Rolle übernehmen, deretwegen sie in solche Schwierigkeiten geriet, daß sie schließlich einen Psychotherapeuten aufsuchte.

Wenn die Klientin in dieser Situation eines wirklich braucht, dann, daß der Therapeut seine Rolle besser spielt als derjenige, an dessen Statt er steht. Wenn sie eines braucht, dann, daß sich mit dem Therapeuten nicht wiederholt, was seinerzeit geschah, sondern daß die Auseinandersetzung mit ihren Gefühlen mit seiner Hilfe neue Erfahrungen ermög-

23

licht und Alternativen eröffnet für das Verständnis der zugrunde liegenden Konflikte.

Nun ist ein Theaterstück immer Illusion und Wirklichkeit gleichzeitig. Illusion insofern, als Schauspielern, Zuschauern und Regisseur bewußt ist, daß hier etwas »nur« nachempfunden wird. Wirklichkeit insofern, als während der zwei Stunden, die es dauert, zumindest die Schauspieler sich mit ihren Rollen identifizieren müssen. Für die Schauspieler tritt die Rolle für die Dauer des Stücks an die Stelle der Wirklichkeit. Präziser: sie schafft vorübergehend eine neue Wirklichkeit. Für den Zuschauer hingegen ist es Illusion und Wirklichkeit gleichzeitig. Illusion, weil er weiß, daß dort oben nur gespielt wird. Wirklichkeit, weil er in die Handlung teilnehmend einbezogen wird.

Die Wahrnehmung dieser Inszenierung *muß* bei Therapeut und Klientin unterschiedlich sein. Die Klientin hat keine Distanz zu ihrer Rolle. Es ist ihr bitter ernst mit ihrer Liebe. Der Therapeut jedoch muß wissen, daß er Zuschauer eines Stückes ist, das lediglich Auskunft über die bisherige Inszenierung gibt und zum x-ten Mal aufgeführt wird. Seine Aufgabe wäre es, die Doppelrolle des Regisseurs zu übernehmen, Rollen neu zu besetzen, Aussagen anders zu interpretieren, Gefühle auf bisher unbekannte Art darzustellen und Lösungen jenseits des bekannten Dramas anzubieten. In *diesem* Sinne kann und soll er aktiv werden und die Rolle des bloßen Zuschauers aufgeben. Eins aber darf er unter keinen Umständen: Er darf der Faszination des Stückes nicht so verfallen, daß er auf die Bühne stürzt und in das Kostüm hineinschlüpft, das ihm hingehalten wird, um mit der Klientin noch einmal das Stück in seiner Urfassung aufzuführen. Tut er das, wird es als Drama enden.

Oft hört man von mißbrauchenden Therapeuten diesen Satz, der alles entschuldigen soll und die Verantwortung der Klientin zuschustert: Sie hat mich verführt. Als wäre es nicht selbstverständlich, daß eine verliebte Frau den Wunsch hat, den Mann ihres Herzens – in diesem Fall den Therapeuten – für sich zu gewinnen. Als wäre es nicht ebenso selbstverständlich, daß die hohe Kunst der Psychotherapie eben darin besteht, trotz aller Anteilnahme die Distanz zu wahren, trotz aller Echtheit der von der Klientin geäußerten Gefühle der Liebe um ihren Doppelcharakter zu wissen. Als könne man erwarten, daß die Klientin, die einerseits ermuntert wird, Vertrauen zu entwickeln und sich gefühlsmäßig zu öffnen, andererseits und gleichzeitig fähig wäre, ihre Gefühle zu kontrollieren. Im »wirklichen Leben« ist sie selbstverständlich für ihre Gefühle verantwortlich. Da sollte sie sich nicht wundern, wenn ein begehrter Mann auf ihr Interesse mit Begehren antwortet. Aber in der Psychotherapie gelten andere Gesetze. In der Therapie ist es das *Recht* der Klientin, ihre Gefühle zu äußern, ohne sie zu kontrollieren, und die *Pflicht* des Therapeuten, die Kontrolle, und das heißt auch, die Verantwortung für das, was geschieht, zu übernehmen. Sicher soll er die Gefühle der Klientin ernstnehmen; aber er soll sie ernst nehmen als das, was sie sind: Übertragungsphänome, die nicht ihm persönlich gelten; die Gefühle eines Kindes, das ihm im Körper einer erwachsenen Frau gegenübersitzt und sich der Sprache einer Erwachsenen bedient.

Nehmen wir an, die nötige Distanz ginge dem Therapeuten verloren; vielleicht, weil eigene unverarbeitete Konflikte berührt wurden; vielleicht, weil die Idealisierung seiner Person sein eigenes brüchiges Selbst aufwertet; vielleicht, weil er sich gegenüber diesem hilf- und schutzlosen Kind, das aus der Klientin spricht, als großartiger Retter fühlen kann. Warum auch immer. Nehmen wir ruhig auch einmal an, er habe sich wirklich in diese Frau verliebt. All das mag menschlich sein. Es nimmt ihm jedoch nicht die Möglichkeit, diese therapeutisch nicht mehr nutzbare Situation ohne Übergriffe und Mißbrauch zu beenden. Der Vorwurf besteht denn auch nicht darin, daß ein Therapeut unter Umständen derartige Gefühle entwickelt hat, sondern darin, daß er mit diesen Gefühlen unverantwortlich umgeht. Ein Therapeut, der bemerkt, daß die Situation ihm entgleitet, hat theoretisch immerhin die Möglichkeit, dies offenzulegen und seine Klientin an einen Kollegen zu überweisen. Auch das ist für die verliebte Frau sicherlich eine schmerzliche Lösung. Aber dieser Schmerz ist ungleich geringer als die Katastrophe, die absehbar ist, wenn die beiden sich auf eine erotische Beziehung einlassen.

Die Katastrophe erscheint der Frau vielleicht zunächst als Glück, denn symbiotische Verstrickungen zeichnen sich häufig durch eine ekstatische Gefühlsqualität aus. Die gegenseitigen Projektionen schaffen die Illusion allergrößter Nähe. Die Anpassungsleistungen, die die Klientin erbringen muß – denn was passiert und wann es passiert, bestimmt meist der Therapeut – hält sie für Einfühlungsvermögen und Rücksichtnahme, für Liebe, die so tief und so wahr ist, daß sie den anderen bedingungslos akzeptiert. (De facto läuft es allerdings darauf hinaus, daß sie keine, er dagegen alle Bedingungen festlegt.) Die Katastrophe nimmt ihren Anfang mit Gefühlen, die ihresgleichen suchen. Für Mißtrauen ist es zu spät. Nicht in der Beziehung zu ihrem Therapeuten sieht die Klientin jetzt die Gefahr, sondern in jedem, der sie davon abhalten wollte, diese Liebe zu leben. Der ungeheuren Euphorie des Anfangs entspricht die Intensität des Leids, wenn alles vorbei sein wird. Grandios ist der Rausch, und grandios ist das Unglück, wenn es dann kommt. Und es kommt mit Gewißheit, wenn auch manchmal mit erheblicher zeitlicher Verzögerung.

Das stereotype Ende ist schnell erzählt. In aller Regel kommt es unter für die Klientin demütigenden Umständen zum Bruch. Er geht, er läßt sie fallen, und sie fällt tief, schlägt hart auf und bleibt verletzt liegen. An den Folgen der Verletzungen krankt sie oft jahrelang. Vertrauen, das mühselig aufgebaut wurde, ist zerstört, die Probleme, deretwegen sie den Therapeuten seinerzeit aufsuchte, haben sich vervielfacht. Wenn sie fürs erste nicht völlig zerstört ist, hat sie vielleicht den Mut, eine neue Therapie zu versuchen. Aber oft ist sie bis auf weiteres unfähig, sich einem anderen Menschen noch einmal anzuvertrauen. Sie kann nicht schlafen, sie hat Alpträume, sie wird von Angst, Depressionen und Schuldgefühlen heimgesucht. Sie denkt viel ans Sterben. Lange noch bleibt sie innerlich verstrickt. Sie haßt ihn und sie liebt ihn, immer noch und trotz allem. Und deshalb schützt sie ihn und schweigt. Sie sucht nach allen möglichen Erklärungen und Entschuldigungen. Sie ist unfähig, zu einem anderen Mann eine erotische Beziehung aufzunehmen. Manchmal ist ihr jede Beziehung zu einem Mann unmöglich. Im Extremfall kann sie nicht einmal mehr am Arbeitsplatz die Gegenwart von Männern ertragen. Alkohol, Psychopharmaka – zu den alten kommen neue Probleme hinzu. Für viele läuft dieser Film nicht zum ersten Mal. Sie haben das alles schon einmal erlebt: Abhängigkeit, Ausbeutung, Mißbrauch. Damals war es der Vater. Eine alte Wunde ist ausgerechnet von demjenigen, der sie hätte heilen sollen, aufgerissen worden. Ein Mensch, der Geborgenheit und Schutz hätte geben sollen, hat noch einmal und schon wieder im Namen der Liebe ein Werk der Zerstörung angerichtet und tut auch noch so, als ginge ihn das alles nichts an, als wäre nichts gewesen. Ist denn etwas gewesen? Es waren doch zwei erwachsene Menschen, die sich begegnet sind. Das gibt es schließlich in jeder Liebesbeziehung: Der eine geht, der andere leidet.

Diese Geschichte jedoch *ist* keine Liebe wie jede andere auch. Aus guten Gründen gilt für den Therapeuten das Abstinenzgebot, das ihn verpflichtet, unter keinen Umständen eine erotische Beziehung mit seiner Klientin einzugehen. Äußerlich mögen die Beteiligten gleichberechtigt erscheinen. Von der Qualität der Beziehung her gesehen sind sie es nicht. Die Klientin offenbart sich dem Therapeuten, sofern sie genügend Vertrauen entwickelt hat, bis in die intimsten Sphären ihres Innenlebens, ohne daß sie entsprechende Kenntnisse über ihn hätte. Das allein würde ausreichen, die ausgeprägte Asymmetrie dieser Beziehung zu begründen. Hinzu kommt, daß der Therapeut über einen erheblichen Wissensvorsprung verfügt, derjenige ist, der die Diagnose stellt und den therapeutischen Prozeß gestaltet. Er trägt die Verantwortung für das Geschehen, der Klientin hingegen ist es im geschützten Raum der Therapie gestattet, die Kontrolle ihres Verhaltens aufzugeben und ihre üblichen Abwehrmechanismen außer Kraft zu setzen. Wo sonst, wenn nicht in einer Therapie, sollte es einem Menschen möglich sein, sich seinen Gedanken und Gefühlen zu überlassen, ohne sie dauernd zu kontrollieren? Definiertermaßen ist es der Klientin erlaubt, in der Therapie noch einmal in die Rolle des Kindes zu schlüpfen. ». . . das Arrangement, das dem Therapeuten die Eltern- oder Erwachsenenfunktion und dem Patienten die innere und äußere Position des Kindes zuweist, bietet in der Regel beiden Beteiligten Schutz und Sicherheit.« (Tilmann Moser, »Irrungen und Wirrungen auf der Couch. Eine Analyse im Liebesrausch. Über Verführung auf der Couch von Anonyma«, in: »Das zerstrittene Selbst«, Frankfurt a. M. 1990, S. 211)

Wenn die therapeutische Beziehung aber die Konstellationen unserer Kindheit nachbildet, kann es sich nicht um eine Beziehung zweier gleichberechtigter erwachsener Menschen handeln. Zu unterschiedlich sind Macht und Abhängigkeit verteilt, und eben deshalb schreibt die Verfasserin des Buches »Verführung auf der Couch«: »Ich war dein Kind. Ich war deine Tochter. Ich war deine Geliebte. Wer rächt die Verführung? . . . Er hat nicht nur die Frau verführt, er hat das Kind vergewaltigt.« Dies ist der Grund, warum die Folgen eines sexuellen Mißbrauchs in der Therapie für die betroffenen Frauen den Folgen des Inzestgeschehens so bedrückend ähnlich sind.

Zentrale Begriffe für das Verständnis des Problems

Von Dr. Ursula Wirtz, Psychotherapeutin und Analytikerin,
C. G. Jung-Institut, Zürich

Das Abstinenzgebot in der Psychotherapie

»Die Kur muß in der Abstinenz durchgeführt werden« – so hat Sigmund Freud, der Begründer der Psychoanalyse, die Grundhaltung charakterisiert, die für den analytischen Prozeß unerläßlich ist. Dieser Begriff der »Abstinenz« ist mehr als ein terminus technicus, er hat neben seiner methodischen Komponente auch weitreichende menschliche und ethische Bedeutung.

Wenn wir sexuellen Mißbrauch in der Therapie verstehen wollen, müssen wir uns mit der Begriffsgeschichte und Entwicklung der Abstinenzregel auseinandersetzen, ein Thema, das von Balint als »gefährlich und unhandlich«[1] bezeichnet worden ist. Auch heute noch bewegen wir uns mit dieser Problematik in einer Tabuzone. Das führt sowohl in der therapeutischen Praxis als auch in den analytischen Ausbildungssituationen zu Unsicherheiten, was TherapeutInnen dürfen und was nicht, wann bei welchen KlientInnen welches therapeutische Vorgehen sinnvoll ist und wann nicht.

Grundsätzlich ist festzuhalten, daß die Abstinenzregel in der Psycho*analyse* die stärkste Beachtung erfährt, während das Setting der psycho*therapeutischen* Situation, in der TherapeutInnen und KlientInnen sich gegenübersitzen, keinen so strengen Umgang mit der Abstinenzregel möglich macht, da die reale Person durch Mimik und Gestik sehr viel spürbarer wird.

Trotz des Unterschiedes zwischen Psychotherapie und Psychoanalyse (Freud bezeichnete die Psychotherapie als eine Legierung, die, verglichen mit dem Gold der Psychoanalyse, etliche Portionen Kupfer enthält) sind die ethischen Grundsätze für beide Richtungen verpflichtend. Ich verstehe die analytische Psychotherapie, die mit geringerer Stundenfrequenz und meistens nicht im Liegen durchgeführt wird, auch nicht als »Arme-Leute-Therapie« und werde die beiden Bezeichnungen alternierend verwenden. Für unseren Zuammmenhang ist es aber wichtig, im Auge zu behalten, daß in der Analyse, mit ihrer asymmetrischen, von konventioneller Kommunikation stark abweichenden Gesprächssituation, auch sehr viel stärkere regressive Prozesse und heftigere Übertragungen in Gang gesetzt werden, die an die Angst- und Frustrationstoleranz der KlientInnen hohe Anforderungen stellt.

Freuds Anweisungen in bezug auf die Abstinenz setzen sich zusammen aus Geboten und Verboten hinsichtlich der Aktivität der Therapeuten, aber auch aus Anweisungen, welche menschliche Haltung in der Analyse einzunehmen ist.

Wenn Freud fordert, die analytische Kur müsse in der Entbehrung durchgeführt werden, so meint er damit nicht nur die Enthaltung von sexuellen Beziehungen, sondern auch den Verzicht auf die Befriedigung aller Wünsche, die bei den PatientInnen in der analytischen Situation auftauchen. Die Forderung nach Abstinenz wird somit methodisch begründet, denn er geht davon aus, daß Sehnsüchte und Bedürfnisse eine starke Motivation darstellen, an sich zu arbeiten und damit auch, sich zu verändern. Freud plädiert sogar für das aktive Aufrechterhalten des Leidens, weil letztlich nur der Leidensdruck der PatientInnen der Motor sei, der zur Heilung drängt. Ähnlich wie die Not der Zucht- und Lehrmeister der Menschheit sei, ohne die es keinen kulturellen Fortschritt gebe, müssen auch den PatientInnen außeranalytische Ersatzbefriedigungen aller Art, zum Beispiel die Flucht in die Ehe (oder aus der Ehe), oder das Ergreifen eines neuen Berufes, versagt werden, weil sonst die Symptome nur vordergründig verschwinden und keine wirklich tiefgreifende, andauernde Besserung erzielt werden könne. In diesem Sinne ist die Abstinenz ein Bestandteil des psychoanalytischen Prozesses, der davon ausgeht, daß wir nur Einsicht in unsere unbewußten Wünsche erhalten, wenn wir die Erfahrung der Versagung machen können. So müssen auch die zärtlichen und erotischen Impulse von Klientinnen und Klienten auf Nichterfüllung stoßen, weil der Kranke im Verhältnis zu seinem Analytiker »unerfüllte Wünsche reichlich übrig behalten« soll. Vom Analytiker wird verlangt, er solle darauf verzichten, sich auf einen Machtkampf einzulassen. Er darf weder die Forderungen und Angebote der PatientInnen noch seine eigenen Wünsche und Impulse in die Tat umsetzen und die Behandlungssituation nicht zur Befriedigung eigener Bedürfnisse benutzen. Er darf nicht »aus gutem Herzen« nachgeben, sondern muß sich möglichst mitleidslos verhalten. Freud empfiehlt, sich den Chirurgen zum Vorbild zu nehmen, der seine Affekte beiseite drängt, um möglichst kunstgerecht zu operieren. Der Analytiker soll als Privatperson möglichst unbekannt bleiben, soll nichts von sich und seinen Problemen erzählen, auf Fragen nach seiner Person keine Antwort geben und wie eine Spiegelplatte nichts anderes zeigen, als was ihm gezeigt wird. Der Analytiker darf sich von seinen AnalysandInnen nicht beschenken lassen, sondern muß interpretieren, welche Motivation in diesem Wunsch, ihm ein Geschenk zu machen, verborgen ist.

Außerdem fordert Freud, daß Analytiker der Versuchung zu erzieherischer Tätigkeit widerstehen müssen und nicht mit Ratschlägen in die Lebensführung der PatientInnen eingreifen dürfen. Freud lehnte es ab, seinen PatientInnen als Rollenmodell zu dienen und mahnt, daß der Analytiker nicht das Schicksal des Analysanden formen solle, ihm auch nicht seine eigenen Ideale und seine Weltanschauung aufdrängen dürfe.

Betrachten wir Freuds Sprache und seine Terminologie etwas eingehender, so fällt auf, daß er selbst sich einer sehr manipulativen, militärisch anmutenden Ausdrucksweise bediente (Begriffe wie Abwehr, Widerstand, Besetzung, Belagerung), die keineswegs der Idealforderung nach Abstinenz entspricht. Auch sein konkretes Verhalten seinen AnalysandInnen gegenüber fällt weit hinter die Forderung nach Neutralität, Anonymität und Objektivität zurück: Er schrieb freundschaftliche Briefe, bot dem Rattenmann etwas zu essen an, gab Boss Geld, lud seine Analysandin M. Bonaparte zu Mahlzeiten mit der Familie ein, vermischte die Rollen, indem er auch mit Patienten gleichzeitig wissenschaftlich arbeitete, erzählte aus seinem Privatleben etc. Dabei scheint er besonders großzügig mit der Befriedigung oraler Bedürfnisse umgegangen zu sein, während er sich in bezug auf die Erfüllung der zärtlichen und sinnlichen Wünsche seiner Patientinnen ganz abstinent verhielt.[2]

Wie so häufig in der Beziehung von Schülern zu ihrem Meister verhielten sich die kommenden Generationen von Psychoanalytikern »päpstlicher als der Papst« in bezug auf die Abstinenz und die puristische Anwendung dieser Regel. Sie versuchten ihre Gefühle »hinter einer Maske« zu verbergen, einen möglichst »schafsgesichtigen Gesichtsausdruck« anzunehmen und verhielten sich wie »Blechaffen«, um möglichst neutral zu sein, wie ein leerer Projektionsschirm, auf den die PatientInnen alles übertragen können. Die Spiegelforderung artete in die Manier aus, »sich in mit Silbernitrat beschichtetes Glas zu verwandeln« und in einem »Schweigeduell« vom Patienten Geständnisse zu erzwingen. Diese »affektive Arteriosklerose« ist von den verschiedensten Analytikern scharf kritisiert worden.[3] In der Fachliteratur wird berichtet, daß früher sogar darüber diskutiert wurde, ob man einem Patienten, der vor einer schweren Operation stand, alles Gute wünschen dürfe, ob das Handgeben bei der Begrüßung nicht unabstinent und auch der Trauring bei der Arbeit abzuziehen sei. In der weiteren Entwicklung der Psychoanalyse dürfte auch dem orthodoxesten Analytiker klargeworden sein, daß der objektive, unpersönliche Analytiker ein Mythos und die Forderung nach der »herzlosen Grundhaltung« inzwischen obsolet geworden ist.

So berechtigt es ist, »die Keimfreiheit« der analytischen Situation als »nicht fruchtbringend« (Balint) zu bezeichnen, so wesentlich ist es aber doch, an einer modifizierten Form der Abstinenzregel festzuhalten. Das wird überdeutlich, wenn wir die Fälle von sexuell mißbrauchenden Therapeuten betrachten, die alle das Abstinenzgebot auf mehreren Ebenen mißachtet haben. Nicht nur ist es zu eindeutigen sexuellen Übergriffen und intimen Verstrickungen gekommen, die Therapeuten haben ihre Klientinnen auch in anderen Bereichen massiv manipuliert und die eigene Macht ausgenutzt. Oft werden die Frauen nicht nur sexuell, sondern auch noch

hinsichtlich ihrer Arbeitskraft ausgebeutet. Klare Grenzziehungen und Rollenverteilungen gibt es nicht, statt dessen
die typische Rollenumkehr. Die Verletzung der Abstinenzregel führt oft dazu, daß die Therapeuten die Sitzungen ihren
eigenen Bedürfnissen gemäß gestalten, daß sie diejenigen
sind, die sich entlasten, von ihren Problemen erzählen und
gleichzeitig die Lebensgestaltung der Klientin kritisieren
und versuchen, ihr das eigene Weltbild aufzudrängen.

Die katastrophalen Folgen für die Frauen machen unmißverständlich deutlich, daß ohne Abstinenz die Therapie in
ein Chaos gerät. Cremerius nimmt dazu ganz dezidiert Stellung: »Ohne Abstinenz gibt es keine psychoanalytische Behandlung: die Entscheidung zum Psychoanalytiker ist die
Entscheidung zur Abstinenz.«[4]

Diese Auffassung gilt nicht nur für die Psychoanalyse,
sondern auch für andere Formen der Psychotherapie. So war
es möglich, daß das Oberlandesgericht in Düsseldorf den be-
klagten Therapeuten wegen Verletzung des Abstinenzgebo-
tes zur Zahlung eines angemessenen Schmerzensgeldes ver-
urteilte. Die Abstinenzregel hat also nicht nur methodische
Bedeutung, sondern auch rechtliche Konsequenzen.

Wenn wir ein vertieftes Verständnis für das Abstinenzpro-
blem im Rahmen unseres Themas der sexuellen Ausbeutung
in Therapien gewinnen wollen, müssen wir uns daran erinnern, wie Freud zu dieser Abstinenzforderung gekommen
ist. Wir stoßen dann auf seine Erfahrungen mit Patientinnen,
die er als »Hysterikerinnen« bezeichnete. Diese Gruppe von
Kranken verhielt sich bei den Gesprächs-Kuren und der ursprünglich angewendeten hypnotischen Trance auf eine
ganz spezifische Weise, die erotisch-sexuelle Ausdrucksfor-
men annahm und die behandelnden Ärzte vor bisher nicht
bekannte Probleme stellte. Freud beschrieb zum Beispiel,
daß eine Patientin beim Erwachen ihre Arme um seinen Hals
schlug und nur »der unvermutete Eintritt einer dienenden
Person« ihn einer peinlichen Situation enthob. Sein Kollege
Breuer war den sexuellen Phantasien und den deutlichen
Zeichen von Verliebtheit seitens seiner Patientin nicht gewachsen und in großer Gefahr, die Kontrolle über sich zu

verlieren. So sah sich Freud gezwungen, sich tiefer mit dem auseinanderzusetzen, was in der Analyse zwischen Analytikern und Patientinnen geschieht. Seine Schrift »Bemerkungen über die Übertragungsliebe«[5] ist für uns besonders aufschlußreich, weil die heutige Diskussion um Verführung und Verführtwerden, um Verantwortlichkeit und Täterschaft hier ihren Argumentationszusammenhang findet.

Betrachten wir Freuds Einstellung zu seinen Patientinnen etwas genauer. Wir erfahren, daß Frauen unvermeidlich in der analytischen Situation »durch unzweideutige Andeutungen« um Liebe werben. Nun würde es dem Arzt nicht immer leicht sein, sich in den Schranken zu halten, die Ethik und Technik ihm vorschreiben, weil »von einer edlen Frau, die sich zu ihrer Leidenschaft bekennt (. . .) trotz Neurose und Widerstand ein unvergleichlicher Zauber« ausgehe. Das für den Mann Reizvolle sei aber nicht »das grobsinnliche Verlangen der Patientin«, das wirke eher abstoßend, sondern »die feineren und zielgehemmten Wunschregungen des Weibes sind es vielleicht, die die Gefahr mit sich bringen, Technik und ärztliche Aufgabe über ein schönes Erlebnis zu vergessen«. Feministinnen werden aufhorchen, weil Freud hier eine so klassische Rollenzuschreibung macht, die charakteristisch ist für Männerphantasien und ein strukturelles gesellschaftliches Phänomen enthüllt. Je abhängiger, hilfloser und verfügbarer Frauen sind, desto reizvoller sind sie als Sexualpartnerinnen. Die hilflosen Frauen mit ihren gehemmten Wünschen wirken verführerisch, nicht jene, die klar und deutlich ihr Begehren zum Ausdruck bringen. Grobsinnliches Verlangen bei Frauen »ruft alle Toleranz auf, um es als natürliches Phänomen gelten zu lassen«. Von hier bis zur Aufspaltung des Weiblichen in die Madonna und Heilige (Mutter) und in die Dirne ist kein so weiter Weg.

Freud beschreibt, wie die Frauen »den Arzt mit ihrer sozial ungebändigten Leidenschaft gefangennehmen wollen«, wie sie es darauf anlegen, den analysierenden Arzt »in eine peinliche Verlegenheit zu bringen«, wie sich die Patientinnen »ihrer Unwiderstehlichkeit versichern« und die Autorität des Arztes »durch seine Herabsetzung zum Geliebten« brechen wollen. Wenn das Werben dieser »gewalttätig Verliebten«

keine Erhörung erfahre, würden sie »die Verschmähte spielen« und sich dann »aus Rachsucht und Erbitterung der Heilung durch ihn entziehen«.

Mit diesen Vorstellungen über die Bedrohlichkeit des Weibes ist der Ursprung der Abstinenzforderung untrennbar verknüpft. Sie dient dem Analytiker als Schutz vor Verführung und Verführtwerden.

Freud hat sehr deutlich darauf hingewiesen, daß es gefährlich ist, »sich in zärtliche Gefühle gegen die Patientin gleiten zu lassen«. Auch im Briefwechsel mit Jung und Binswanger verweist Freud auf die analytischen Versuchungssituationen und wirft die Frage auf, ob man nicht vielleicht »älter sein« müsse, um gegen diese Verführungen gefeit zu sein und um abschätzen zu können, ob man sich falsch verhält und dem Patienten zu viel gibt, »weil man ihn zu sehr liebt«. Freud glaubte noch, daß der »jüngere und noch nicht fest gebundene Mann« die analytische Aufgabe der Versagung als besonders »hart« erleben müsse. Wir wissen inzwischen, daß die Mehrheit der mißbrauchenden Therapeuten in der Altersgruppe der 40- bis 49jährigen zu suchen ist, daß auch – oder gerade – die älteren Analytiker es offenbar nicht schaffen, verantwortungsbewußt mit der Abstinenz umzugehen. Das Alter schützt also vor Abstinenzverletzung nicht.

So zeitbedingt dieses Bild vom Weib als der schlauen, gefährlichen und destruktiven Verführerin auch erscheinen mag, so allgegenwärtig ist es in der heutigen Diskussion um die sexuellen Grenzverletzungen in der Therapie. Frauen, die sich bei Ehrengerichten oder Ärztegesellschaften über ihre mißbrauchenden Therapeuten beschweren möchten, sehen sich ähnlichen lust- und angstbesetzten Männervorstellungen gegenüber. Die »Lulu-Phantasie« der Jahrhundertwende, die animalische, verwirrende Triebhaftigkeit des Weibes, die nur eins im Sinn hat, Männer zu verführen, sie durcheinanderzubringen, sie in ihrer beruflichen Existenz zu ruinieren, geistert auch durch die Köpfe moderner männlicher Geschlechtsgenossen. Besonders das Argument der Rachsucht wird gern überstrapaziert, wenn es darum geht, zu erklären, warum Frauen Schritte gegen ihren Therapeuten

unternehmen wollen. Frustrierte Liebesbedürfnisse und un-
aufgelöste Übertragungswünsche seien die eigentlichen Ursachen für dieses neurotische Fehlverhalten der Patientinnen.

Die Übertragung

Der Begriff der Übertragung und der sogenannten Übertragungsliebe stammt aus der Theorie der psychoanalytischen
Technik. Auch hier bildeten Freuds Erfahrungen mit seinen
hysterischen Patientinnen den Ursprung für die Begriffsbil-
dung. Dem psychologischen Laien ist die genaue Bedeutung
des Übertragungsgeschehens meist fremd, aber so viel ist bekannt, daß es normal und natürlich ist, sich in den Therapeuten zu verlieben, und daß diese Verliebtheit irgendwie mit
der sogenannten Übertragung zu tun hat und quasi zu jeder
Analyse gehört.

Für das Verständnis des sexuellen Mißbrauchs in Therapien ist dieser Begriff zentral. Freud hat ihn 1885 in den »Studien über Hysterie« zuerst verwendet, um die Ursachen zu
erklären, die zu Störungen in der Beziehung von Analytiker
und Patientin führen können. Er schreibt dort, daß die
Kranke »peinliche Vorstellungen auf die Person des Arztes
überträgt« und diese Übertragung auf den Arzt »durch falsche Verknüpfung« geschieht. Dann erläutert Freud an
einem Beispiel, daß eine Patientin sich wünschte, von ihm
geküßt zu werden, und daß dieser Wunsch für die Frau so
verwirrend und beschämend war, daß sie in der nächsten Sitzung nicht mehr richtig mitarbeiten konnte. Erst nachdem
dieser Wunsch ausgesprochen worden war, vermochte
Freud ihn mit einem realen Ereignis aus der früheren Biographie der Patientin zu verknüpfen. Diese hatte nämlich einmal
in einer Gesprächssituation mit einem Mann das Bedürfnis
verspürt, von ihm geküßt zu werden, es sich aber wegen der
Unschicklichkeit dieser Phantasie nicht zugestanden und
den Wunsch darum ins Unbewußte verdrängt. Die Analyse
bei Freud hatte nun diesen alten unbewußten Wunsch wieder hervorgeholt, aber in falscher Verknüpfung auf die Per-

son des Analytikers übertragen. Diesen Mechanismus, verdrängte frühere Triebimpulse und Wünsche an einem gegenwärtigen, neuen Objekt festzumachen, nennt Freud Übertragung. Ausgehend von der Hypothese, daß die Neurose ihren Ursprung in Kindheitskonflikten hat, geht es in den Therapien darum, den Wiederholungscharakter in der Übertragung zu erkennen und den früheren Konflikt zu erinnern und zu bearbeiten. Wie immer auch die Gefühle der Klientinnen aussehen mögen, ob es sich um Haß, Enttäuschung oder Liebe handelt, der Analytiker muß sich immer vergegenwärtigen, daß dieses ganze Gefühlsspektrum nicht ihm als Person gilt, sondern den »infantilen Vorbildern« von Vater, Mutter und Geschwistern. Erst durch die Deutung dieser Zusammenhänge könnten die Konflikte aufgelöst und die Neurose geheilt werden.

Auf dem Hintergrund dieser Theorie ist jede sexuelle Verstrickung mit einer Patientin ein verfehlter Umgang mit der Übertragung. Statt in der Therapie einen Sprachraum zu schaffen, in dem Phantasien Existenzberechtigung haben, sich zeigen dürfen, wobei sie auch als Wiederholungen und Reinszenierungen früherer Konflikte erlebbar werden, zerstört die sexuelle Verstrickung die Chance, alte Konflikte zu lösen. Statt Heilung der alten Verletzungen werden neue hinzugefügt, statt Verarbeitung des ursprünglichen Traumas findet eine Retraumatisierung statt. Da sich die Patientinnen des Wiederholungszwanges ihrer Übertragungen nicht bewußt sind, haben sie auch nicht die Wahl, anders zu handeln und sich dem Therapeuten gegenüber anders zu verhalten.

Es ist die Aufgabe des Therapeuten, die oft stereotypen Übertragungsangebote der Patientinnen auf ihren ursprünglichen Gehalt hin zu analysieren, statt agierend darauf einzugehen. Die psychoanalytische Technik fordert vom Analytiker, zu erkennen, warum und wozu sich die Patientinnen so verhalten und ihnen anhand von Deutung unbewußte Mechanismen bewußt zu machen. Dazu ist die Haltung der Abstinenz erforderlich.

Da die besondere Struktur der analytischen Situation an die ursprüngliche Eltern-Kind-Beziehung erinnert, wird in der Analyse auch das Inzesttabu konstelliert. Ähnlich wie sich ein Kind nur unter dem Schutz der elterlichen Beziehung gut entwicklen kann, braucht auch die Patientin für ihren inneren Weg den Schutz der analytischen Situation. Im psychoanalytischen Verständnis ist es völlig normal, daß eine Patientin inzestuös-ödipale Bedürfnisse auf den Analytiker überträgt. Es bleibt seine Verantwortung, diesen Bedürfnissen gegenüber eine klare Haltung einzunehmen, die es der Patientin ermöglicht, einen Entwicklungsschritt zu machen. Sexueller Mißbrauch ist darum auch als »analytischer Inzest« bezeichnet worden.

Freud erklärt ganz konkret, was das für den behandelnden Arzt bedeutet. Zuerst einmal muß er sich bewußt machen, daß die Verliebtheit der Patientin in ihn eine Art unvermeidliches »Elementarereignis« darstellt, das durch die analytische Situation erzwungen wurde und in keinster Weise seinen persönlichen Vorzügen gilt. Es besteht also nicht der geringste Anlaß, auf diese »Eroberung« stolz zu sein.

Es wäre hilfreich, wenn sich die mißbrauchenden Therapeuten an diese Mahnung Freuds erinnern würden. Tatsache ist nämlich, daß sie nur allzu gern die Verliebtheit ihrer Klientin auf ihr narzißtisches Konto verbuchen und mehr als geneigt sind, mit den Projektionen, die auf sie gerichtet werden, zu verschmelzen. Diese Therapeuten glauben dann wirklich, der gute Vater, der erlösende Retter, der strahlende Held und »Halbgott in Weiß« zu sein, für den sie von der Patientin gehalten werden.

Wie muß sich also der Analytiker verhalten, wenn er mit einer solchen Liebesübertragung konfrontiert wird? Freud ist da ganz eindeutig: »Er darf nie und nimmer die ihm angebotene Zärtlichkeit annehmen oder erwidern« – aber diese moralische Forderung ist nicht sein eigentliches Anliegen. Ihm geht es um etwas ganz anderes. Für ihn ist das Entscheidende, daß er die Verliebtheit durch die analytische Situation zur Heilung der Neurose »hervorgelockt« hat und darum »keinen persönlichen Vorteil aus ihr ziehen darf«. Besonders bemerkenswert ist, daß Freud hier zur Frage der Verantwortlichkeit eindeutig Stellung bezieht, daß der Therapeut nämlich auch dann noch verantwortlich ist, wenn die Patientin mit dem Eingehen einer intimen Beziehung einverstanden zu sein scheint. »Die Bereitwilligkeit der Patientin ändert nichts daran, wälzt nur die ganze Verantwortung auf seine eigene Person.« Dieser Gedanke ist ganz zentral bei der Diskussion um den sexuellen Mißbrauch in Therapien. Kein Therapeut kann sich darauf herausreden, daß die Klientin als erwachsene Frau ihn ja bewußt gewollt und gewählt habe.

Selbst für den Bereich der Erziehung hat Martin Buber eine ähnliche Haltung gefordert, die dem Schutz derjenigen dient, auf die wir Einfluß haben.

»Wesentlich ist, daß es eine wirkliche, von dem Angerufenen mit der Seele erfahrene Menschenbeziehung ist: aber sowie der Helfer von der Lust angewandelt wird, seinen Pflegling – in noch so subtiler Weise – zu beherrschen oder zu genießen, oder auch dessen etwaigen Wunsch von ihm beherrscht oder genossen zu werden, anders denn als einen der Heilung bedürftigen Fehlzustand zu behandeln, tut sich die Gefahr einer Verfälschung auf, der verglichen alle Kurpfuscherei harmlos erscheint.«[6]

Wenn auch unsere condition humaine uns immer wieder hinter Berufs- und Lebensideale zurückfallen läßt, so gehört doch der Verzicht auf die eigenen Bedürfnisse, seien sie sexuell oder narzißtisch motiviert, in das Ethos und in die Verantwortung der TherapeutInnen. Wir dürfen unsere Klientinnen weder »beherrschen« noch »genießen«, sonst zerstören wir, worum es in der Therapie letztlich geht. Wir dürfen uns nicht zu Rationalisierungen der Art hinreißen lassen, daß die Klientinnen ja den Analytiker in Fleisch und Blut begehrt hätten, daß sie »genossen« werden wollten. Wir müssen erkennen, daß in dieser Sehnsucht nach Vereinigung mit dem Analytiker noch eine ganz andere Dimension aufscheint, die zur Chance oder zur Selbstzerstörung von Therapeut und Klientin werden kann, wenn der Analytiker seine Verantwortung nicht erkennt und den Prozeß nicht begreift; wenn er persönlich auslebt, was überpersönlich gemeint ist.

Wenn auch unser Verständnis von Übertragung sich heute sehr verändert hat, wie noch zu zeigen sein wird, so gilt auch dort, wo wir von der »Liebe« als dem wichtigsten therapeutischen Agens sprechen, etwas Ähnliches. Ferenczi, ein Schüler Freuds, der statt dessen väterlicher Strenge und seinem Beharren auf dem patriarchalen Realitätsprinzip des Verzichts und der Versagung ein eher mütterliches Wunschprinzip des Nachnährens und des Gewährens für die Therapie forderte, schrieb über das Verhältnis von Liebe und Therapie:

»Die psychoanalytische Kur steht in direktem Verhältnis zu der besorgten Liebe, welche der Analytiker dem Patienten gibt; die Liebe, welche der neurotische Patient braucht, nicht notwendigerweise die Liebe, welche er zu brauchen meint und nach der er demzufolge verlangt.«[7]

Diesen Unterschied zu erkennen ist Aufgabe des Analytikers. Er muß das Ziel im Auge behalten, um das es letztlich geht, das Freud als Herausführen aus infantilen Fixierungen und Erweitern der seelischen Freiheit bezeichnet. Sexuelle Verstrickungen mit Patientinnen machen niemals frei, erweitern nicht den seelischen Handlungsspielraum, sondern beschränken und fixieren ihn.

»Die Kur muß in der Abstinenz durchgeführt werden.« In diesen Kontext gehört Freuds Forderung. Wenn nämlich den Arzt die Berechnung leiten würde und er sich »die Herrschaft über die Patientin sichern« würde, indem er ihr Liebesbedürfnis stillt, so hätte »die Patientin zwar vordergründig ihr Ziel erreicht, aber der Arzt nicht das seine, nämlich die Heilung der Neurose«. Die Patientinnen würden nämlich, wenn es zu einem Liebesverhältnis mit dem Therapeuten käme, all die pathologischen und heilungsbedürftigen Reaktionen zeigen, ohne daß es zu einer Korrektur der Fehlhaltungen kommen könnte. »Das Liebesverhältnis macht eben der Beeinflußbarkeit durch die analytische Behandlung ein Ende; eine Vereinigung von beiden ist ein Unding.«

Betrachten wir die gar nicht selten vorkommenden Situationen, in denen Therapeuten behaupten, die gelebte Liebesbeziehung lasse sich mit der gleichzeitigen Therapie vereinbaren, dann wird auch auf diesem Hintergrund noch einmal deutlich, daß diese Therapeuten das Wesen der Therapie nicht verstanden haben, daß sie sich letztlich nicht von der

Sorge um die Patientin leiten lassen, sondern von dem eigenen Bedürfnis, über sie zu verfügen.

So grundlegend Freuds »Bemerkungen über die Übertragungsliebe« auch sind, so kritisch müssen wir uns aber auch einigen Aspekten seiner therapeutischen Haltung den Patientinnen gegenüber einstellen. Freud war sich sehr wohl bewußt, daß der Psychoanalytiker »mit den explosivsten Kräften arbeitet«. Er nannte die analytische Arbeit »einen unmöglichen Beruf«, der hohe Anforderungen an die Therapeuten stelle, für die sie oft schlecht vorbereitet seien. »Leider sind viele der Analytiker von der Analyse wenig veränderter Menschenstoff.«

Freuds Haltung Frauen gegenüber zeugt manchmal von einem Mangel an Empathie und Verständnis und hat gelegentlich stark diskriminierenden Charakter. Eine »Klasse von Frauen« könne für den Versuch, die Liebesübertragung für die analytische Arbeit aufrechtzuerhalten, ohne sie zu befriedigen, nicht gewonnen werden, weil sie nur für »Suppenlogik mit Knödelargumenten« zugänglich seien. Er rät den Analytikern, sich »eine harte Haut« wachsen zu lassen, sich möglichst in »Indifferenz« zu üben, damit sie nicht von den Triebwünschen der verliebten Frauen überwältigt würden. Als Berufsrisiko nennt er »Verleumdung und von der Liebe, mit der wir operieren, versengt zu werden«.

Als C. G. Jung, ein von der Liebe »Versengter«, mit Freud über seine Beziehung zu Sabina Spielrein korrespondierte, hatte Freud sehr tröstende Worte bei der Hand, die Frauen heute nur als zynisch verstehen können:

»Sie aber bitte ich, jetzt nicht zu stark in die Zerknirschung zu gehen. Denken Sie an das schöne Gleichnis von Lassalle von der zersprungenen Eprouvette in der Hand des Chemikers. Mit leisem Stirnrunzeln über den Widerstand der Materie setzt der Forscher seine Arbeit fort. Kleine Laborexplosionen werden bei der Natur des Stoffes, mit dem wir arbeiten, nie zu vermeiden sein. Vielleicht hat man die Eprouvette wirklich nicht schräg genug gehalten oder zu rasch erwärmt. Man lernt so, was von der Gefahr am Stoff und was an der Haltung liegt.«

Die traumatischen Folgen, an denen Frauen leiden, die Opfer sexueller Ausbeutung sind, als »kleine Laborexplosionen« zu bezeichnen, das ist von Cremerius zu Recht als ein Beispiel von Komplizenschaft von Männern gegen eine Frau angeprangert worden. Gleichzeitig macht dieses Beispiel auch deutlich, wie sehr Freud in einem naturwissenschaftlichen Weltbild verhaftet war. Auch seine Forderung nach Abstinenz ist von dem Bedürfnis geprägt, den persönlichen Faktor möglichst gering zu halten und, wie bei einer wissenschaftlichen Experimentalanordnung, größtmögliche Objektivität anzustreben.

Gleichzeitig war sich aber auch Freud schon bewußt, daß die Abstinenzforderung eigentlich eine Idealforderung ist, der real kaum ein Analytiker entsprechen kann. In einem Brief an Ferenczi schreibt er: »Ich bin nicht der psychoanalytische Übermensch . . . ich habe nicht die Gegenübertragung bewältigt.«

Die Gegenübertragung

Der Begriff der »Gegenübertragung«, den Freud erstmals 1910 verwendete, ist ein weiterer wichtiger Schlüssel zum Verständnis des sexuellen Mißbrauchs in der Therapie. Sexuelle Übergriffe in Therapien sind nämlich nicht nur verfehlter Umgang mit der Übertragung, sondern gleichzeitig ein Ausdruck davon, daß der Analytiker seine Gegenübertragung »nicht im Griff« hat. Wenn wir in Anlehnung an Freud über die Gegenübertragung sprechen, dann beziehen wir uns auf die Person des Analytikers, seine Probleme und seine neurotischen Konflikte, die sich als unbewußte Reaktion auf die Übertragungen der Patientin konstellieren. Freud hielt die Gegenübertragung für gefährlich und für das technisch schwierigste Problem der Psychoanalyse, weil sie die Forderung nach emotionaler Neutralität durchkreuzt und das persönlich Konflikthafte des Analytikers mit in das Beziehungsgeschehen bringt. Da Freud die Gegenübertragung als Störfaktor und Hindernis erlebte, riet er, sie möglichst »nieder zu halten«. Die Selbstanalyse sei der Ort, wo diese Gegenübertragung erkannt und bewältigt werden müsse.

Die Niederhaltung der Gegenübertragung werde dann zu der notwendigen »Indifferenz« führen. Erst wenn einem »die nötige harte Haut« gewachsen sei, könne man der Versuchung Herr werden, »Technik und ärztliche Aufgabe über ein schönes Erlebnis zu vergessen«.

Freuds Reaktion auf Jungs Scheitern in der Handhabung seiner Gegenübertragung, was zu einer massiven therapeutischen Entgleisung, zum sexuellen Mißbrauch geführt hat, macht deutlich, wie schwierig es auch Freud schien, der Gegenübertragung Herr zu werden. Er schreibt an Jung: »Ich selbst bin nicht ganz so hereingefallen wie Sie, aber ich war wenige Male sehr nahe daran und hatte a narrow escape. Ich glaube, nur die grimmigen Notwendigkeiten, unter denen meine Arbeit stand, und das Dezennium Verspätung gegen Sie, mit dem ich zur Psychoanalyse kam, haben mich vor den nämlichen Erlebnissen bewahrt.«[8]

Wichtig ist dieser Begriff für unsere Diskussion, weil hier der Analytiker mit seinen eigenen Gefühlsregungen problematisiert wird. Es ist nämlich keineswegs nur so, daß die Patientinnen den Analytiker als »Kleiderpuppe der Übertragung« benutzen, auch der Analytiker selber macht Übertragungen auf seine Klientinnen.

Das analytische Geschehen ist nicht etwas total Einseitiges, das auf die Formel »kranker Patient – gesunder Analytiker« zu bringen wäre. Vielmehr geht es um ein sehr kompliziertes Beziehungsgeschehen, in das auch die Komplexe, Konflikte und Bedürfnisse des Analytikers mit hineinspielen.

Cremerius beschreibt anhand seiner langjährigen Erfahrung in Supervisionen, daß die Bedeutung der Gegenübertragung für den Ausgang von Analysen größer ist als das Vorhandensein von technischem Wissen und Können. Gleichzeitig warnt er davor, zu glauben, daß es einen perfekten Meister der Gegenübertragung und der Abstinenz überhaupt geben könne. Der wäre dann nämlich so weit von seinem Patienten entfernt, »daß er nicht mehr therapeutisch mit ihm arbeiten« könne.[9]

Es ist auffällig, daß in der Psychoanalyse der Person des

Analytikers lange Zeit keine besondere Bedeutung zugemessen wurde. An Freuds Geheimniskrämerei in bezug auf den Begriff der Gegenübertragung (er forderte, daß sein Aufsatz über die Gegenübertragung nicht an die Öffentlichkeit dringen, sondern nur in geheimen Abschriften unter den Kollegen zirkulieren dürfe) wird seine Sorge überdeutlich, daß der Ruf der Psychoanalyse als objektive Methode untergraben werden und sie sich außerdem den Vorwurf einhandeln könnte, das menschliche Seelenleben zu sexualisieren.

Das heutige Verständnis von Übertragung, Gegenübertragung und Abstinenz hat eine sehr grundlegende Wandlung erfahren. Die Persönlichkeit des Therapeuten und das Konzept der Beziehung als Begegnung werden zum eigentlichen Kernpunkt der Therapie. Die Erweiterung des Übertragungsbegriffes hat aber schon bei C. G. Jung begonnen.

Übertragung – Gegenübertragung – therapeutische Beziehung: Die Weiterentwicklung der Psychoanalyse

Jung hat sich bereits an der Vorstellung gestoßen, daß in der Analyse nur der »Abklatsch« früherer Kindheitserfahrungen übertragen werde, daß lediglich infantile verdrängte Erlebnis- und Verhaltensmuster die Inhalte der Übertragung ausmachten. Seiner Meinung nach werden nicht nur Inhalte aus dem persönlichen Unbewußten auf den Analytiker übertragen, sondern auch Inhalte, die aus dem kollektiven Unbewußten stammen und eine archetypische Komponente enthalten. Für ihn ist das Übertragungsphänomen mehr als bloß persönliche Zu- oder Abneigung. Er versteht es als ein wichtiges Syndrom des Individuationsprozesses.

Hinter der Verliebtheit in den Arzt stehe nicht nur die Sehnsucht nach dem persönlichen Vater, sondern oft auch die Suche nach dem göttlichen Vater. Jung wirft die Frage auf, ob nicht letztlich der tiefere Sinn der Übertragungsliebe in dieser Gottessuche zu finden sei. »Sollte der Drang des Unbewußten vielleicht nur scheinbar nach der Person (des Arz-

44

tes) greifen, in tieferem Sinne aber nach einem Gott? Könnte das Verlangen nach einem Gott eine unbeeinflußter, dunkelster Triebnatur entquellende Leidenschaft sein?... vielleicht der höchste und eigentlichste Sinn dieser unzweckmäßigen Liebe, die man Übertragung nennt?«[10]

Dieses Bild eines Gottes taucht auch in Analyseberichten auf. »Ich habe vor ihm gekniet wie vor einem Gott.« Eine andere Frau beschrieb ihre Erfahrung mit dem Analytiker-Geliebten: »Es war, als ob ein Gott mich nahm.« Wenn wir uns vergegenwärtigen, daß in der analytischen Begegnung Heils- und Erlösungsvorstellungen wachgerufen werden, dann ist auch einfühlbar, daß die Frauen den Archetyp des Heilers, des Erlösers auf ihren Analytiker übertragen. Er wird zum Psychopompos, zum Seelenführer, der sie zu sich selbst begleiten kann, der sie hinführt zur Erfahrung der eigenen Ganzheit. Wenn ein solch archetypisches Bild übermenschlicher Allmacht auf den Therapeuten projiziert wird, ist dieser in seinem ganzen Menschsein aufgerufen, damit verantwortungsvoll umzugehen, sich der spirituellen Dimension dieser Übertragung bewußt zu werden und nicht persönlich auszuleben, was überpersönlich gemeint ist. Analytiker, die inflationär verschmelzen mit den Projektionen, die sie erfahren, befriedigen nur die eigenen Omnipotenzgefühle und verraten das, worum es eigentlich geht. Eine sorgfältige, selbstkritische Betrachtung aller Gegenübertragungsgefühle ist dann besonders nötig. Jung hat auf die Komplexität und den interaktionellen Aspekt des Übertragungsgeschehens besonders aufmerksam gemacht. Für ihn ist der Arzt als Person genauso an der Beziehung beteiligt wie der Patient. Die Stärke der Beziehung zwischen Analytiker und Patient ist für ihn so groß, daß er geradezu von einer »Verbindung« spricht, einem »mixtum compositum«, und die Analogie mit den chemischen Stoffen benutzt: »Wenn zwei chemische Körper sich verbinden, werden beide alteriert.« So würden auch in der Analyse beide gewandelt, Analytiker und Patient, denn »die Beziehung zwischen Arzt und Patient ist eine persönliche Beziehung innerhalb des unpersönlichen Rahmens der ärztlichen Behandlung. Es ist mit keinem Kunstgriff zu vermeiden, daß die Behandlung das Produkt einer gegenseitigen Beeinflussung ist.«

Auch bei Buber finden wir den Gedanken, daß der Mensch aus dem Moment der höchsten Begegnung nicht als der gleiche hervorgeht, als der er in ihn eingetreten ist. Alle Strömungen der humanistischen Psychologie und anthropologischen Psychotherapie betonen den Aspekt der »Heilung aus der Begegnung« (Trüb), das »Füreinander-und-Miteinandersein« (Binswanger), den Dialog und die Ich-Du-Welt in der Therapie (Condrau). In solchem Therapieverständnis bekommt die Persönlichkeit des Therapeuten eine zentrale Bedeutung. Er wird zum »existentiellen Wegweiser«, von dem mehr erwartet wird als die Rolle des distanzierten, neutralen Beobachters.

In der Gestalttherapie wird vom Therapeuten »selektive Offenheit« und »partielle Teilnahme« gefordert und ein kreativer Umgang mit Nähe und Distanz. Sie knüpft an die Tradition von Ferenczi an, der sich von Freuds strenger, nur deutender, abstinenter Haltung lossagte und für eine Haltung »mütterlicher Freundlichkeit« eintrat. Ferenczi hatte auch schon die Begriffe »Übertragung und Gegenübertragung« neu gefaßt. Er sah in den Übertragungen der Patientinnen nicht nur »Neuauflagen« alter Erfahrungen, sondern auch reale, unverzerrte Wahrnehmungen, die mit der konkreten Person des Analytikers zu tun haben. Er ging sogar davon aus, daß der Patient mit besonderer Hellsichtigkeit die wirkliche Gefühlseinstellung des Analytikers wahrnehmen könne und dieser darum herausgefordert sei, sie offenzulegen. Darauf bezieht sich auch die Forderung nach Transparenz in der Gestalttherapie und der Ruf nach »Authentizität« in der Gesprächstherapie von Rogers.

Längst hat sich nämlich die Auffassung als überholt erwiesen, daß die PatientInnen im Analytiker nicht auch den Menschen sehen könnten und daß die Übertragung reine Wiederholung sei.

Ferenczi und seine Nachfolger wiesen auf die Nachteile der Abstinenzhaltung hin und forderten mehr »primäre Mütterlichkeit« und »liebevolle Präsenz«. Es gab ja schon sehr früh im Rahmen der Psychoanalyse eine Art Polarisierung zwischen einer Technik, die an der klassischen Einsichtstherapie orientiert ist – mit dem Schwerpunkt auf Deutungen – und einer Therapie der emotionalen Erfahrung, die sich stärker am Hier und Jetzt der zwischenmenschlichen Beziehung orientiert und vom Therapeuten eine eher mütterliche Funktion des Haltens fordert.

Freud hatte gegenüber Ferenczi zu dieser »Mutterzärtlichkeit« eher kritisch und spöttisch Stellung bezogen und auf die Gefahren aufmerksam gemacht, die hinsichtlich der sexuellen Ausbeutbarkeit von Klientinnen entstehen könnten:

»Sie haben kein Geheimnis daraus gemacht, daß Sie ihre Patienten küssen und sich von ihnen küssen lassen . . . Nun malen Sie sich aus, was die Folgen der Veröffentlichung Ihrer Technik sein wird. Es gibt keinen Revolutionär, der nicht von einem noch radikaleren aus dem Feld geschlagen würde. Soundsoviele unabhängige Denker in der Technik werden sich sagen: Warum beim Kuß stehenbleiben? Gewiß erreicht man noch mehr, wenn man das ›Abtatscheln‹ dazunimmt, das ja auch noch keine Kinder macht. Und dann werden Kühnere kommen, die den weiteren Schritt machen werden zum Beschauen und Zeigen und bald werden wir das ganze Repertoire des Demiviergetums und der petting-parties in die Technik der Analyse aufgenommen haben, mit dem Erfolg einer großen Steigerung des Interesses an der Analyse bei Analytikern und Analysierten.«[11]

An diesem Ort sind wir längst angekommen. Petting-Parties in Gruppenpsychotherapien sind gar keine Seltenheit mehr, und das Beschauen und Zeigen von damals ist heute ein Berühren und Beschlafen, auch wenn es Kinder macht. Was sich gegenwärtig auf dem Psychomarkt als Therapie der emotionalen Erfahrung verkauft, hat nichts mehr zu tun mit Ferenczis Idee der »Berührung aus der Berührtheit«. So richtig es ist, daß Patientinnen mit frühen Defiziterfahrungen »nachgenährt« werden müssen und nicht mit der verweigernden Abstinenz zu behandeln sind, so fatal und zynisch ist es, sich mit der Berufung auf die Notwendigkeit der leiblichen Begegnung und die Enttabuisierung der Berührung einer Patientin sexuell zu nähern.

Seit die Persönlichkeit des Analytikers und seine Art, den Spiegel zu halten, ins Zentrum des analytischen Geschehens gerückt ist, wird auch die Gegenübertragung neu verstanden. Sie ist nicht länger Störfaktor und Hindernis, sondern wird zu einem wichtigen Erkenntnisinstrument, weil sie die gesamte emotionale Antwort der TherapeutInnen auf die KlientInnen darstellt. Ähnlich wie in einem modernen analytischen Verständnis die Übertragung als »Bereitschaft zur Beziehung« (Cremerius) verstanden wird, läßt sich auch die Gegenübertragung fassen als die innere Bereitschaft der AnalytikerInnen zur Beziehung mit den PatientInnen, in die bewußte und unbewußte Anteile des Helfers eingehen.

Voraussetzung ist natürlich, daß die TherapeutInnen sich ihren eigenen Gefühlen stellen und eine Haltung des inneren Geöffnetseins einnehmen.

Gleichzeitig ist die Gegenübertragung nicht mehr so leicht handhabbar wie in einem klassischen abstinenten Therapiestil, denn in den aus der humanistischen Psychologie entlehnten experientiellen Therapieformen bringt sich der Therapeut als Mensch mehr ein, macht unter Umständen auch ein Imitationsangebot für den Klienten, muß sich also viel eher auf einen interaktionellen Prozeß einlassen, der ihn zwingt, sich auch mit realen Schwierigkeiten in der therapeutischen Beziehung auseinanderzusetzen. Vom Therapeuten wird erwartet, daß er sich als Mensch zu erkennen gibt, der gefühlsmäßig erlebbar reagieren kann. Das stellt natürlich hohe Anforderungen an die persönliche Integrität von Therapeuten, weil hier persönliche Werte und Haltungen viel stärker in die Arbeit einfließen und die Gefahr der Manipulation, des Machtmißbrauchs, aber auch der emotionalen und sexuellen Ausbeutung besonders groß ist.

Um so wichtiger wird dann der Schutz der Patientinnen, der nur durch eine klare Einhaltung von Grenzen gegeben ist. Nur dort, wo zuverlässige Grenzen das Verhältnis von Nähe und Distanz regeln, kann fruchtbar therapeutisch gearbeitet werden. Dort, wo keine verläßliche und verantwortungsvolle Distanz gewahrt bleibt, vermag auch keine angstfreie und heilsame Intimität zu entstehen. Die Forderung nach Abstinenz muß nicht bedeuten, daß der Analytiker zur

»sprechenden Atrappe« (Moser) verkommt. Der Verzicht auf die Befriedigung der eigenen Triebe ist auch nicht nur als eine moralische Forderung zu verstehen, sondern hat grundsätzlich etwas zu tun mit der analytischen Haltung, die wir in unserer Arbeit brauchen. Von psychoanalytischer Seite ist betont worden, daß die Abstinenz auf der seelisch-geistigen und empathischen Verinnerlichung des psychoanalytischen Wissensgutes beruht. »Was den Analytiker schützt, ist . . . die Identifikation mit seiner analytischen Funktion: die Übertragung zu verstehen und zu deuten. Er ist gefährdet, wenn persönliche, bewußte oder unbewußte Triebbedürfnisse sein analytisches Arbeits-Ich und seine analytischen Werkzeuge außer Kraft setzen.«[12]

Der psychotherapeutische Eros

Ich glaube, daß wir den psychotherapeutischen Eros brauchen, die Rückbesinnung darauf, was denn Therapie eigentlich bedeutet. In der ursprünglichen Wortbedeutung meint Therapie Sorge um jemand. Unser Bezogensein auf den inneren Menschen als »Seelsorge« muß uns zur Haltung der Abstinenz führen. Eros ist ein Schlüssel zum Verständnis dessen, was auf der tieferen Ebene in der analytischen Begegnung geschieht.[13] Eros ist ein zwischenmenschliches Energiepotential, ein schöpferisches Prinzip der Vereinigung, das nach Zusammenbinden der Teile zu einem Ganzen strebt. Darum ist in jeder Therapie Eros konstelliert, der Wunsch nach Nähe, Berührung, Vereinigung. Mir scheint es wichtig, daß wir uns darauf besinnen, daß es auch eine schöpferische Verbindung auf der geistigen Ebene gibt, die große spirituelle Entwicklungsmöglichkeiten bietet. Diesen Eros brauchen wir in der Therapie, die Kraft, die darauf gerichtet ist, daß unsere KlientInnen die innere Verbindung zu sich selber herstellen und in Kontakt mit der eigenen inneren Ganzheit kommen können. Im psychotherapeutischen Eros sehe ich diese Energie verkörpert. So hat auch der Wunsch nach Vereinigung mit dem Analytiker eine geistige, symbolische Bedeutung, denn auch die sexuellen Wünsche haben einen symbolischen Gehalt. Das konkrete Ausleben der sexuellen Bedürfnisse verunmöglicht zu begreifen, was hinter diesen Wünschen steht. Nicht selten verbirgt sich ja hinter dem sexuellen Begehren der Vereinigung mit dem Analytiker die tiefe Sehnsucht nach Begegnung mit der eigenen Seele. Der geliebte Therapeut verkörpert dann die noch nicht erfahrbare eigene Ganzheit, auf ihn werden die tiefsten Sehnsüchte projiziert, die Erlösung verheißen. Er wird zur Fleischwerdung eines Ideals. Dort, wo Therapeuten sich dazu verführen lassen, dieses Beziehungsangebot konkret auszuleben, wird Eros verraten, denn das Ziel des Eros ist auf Verwandlung und schöpferisches Wachstum gerichtet. Bei sexuellem Mißbrauch in Psychotherapien geht es aber nicht um das Reifen der Klientin, sondern sie wird gerade um diese Chance der Selbstwerdung gebracht.

Der Daseinsanalytiker C. A. Seguin aus Lima[14], der sich intensiv mit dem psychotherapeutischen Eros beschäftigt hat, beschreibt sehr eindrucksvoll, auf welchem Hintergrund dieser Eros zu verstehen ist. Eros hat mit der Liebe zum Sein zu tun, einer Liebe, die nicht haben, nicht Besitz ergreifen, sondern geben will. Ihre therapeutische Wirkung beruht darauf, daß sie auf das Wachsenkönnen des anderen ausgerichtet ist. So muß auch der psychotherapeutische Eros frei sein von jeder Art der Bemächtigung, er darf nicht manipulieren und abhängig machen wollen, er darf nicht dogmatisch sein, nicht indoktrinieren und sich nicht sexuell ausleben. In diesem Verständnis ist psychotherapeutischer Eros eine Art Geburtshelferdienst, mit dem Ziel, dem Menschen beim Geborenwerden in das eigentliche Menschsein zu helfen.

Eros befreit, und an diesem Verlust der Freiheit, den Frauen erfahren, die von ihrem Therapeuten mißbraucht worden sind, wird deutlich sichtbar, daß hier nicht Eros waltet, sondern sein psychologischer Gegensatz, die Macht. Die Frauen erleben von ihrem Therapeuten nicht das Hingegebensein, sondern das In-Besitz-genommen-Werden, nicht Eros, sondern Macht, den Schatten des Eros, der den anderen nicht fördert, sondern in seiner Entwicklung blockiert. Wenn wir das Vertrauen, das in uns gesetzt wird, mißbrauchen, dann stürzen wir die Betroffenen in einen Zustand der existentiellen Verunsicherung, der psychotische Ausmaße annehmen kann.

Wir brauchen in der Therapie eine Haltung, die sich an der Verwundbarkeit und Verletzbarkeit der Seele orientiert, die sich uns zeigt. Wir brauchen den schützenden Eros, der auf das Schöpferische gerichtet ist, eine fürsorgliche Einstellung des behutsamen Begleitens, die Verbindung herstellt zwischen dem Ich und dem Unbewußten und sich ganz in den Dienst des Selbst stellt. Nur dann wird in der Therapie eine Atmosphäre des Gewährens und der Akzeptanz geschaffen, in der sich die Menschen, die wir begleiten, frei und unverhüllt zeigen können und riskieren können, ganz sie selbst zu werden.

Das gelingt aber nur, wenn wir als TherapeutInnen mit uns selbst in Fühlung sind. Plato hat schon darauf aufmerksam gemacht: »Was einer selbst nicht hat oder nicht weiß, das kann er auch keinem anderen geben, kann er keinen andern lehren.« Das gilt auch für uns als Helfende. Wenn wir selbst nicht von Eros berührt sind, vermögen wir auch nicht durch ihn zu wirken. Wir müssen wirklich die Menschen sein, als die wir wirken wollen, hat Jung gesagt: Ars totum requiret hominem. Unsere therapeutische Arbeit fordert den ganzen Menschen.

Das Abstinenzgebot ist darum mehr als nur Schutz vor Verführung und Verführtwerden, mehr auch als eine methodische Forderung. Abstinenz ist unerläßlicher Bestandteil therapeutischer Ethik und gehört zum Wesen des psychotherapeutischen Eros.

Anmerkungen

1 *Balint, M.:* »Wandlungen der therapeutischen Ziele und Techniken in der Psychoanalyse.« (1950). In: Die Urformen der Liebe und die Technik der Psychoanalyse. Frankfurt, Hamburg 1969, S. 231

2 vgl. die Aufsätze von *Cremerius, J.:* »Die psychoanalytische Abstinenzregel.« In: Psyche 28, 1984, S. 769–800 und »Die Sprache der Zärtlichkeit und der Leidenschaft.« In: Psyche 37, 1983, S. 988–1015

3 vgl. *Körner, J./Rosin, U.:* Das Problem der Abstinenz in der Psychoanalyse. S. 29 f.
4 *Cremerius, J.:* »Die psychoanalytische Abstinenzregel.« In: Psyche 28,
   1984, S. 797
5 *Freud, S.:* Gesammelte Werke, Bd. X, S. 306–321
6 *Buber, M.:* Reden über die Erziehung, Heidelberg 1986, S. 34
7 zitiert von Forest, I. de: The leaven of love. London 1954, S. 15, über-
   setztes Zitat von Cremerius
8 *Freud* und *C. G. Jung.* Briefwechsel. Frankfurt am Main 1974, S. 255
9 *Cremerius, C.:* »Die psychoanalytische Abstinenzregel.« a.a.O. S. 791
10 *Jung, C. G.* Gesammelte Werke, Bd. 7, Olten 1928, Par. 214, vgl. dazu
   Jacoby, M.: Psychotherapeuten sind auch Menschen, Olten 1987,
   S. 86–97
11 *Jones, E.:* Das Leben und Werk von S. Freud. Bern 1962, S. 517
12 *Studt, Ch.:* »Zum Umgang mit einem Tabu.« In: Forum der Psychoanalyse 1987, 3, S. 244
13 vgl. auch *Stein, R.:* Inzest und Liebe. Der Verrat an der Seele in der
   Psychotherapie. Fellbach 1981
14 *Seguin, C. A.:* Der Arzt und sein Patient. Bern 1965

Zahlen, Fakten, Tatbestände: Einige Ergebnisse wissenschaftlicher Untersuchungen

Ende 1990 ließ der Frankfurter Psychologe Martin Ehlert mir eine umfangreiche Bibliographie zum Thema »Mißbrauch in der Psychotherapie« zukommen, die 198 Titel umfaßt[1]. Lediglich 24 dieser Arbeiten erschienen im deutschsprachigen Raum; Frankreich ist nur mit einem einzigen Titel vertreten, alle anderen Arbeiten stammen aus den Vereinigten Staaten. Das Thema ist also im europäischen Raum bisher kaum bearbeitet.

Ich fand es aufschlußreich, die mir bekannten deutschsprachigen Veröffentlichungen, die sich unmittelbar auf das Thema beziehen, nach ihrem Erscheinungsjahr aufzuschlüsseln: Die erste Arbeit zum Thema erschien in der damaligen Bundesrepublik im Jahre 1986[2]. Im folgenden Jahr finden sich zwei Veröffentlichungen[3], im Jahre 1988 ist wiederum nur eine einzige, allerdings wichtige Veröffentlichung zu verzeichnen[4]. Der Bericht einer von ihrem Analytiker sexuell mißbrauchten Frau, die unter den Folgen lange Jahre schwer zu leiden hatte, markiert den Beginn einer breiteren Auseinandersetzung mit dem Thema. 1989 finden sich bereits fünf deutschsprachige Arbeiten[5], und 1990 steigt die Zahl der Veröffentlichungen sprunghaft auf 18 an[6]. Meist handelt es sich allerdings um kleinere Arbeiten, die Bezug nehmen auf die in den Vereinigten Staaten durchgeführten empirischen Untersuchungen; auch sind journalistische Beiträge mitgezählt. Empirische Erhebungen, die verläßliches, für unsere Breitengrade gültiges Zahlenmaterial vorstellen, fehlen bisher weitgehend. Mir ist im gesamten europäischen Raum nur eine größere empirische Studie aus den Niederlanden[7] und eine im Oktober 1990 in Deutschland fertiggestellte Arbeit bekannt[8].

Die im folgenden vorgestellten Resultate beziehen sich also mit Ausnahme der niederländischen Studie auf die seit

Beginn der 70er Jahre in den USA durchgeführten Untersuchungen. Die für die ehemalige Bundesrepublik vorliegenden Daten werde ich anschließend gesondert darstellen. Neben der obengenannten Untersuchung liegt eine kleine Studie zum Thema »Liebe und Sex in der Therapie« aus dem Bereich der Suchtkrankenhilfe vor[9], und im September 1990 wurde im Auftrag der Zeitschrift »Petra« eine Umfrage zu diesem Thema durchgeführt[10].

Das Problem des sexuellen Mißbrauchs in der Psychotherapie existiert, solange es die Psychotherapie als angewandte Methode gibt. Da historische Beispiele, vor allem die Beziehung C. G. Jungs zu seiner Patientin Sabina Spielrein, an anderer Stelle bereits ausführlich diskutiert worden sind, soll hier der Verweis auf entsprechende Arbeiten genügen[11]. Die Bedeutung des Problems, die Häufigkeit des Vorkommens, das Ausmaß der oft katastrophalen Konsequenzen für die betroffenen Frauen sind allerdings bis heute nicht einmal in Fachkreisen ausreichend bekannt und diskutiert. Ich möchte mich der Auffassung von Reimer[12] anschließen, der den Mißbrauch von Abhängigkeit für eines der zentralen ethischen Probleme der Psychotherapie hält.

In einer Zeit, in der Psychotherapie in manchen Kreisen zu einer Art hygienischer Maßnahme geworden ist, die man wie das tägliche Zähneputzen betreibt, ist vielen Beteiligten, und zwar sowohl TherapeutInnen als auch KlientInnen, vielleicht nicht ausreichend bewußt, wie groß die Macht ist, die ein Therapeut oder eine Therapeutin haben kann, und wie gewaltig die heilenden wie auch die zerstörerischen Kräfte sind, die im Prozeß der Psychotherapie unter Umständen freigesetzt werden. Ich meine, es wäre an der Zeit, zur Kenntnis zu nehmen, daß Macht in der Psychotherapie nicht selten mißbraucht wird, und so den ersten Schritt zu tun, um das Problem nicht nur verstehen zu können, sondern auch Möglichkeiten der Einflußnahme zu eröffnen.

Zur Häufigkeit sexuellen Mißbrauchs in der Psychotherapie

Die Angaben über die Häufigkeit sexueller Beziehungen zwischen TherapeutIn und KlientIn schwanken zwischen 13 %[13] und 7,1 %[14].

Der Durchschnittswert einiger größerer Untersuchungen liegt bei ca. 10 %[15]. Berücksichtigt man, daß die Rücklaufquote der verwendeten Fragebögen häufig relativ gering war und daß sicherlich nicht jeder Therapeut, der eine erotische Beziehung zu einer Klientin unterhält, dies auch angibt, kann man getrost davon ausgehen, daß die Dunkelziffer recht hoch ist. In diese Richtung weisen auch die Ergebnisse der niederländischen Untersuchung. Hier wurden Therapeuten darüber befragt, ob sie KlientInnen haben oder hatten, die in einer vorherigen Therapie sexuelle Beziehungen zu ihrem Therapeuten unterhalten hatten. Von 1551 Fragebögen kamen 829 zurück, in denen die Frage in 401 Fällen bejaht wurde. Da aber nur über 209 Fälle (genannt von 201 TherapeutInnen) genauere Angaben gemacht wurden, wurden auch nur diese Fälle zur Grundlage der Untersuchung gemacht. Das bedeutet immerhin, daß auch bei strenger Auswahl jede(r) vierte TherapeutIn bereits mit einer Klientin gearbeitet hat, die in einer vorherigen Therapie sexuell ausgebeutet wurde. Hierbei muß man berücksichtigen, daß bei dieser Art der Befragung diejenigen Frauen, die nach einem Mißbrauch keine neue Therapie mehr begonnen haben, nicht erfaßt werden. Daher ist wohl davon auszugehen, daß sexueller Mißbrauch häufiger vorkommt, als es den Ergebnissen dieser Art von Untersuchung zu entnehmen ist.

Wie verteilen sich die Mißbrauchsfälle auf Therapeuten und Therapeutinnen

Die Ergebnisse der verschiedenen Untersuchungen weichen zwar geringfügig voneinander ab, sind in der Tendenz aber eindeutig: In der weit überwiegenden Zahl der Fälle handelt es sich um Therapeuten, die eine sexuelle Beziehung zu einer

Klientin eingehen. Die folgende Tabelle zeigt die Verteilung[16].

	Therapeut/ Frau	Therapeutin/ Mann	Therapeut/ Mann	Therapeutin/ Frau
Bouhoutsos 1983	92,0 %	2,5 %	3,5 %	1,5 %
Gartrell 1986	89,4 %	3,5 %		1,4 %
Aghassy 1987	95,5 %	2,0 %	2,0 %	1 Fall

Die Fälle, in denen eine Therapeutin eine sexuelle Beziehung
mit ihrem Klienten eingeht, sind im Vergleich zum umge-
kehrten Fall außerordentlich selten. Zudem kommt es ungefähr doppelt so häufig vor, daß ein Therapeut eine sexuelle
Beziehung mit einem Klienten eingeht, als eine Therapeutin
mit einer Klientin. In den allermeisten Fällen handelt es sich
beim Mißbrauch in der Therapie also um Männer, die mißbrauchen, und in den meisten Fällen gehen sie eine Beziehung mit einer Klientin ein.

Das Alter der Therapeuten und die Altersdifferenz zur Klientin

In der Studie von Bouhoutsos u. a. (1983) wird das Durchschnittsalter der Therapeuten mit 42 Jahren angegeben. Die
größte Gruppe findet sich unter den 40- bis 49jährigen
(48 %), insgesamt 97 % der Therapeuten sind älter als 30. Die
holländische Studie nennt als Durchschnittsalter 41 Jahre.
Demgegenüber liegt das Durchschnittsalter der Klientinnen
bei 29 Jahren (Aghassy) bzw. 30 Jahren (Bouhoutsos). Insgesamt 50 % der betroffenen Frauen sind jünger als 30, und im
Durchschnitt sind die Frauen zehn bis fünfzehn Jahre jünger
als die Therapeuten[17].

Zur Qualität der Ausbildung mißbrauchender Therapeuten

Häufig wird die Vermutung geäußert, sexueller Mißbrauch
in der Therapie sei durch die mangelhafte Ausbildung des

Therapeuten bedingt, zumindest aber begünstigt. Es wäre beruhigend, wenn man davon ausgehen könnte, daß eine genügend qualifizierte Ausbildung Mißbrauch verhindert. Tatsächlich gibt es Fälle, in denen die Ausbildung des entsprechenden Therapeuten zu wünschen übrig läßt (in einem besonders eklatanten Fall therapierte ein Mann, der nie in seinem Leben Psychologie studiert hatte oder eine Therapieausbildung vorzuweisen gehabt hätte). Die bisherigen Erkenntnisse zu dieser Frage besagen jedoch, daß mißbrauchende Therapeuten im allgemeinen über eine abgeschlossene klinische Ausbildung und persönliche Therapieerfahrung verfügen (Gartrell u. a., 1986). Eine kleine französische Studie belegt, daß es sich um »bekannte und erfahrene Analytiker handelte«[18].

Zeitpunkt und Ort des Übergriffs, Verlauf und Ende der Beziehung

Etwa 30 % der Beziehungen zwischen Therapeut und Klientin beginnen in den ersten drei Monaten der Therapie, 77 % insgesamt im ersten Jahr (vgl. Bouhoutsos, 1983 u. Reimer, 1990). In aller Regel wird der Verlauf der Beziehung, also das, was wann, wie und wo möglich ist, von den Therapeuten bestimmt, denn »sie bestimmen die Regeln, wie beide miteinander verfahren, ob man sich umarmt und wie das vor sich geht, und wann wer wen berühren und streicheln darf«[19]. Die niederländische Studie kommt zu dem Ergebnis, daß es in insgesamt 92 % aller Fälle in der Privatpraxis, therapeutischen Instituten und Kliniken zum sexuellen Kontakt kommt. Bouhoutsos nennt lediglich in 39 % der Fälle das Sprechzimmer als Tatort. Oft wird die Beziehung unter für die Klientin demütigenden Umständen von seiten des Therapeuten beendet[20]. Erstaunlicherweise gibt die niederländische Studie an, daß die Trennung in 46 % der Fälle von der Klientin ausgeht, was aber bezüglich der schädlichen Folgen einer solchen Beziehung keine Rückschlüsse zuläßt.

Einmaliger »Ausrutscher« oder Wiederholungstat?

Übereinstimmung herrscht darüber, daß es nach dem ersten Bruch der Abstinenzregel häufig zu Wiederholungstaten kommt. Ehlert (1990c) spricht unter Bezug auf die Untersuchung von Holroyd und Brodsky von 80 % Wiederholungstätern. Aus der Gartrell-Studie (1986) geht hervor, daß es bei 66 % der Therapeuten bei einer einmaligen Verletzung der Abstinenzregel blieb, während es bei 20 % zwei und bei 13 % drei oder mehr Klientinnen waren, die Opfer eines Übergriffs wurden. Bei den Wiederholungstätern handelte es sich ausschließlich um Männer[21].

Zur persönlichen Situation der Therapeuten zum Zeitpunkt des Übergriffs

Viele der befragten Therapeuten (zu dieser Frage liegen bisher nur recht spärliche Untersuchungsergebnisse vor) geben an, zum Zeitpunkt des Übergriffs in einer persönlichen Lebenskrise gewesen zu sein. Unglückliche Ehen, Trennungen und Scheidungen werden am häufigsten als Gründe für die eigene Bedürftigkeit und Einsamkeit angegeben[22]. Die holländische Untersuchung nennt als Motiv in 18 % der Fälle sexuelle Probleme des Therapeuten. Hier sollte man allerdings berücksichtigen, daß aufgrund der indirekten Art der Befragung Kollegen, die ihr Wissen von ihren Klientinnen beziehen, über Kollegen urteilen.

Wenn es zutrifft, daß die persönliche Lebenskrise der Therapeuten eine der wesentlichen Voraussetzungen für das Zustandekommen einer Mißbrauchsbeziehung ist (Reimer 1990), wenn aber mindestens ein Drittel der Therapeuten gleichzeitig mehr als einmal eine Beziehung zu einer Klientin eingegangen ist, müßte man daraus schließen, daß sich diese Therapeuten des öfteren in Lebenskrisen befunden haben oder in einer andauernd krisenhaften Situation leben. Mit anderen Worten: Es scheint sich um labile Menschen zu handeln. Vielleicht ist es eine Frage wert, ob ein relativ hohes Maß an persönlicher Stabilität nicht eine der wirklich wichtigen Voraussetzungen dafür ist, gerade den Beruf des Therapeuten auszuüben.

Zu den von den Therapeuten genannten Motiven für die sexuelle Beziehung

Die Therapeuten sind sich in der Regel erstaunlich sicher, mit einer sexuellen Beziehung der entsprechenden Frau etwas Gutes zu tun. Nach ihren Motiven befragt, nennen sie Sexualität als nützliche therapeutische Hilfe oder als wertvolle emotionale Erfahrung, die das Selbstwertgefühl der Klientin hebe[23]. Die niederländische Untersuchung nennt bei 40 % der Therapeuten als Motiv, daß sexuelle Beziehungen grundsätzlich als therapeutische Methode hingestellt und eingesetzt werden, und zwar, um die Angst der Frauen vor der Sexualität zu vermindern, Anleitungen für eine freiere Sexualität zu geben oder sexuelle Dysfunktionen zu beheben. Diese Selbsteinschätzung steht in einem geradezu grotesken Mißverhältnis zu der tatsächlichen Bedeutung und den tatsächlichen Folgen, die diese Beziehungen für die betroffenen Frauen haben.

Zur Entwicklung von Anzeigen und Prozessen gegen Therapeuten

Ehlert (1990c), S. 11 f.) nennt unter Bezug auf Cummings und Sobel[24] folgende Zahlen der Berufs-Haftpflicht-Versicherung für Psychologen in den Vereinigten Staaten: In den Jahren 1976–1984 gab es insgesamt 104 Verfahren wegen sexuellen Mißbrauchs. Von 1976–1982 waren es durchschnittlich fünf Verfahren pro Jahr, von 1982–1984 durchschnittlich 24 – eine deutlich steigende Tendenz. 87 Verfahren wurden von Frauen gegen Therapeuten angestrengt, dagegen nur zwei von Männern gegen Therapeutinnen. Aufgrund der in den letzten Jahren zunehmend von den Frauen gewonnenen Zivilverfahren schließt die Berufshaftpflicht inzwischen die Haftung für Schadensersatzansprüche, die sich auf sexuellen

Mißbrauch gründen, vertraglich aus. Für die Zulassungsbehörde für Psychologen (State Licensing Board) nennt Reimer (1990, S. 297) folgende Zahlen: 1982: 17 Verfahren; 1984: 58 Verfahren; 1985: 82 Verfahren.

In der ehemaligen BRD kam es m. W. bisher zu drei Strafanzeigen und vier Zivilklagen wegen Schmerzensgeld (s. Kapitel Recht). Die Ermittlungsverfahren aufgrund der Strafanzeigen wegen sexueller Nötigung und Körperverletzung wurden beide mangels hinreichenden Tatverdachts eingestellt, da sexueller Mißbrauch in einer *ambulanten* Therapie bisher nicht als Straftat gewertet wird, während der gleiche Übergriff strafbar sein kann, wenn er in einer Klinik geschieht. Der mangelnde Tatverdacht bezieht sich im übrigen nicht auf die Vorwürfe als solche, sondern auf die rechtliche Würdigung der Vorwürfe: Auch wenn die Angaben über die zur Anzeige gebrachte Tat in allen Einzelheiten für glaubwürdig befunden wurden (in einem der Ermittlungsverfahren war dies durch ein Gutachten gegeben, im zweiten wurde ein Gutachten gar nicht erst eingeholt), heißt das nicht, daß nach bisheriger Rechtsauffassung der Straftatbestand der sexuellen Nötigung oder der Körperverletzung erfüllt ist.

Ein Zivilverfahren ging in der zweiten Instanz zugunsten der Klägerin aus: Ihr wurde ein Schmerzensgeld in erheblicher Höhe zugesprochen. Da erst in der allerletzten Zeit eine breiter angelegte Diskussion über das Problem des sexuellen Mißbrauchs in der Therapie begonnen hat, ist davon auszugehen, daß auch hierzulande die Straf- und Zivilverfahren gegen mißbrauchende Therapeuten erheblich zunehmen werden, zumal das obengenannte Urteil Präzedenzcharakter hat.

Empirische Untersuchungen in der alten Bundesrepublik

Inzwischen liegen für die ehemalige Bundesrepublik erste, wenn auch noch wenig differenzierte Daten vor. Sie entstammen drei verschiedenen Quellen[25]. Die Ergebnisse fallen recht unterschiedlich aus. In der kleinen Studie von Vogt (1990) aus dem Bereich der Suchtkrankenhilfe wurden in diesem Bereich tätige Beraterinnen und Berater gefragt, ob sie schon einmal eine Klientin beraten hatten, die ein intimes Verhältnis mit einem Therapeuten oder Berater gehabt hatte. Bei dieser indirekten Art der Befragung antworteten 30 % der Befragten mit »ja«.

Im Auftrag der Zeitschrift »Petra« führte das Münchner »Institut für Rationale Psychologie« im September 1990 eine Umfrage zum Thema durch. Hier wurden 2619 Patienten im Alter von 18–48 Jahren befragt. Jede zwölfte Frau (8,4 %) gab an, sexuelle Beziehungen zu ihrem Therapeuten zu haben oder gehabt zu haben.

Die Ergebnisse der ersten größeren Untersuchung in der ehemaligen BRD zum Thema »Liebe, Erotik und Sexualität in der Therapie« (Retsch 1990) möchte ich genauer darstellen, auch wenn die Daten nur eine grobe Orientierung ermöglichen. Ich fasse die wichtigsten Aussagen zusammen.

Aus einer Gesamtheit von 650–700 lizensierten VerhaltenstherapeutInnen wurde eine Stichprobe von 300 Personen nach der neuesten Adressenliste der Deutschen Gesellschaft für Verhaltenstherapie gezogen, an die ein Fragebogen versandt wurde. Die Befragung war anonym. Gefragt wurde nach dem Umgang mit der Problematik in Ausbildung und Berufsalltag, nach Verhaltensweisen der TherapeutInnen gegenüber KlientInnen im sozialen, erotischen und sexuellen Bereich und nach der ethischen Vertretbarkeit dieser Verhaltensweisen. Von den 143 zurückgeschickten Fragebögen waren 138 verwertbar. 58 % der Auskunftgebenden gehörten der Altersgruppe 40–49 Jahre an, 65,9 % hatten Berufserfahrung von elf bis zu 20 Jahren, und 83,3 % nahmen regelmäßig Supervision in Anspruch.

Zum Umgang mit der Problematik in Ausbildung und Berufsalltag

92,1 % der Befragten hielten eine Auseinandersetzung mit dieser Problematik für notwendig (52,2 %) bzw. sehr notwendig (39,9 %). Behandelt wurde das Thema

- nie   in 28,3 % der Fälle
- sehr selten   in 40,6 % der Fälle
- manchmal   in 23,9 % der Fälle

Im Team, in Arbeitsgemeinschaften oder in der Supervision wurde das Thema nie oder selten in 41,3 % und manchmal in 39,1 % der Fälle behandelt. Das Mißverhältnis zwischen dem Bedürfnis nach Auseinandersetzung und tatsächlicher Auseinandersetzung ist offensichtlich.

Signifikante Unterschiede ergaben sich bei bestimmten Fragen in bezug auf die Geschlechtszugehörigkeit und die Frage, ob Supervision in Anspruch genommen wird oder nicht:

Frauen

- lehnen eher als Männer einen Klienten, von dem sie befürchten, sie könnten sich in ihn verlieben, für eine Therapie ab;
- halten klare ethische Richtlinien, die die Frage einer sexuellen Beziehung zu ehemaligen KlientInnen *nach* Beendigung der Therapie regeln, eher als Männer für notwendig;
- reden eher als Männer mit einem Kollegen, von dem man weiß bzw. meint, daß er sexuelle Beziehungen zu einer Klientin hat.

Männer

- erzählen in der Therapie häufiger als Frauen von ihren eigenen Problemen und halten dies auch eher als Frauen für ethisch vertretbar;
- verlieben sich häufiger in Klientinnen, als Frauen sich in Klienten verlieben;
- teilen ihren Klientinnen öfter mit, daß sie sie als erotisch attraktiv empfinden;
- haben häufiger sexuelle Beziehungen zu ehemaligen Klientinnen (13,9 %) als Frauen zu ehemaligen Klienten (4,3 %).

TherapeutInnen, die keine Supervision in Anspruch nehmen, halten häufiger die folgenden Verhaltensweisen für ethisch vertretbar als solche mit Supervision:
- eine Klientin/einen Klienten zum Kaffee einladen,

- einer Klientin/einem Klienten einen Kuß auf die Wange geben,
- mit einer Klientin/einem Klienten erotische Küsse austauschen,
- mit einer Klientin/einem Klienten schlafen.

In der folgenden Tabelle habe ich einige Daten zusammengestellt. Gruppe I zeigt, wie häufig die Befragten angeben, die genannten Verhaltensweisen seien bei ihnen schon vorgekommen.

Gruppe II zeigt, wie häufig die Befragten die genannten Verhaltensweisen für ethisch vertretbar halten. Ich habe mich auf diejenigen Fragen und Antworten beschränkt, die sich unmittelbar auf körperliche Berührungen, erotisch getönte verbale Mitteilungen und direkte sexuelle Kontakte beziehen.

Aus der Tabelle ist eindeutig und erwartungsgemäß zu entnehmen, daß Verhaltensweisen um so seltener werden, je mehr sie sich dem Bereich direkter sexueller Aktivitäten nähern. Die Kardinalfrage nach der Häufigkeit sexueller Kontakte zwischen TherapeutInnen und KlientInnen läßt sich anhand dieser Daten jedoch nicht klar beantworten:

1. Es ist eine Frage der Interpretation, was genau unter »sexuellen Aktivitäten« zu verstehen ist. Manche Verhaltensweisen bewegen sich in einem Grenzbereich (z. B. »Mit einer Klientin/einem Klienten über die Möglichkeit des Miteinander-Schlafens reden«), andere sind je nach Intention und Situation rein freundschaftlich oder erotisch gefärbt. In der Studie von Gartrell u. a. (1986) wird »sexueller Kontakt als Kontakt definiert, der darauf angelegt war, im Patienten, Therapeuten oder beiden sexuelle Wünsche zu wecken und/oder zu befriedigen«[26].

Die Gartrell-Studie kommt aufgrund dieser Definition zu dem Resultat, daß 6,4 % der befragten Psychiater sexuelle Kontakte mit Klientinnen angaben; die vorliegende Untersuchung kommt auf ähnliche Zahlen, nämlich auf mindestens 5,8 %, wenn man das Limit im Sinne dieser Definition bei Frage 10 (über ein mögliches Miteinander-Schlafen sprechen) ansetzt.

	I Vorkommen der genannten Verh.-weisen				II Beurteilung der ethischen Vertretbarkeit				
	Summe %	selten	manch-mal	häufig	Summe %	in seltenen Fällen	in vielen Fällen	Zwischen-summe	ja
1. Die Hand halten, um Mitgefühl auszudrücken	76,2	34,1	31,2	10,9	85,0	31,2	13,8	54,4	40,6
2. Den Arm um die Schulter legen	71,7	50,7	17,4	3,6	81,2	42,8	13,8	38,4	24,6
3. Eine Klientin/einen Klienten umarmen	67,3	50,7	13,0	3,6	77,8	47,1	10,1	34,7	24,6
4. Zur Beruhigung über den Rücken streicheln	63,7	40,6	18,8	4,3	82,6	47,8	12,3	34,8	22,5
5. Anbieten, sich an sie zu lehnen, wenn sie/er das möchte	40,5	26,8	13,0	0,7	69,5	41,3	6,5	28,2	21,7
6. Sagen, daß man sie/ihn sexuell attraktiv findet	32,6	19,6	13,0	–	54,9	34,8	5,8	20,3	14,5
7. Ermutigen, sie zu umarmen, wenn sie/er das möchte	27,5	21,0	6,5	–	55,1	37,0	2,9	18,1	15,2
8. Einen Kuß auf die Wange geben	12,3	10,1	2,2	–	39,1	26,1	2,9	13,0	10,1
9. Sagen, daß man in sie/ihn verliebt ist	10,8	9,4	0,7	0,7	42,9	21,8	2,9	21,7	18,8
10. Über ein mögliches Miteinander-schlafen sprechen	5,8	5,1	0,7	–	18,0	13,0	1,4	5,0	3,6
11. Sagen, daß man sie/ihn sexuell begehrt	3,6	3,6	–	–	21,0	15,2	2,2	5,8	3,6
12. Am ganzen Körper streicheln und liebkosen	2,2	2,2	–	–	9,4	6,5	–	2,9	2,9
13. Erotische Küsse tauschen	1,4	1,4	–	–	9,4	6,5	–	2,9	2,9
14. Miteinander schlafen	1,4	1,4	–	–	9,4	6,5	–	2,9	2,9
15. Eine sexuelle Beziehung zu einem ehemaligen Klienten/einer ehemaligen Klientin haben	8,6	7,2	1,4	–	52,2	31,2	2,2	21,0	18,8

2. Bei der Frage nach sexuellen Beziehungen zu *ehemaligen* KlientInnen ist leider nicht ersichtlich, wann genau die sexuelle Beziehung aufgenommen wurde. Während man u. U. einräumen könnte, daß eine Beziehung zu einer ehemaligen Klientin/einem ehemaligen Klienten ohne Mißbrauch möglich ist, wenn zwischen dem Ende der Therapie und dem Beginn einer sexuellen Beziehung eine längere Zeitspanne liegt, sehe ich keinen Unterschied zum Mißbrauch in der Therapie, wenn eine Therapie formal abgebrochen wird, um gleich anschließend eine sexuelle Beziehung aufzunehmen. Der Anteil dieser Beziehungen müßte deshalb bei der Frage nach der Häufigkeit sexueller Beziehungen zu Klientinnen/Klienten berücksichtigt werden.

Auffallend finde ich, daß Verhaltensweisen, die sich unmittelbar auf sexuelle Aktivitäten beziehen, zwar relativ selten als tatsächlich vorkommend angegeben werden, aber bei einigen Fragen fast siebenmal häufiger als ethisch vertretbar gelten. Angesichts dieser gravierenden Unterschiede habe ich meine Zweifel daran, daß wirklich nur ein so geringer Bruchteil derjenigen, die sexuelle Handlungen für ethisch vertretbar halten, diese auch tatsächlich praktiziert.

Auffällig ist auch, daß eine so große Zahl von Therapeuten und Therapeutinnen (52 %) eine sexuelle Beziehung zu einer ehemaligen Klientin/einem ehemaligen Klienten für ethisch vertretbar hält. Für die Beurteilung dieses Ergebnisses wäre es aber wiederum wichtig, zu wissen, ob damit Beziehungen, die unmittelbar von einer Therapie in eine sexuelle Beziehung übergehen, ebenso gemeint sind wie Beziehungen, die erst zu einem (wesentlich?) späteren Zeitpunkt zu sexuellen Beziehungen werden.

Mir fiel auf, daß der Anteil derjenigen, die Supervision in Anspruch nehmen, recht hoch ist (83,3 %). Möglicherweise fällt die Anzahl derer, die massive sexuelle Aktivitäten zugeben (Fragen 12–14), aus diesem Grunde relativ niedrig aus, denn die Gefahr, daß es zu Grenzüberschreitungen kommt, ist ohne Supervision deutlich höher.

Schließlich muß man bezüglich der Ergebnisse berücksichtigen, daß bei der hier gewählten direkten Art der Befragung der/die Befragte selbst Auskunft geben soll über ein

Verhalten, das als unethisch gilt. Die Wahrscheinlichkeit, daß mißbrauchende Therapeuten gar nicht erst antworten, die entsprechenden Fragen nicht beantworten oder falsche Angaben machen, schätze ich als hoch ein. Vergleicht man nämlich die Ergebnisse der drei genannten Arbeiten, fällt eine Rangfolge je nach der Art der Befragung auf:

In der Studie von Vogt geben die Befragten Auskunft über Klientinnen, die ihrerseits Auskunft über frühere Therapeuten geben. Die Befragten müssen also weder sich selbst noch unmittelbar einen Kollegen belasten. Die so ermittelte Zahl (30 %) ist dementsprechend hoch. Zu ähnlichen Ergebnissen kommen andere Studien mit der gleichen indirekten Art der Befragung, etwa die niederländische Studie und die Studie von Bouhoutsos u. a. (1983).

– Bei der Umfrage der Zeitschrift »Petra« wurden Klientinnen befragt; das Ergebnis (8,4 %) liegt deutlich niedriger, entspricht aber annähernd den Durchschnittsergebnissen aller bisherigen Untersuchungen.

– Bei der direkten Frage an TherapeutInnen schließlich ist der Anteil derjenigen, die eine sexuelle Beziehung zu einer Klientin/einem Klienten zugeben, relativ niedrig: Setzt man das Limit bei Frage 10 (über ein mögliches Miteinander-Schlafen sprechen), wären es mindestens 5,8 %. Dies entspricht recht genau den Ergebnissen der Gartrell-Studie (1986), bei der die Frage nach sexuellen Kontakten von 6,4 % mit ja beantwortet wurde.

Die Untersuchung von Retsch ist »eng an eine Untersuchung angelehnt, die Pope, Tabachnick & Keith-Spiegel (1987) veröffentlicht haben, v. a. auch deshalb, um einen Vergleich zu den US-amerikanischen Ergebnissen ziehen zu können«[27]. Dieser Vergleich zeigt, daß die Ergebnisse sehr ähnlich ausfallen. (Die erste Zahl bezieht sich auf die Untersuchung von Retsch, die zweite auf die Vergleichsuntersuchung; die Prozentzahlen geben die Häufigkeit an, und zwar von »selten« bis »sehr häufig«)[28]:

– Sexuelle Beziehung zu ehemaliger Klientin

8,6 % bzw. 11,1 %

– Klientin am ganzen Körper streicheln und liebkosen

2,2 % bzw. 2,6 %

- Mit Klientin schlafen 1,4 % bzw. 1,9 %
- Mit Klientin erotische Küsse tauschen 1,4 %

Dieser Vergleich stützt die Vermutung, daß die Verhältnisse bei uns sich von denen in den USA nicht wesentlich unterscheiden und zahlenmäßig verschiedene Ergebnisse durch die unterschiedlich direkte Art der Befragung zustande kommen.

Da bei der vorliegenen Untersuchung nur VerhaltenstherapeutInnen befragt wurden und die Stichprobe zudem relativ klein ist, bleibt offen, wie die Ergebnisse größerer und schulenübergreifender Untersuchungen ausfallen werden.

Mir scheint bei Betrachtung der unterschiedlichen Zahlen im Hinblick auf die Häufigkeit sexueller Beziehungen zwischen Therapeuten und Klientinnen, die Wahrheit könnte in der Mitte liegen. Jedenfalls dürfen wir gespannt sein auf die Ergebnisse zukünftiger Untersuchungen.

Literatur

1 *Ehlert, M.* (1990b): Bibliographie zum Thema »Sexuelle Beziehungen zwischen Psychotherapeuten und ihren Patienten«. Wiesbaden (unveröffentlicht) 1990
Ich möchte Herrn Ehlert an dieser Stelle dafür danken, daß er mir seine Bibliographie freundlicherweise zur Verfügung gestellt und mir damit eine wertvolle Hilfe gegeben hat.

2 *Spielrein, S.* (1986): Tagebuch einer heimlichen Symmetrie. Sabina Spielrein zwischen Jung und Freud. Freiburg i. Br.: Kore Verlag 1986. Mit einem Vorwort von Johannes Cremerius

3 Deutschsprachige Veröffentlichungen 1987
– *Cremerius, J.* (1987): »Sabina Spielrein – ein frühes Opfer der psychoanalytischen Berufspolitik. Zur Vorgeschichte der Psychoanalytischen Bewegung«. In: Forum der Psychoanalyse 3:2 (1987). S. 127–142
– *Hirsch, M.* (1987): »Andere Inzestformen: Sexuelle Beziehungen zwischen Therapeut und Patient.« In: Hirsch, M.: Realer Inzest Psychodynamik des sexuellen Mißbrauchs in der Familie. Berlin, Heidelberg: Springer 1987, S. 168–176

4 *Anonyma* (1988): Verführung auf der Couch. Eine Niederschrift. Freiburg i. Br.: Kore Verlag 1988

darin: *Cremerius, J.* (1988): Abstinenz-Maxime und Realität, S. 166–188

5 Deutschsprachige Veröffentlichungen 1989 i. d. Reihenfolge des Erscheinens

– *Franke, A.:* »Therapeutische Risiken für Frauen.« In: Giese, E., und D. Kleiber (Hrsg.), 1989: Das Risiko Therapie. Weinheim, Basel: Beltz 1989, S. 93–114

– *Moser, T.:* »Die Katastrophe der verlorenen Väterlichkeit. Zu einer Episode aus der ›Verführung auf der Couch‹ von Anonyma.« In: Körpertherapeutische Phantasien. Psychoanalytische Fallgeschichten neu betrachtet, Frankfurt a. M.: Suhrkamp 1989, S. 139–15

– *Vogt, I.:* »Liebe und Sex in der Therapie.« In: Verhaltenstherapie & Psychosoziale Praxis, Heft 1, 1989, S. 39–48

– *Wirtz, U.:* Seelenmord. Inzest u. Therapie. Zürich: Kreuz 1989, S. 245–284

– *Claussen, C.:* »Liebe auf der Therapeutencouch. Eine verhängnisvolle Affäre.« Stern 16, 1989, S. 94–101

6 Deutschsprachige Veröffentlichungen, Titel 1990 i. d. Reihenfolge des Erscheinens

– *Vogt, I.:* »Neues zum ›Sex in der Therapie‹.« In: Verhaltenstherapie & Psychosoziale Praxis, Heft 1, 1990, S. 104–105

– *Bates, Caroyln M. u. A. M. Brodsky:* Eine verhängnisvolle Affäre oder: Sex in the Therapy Hour. Paderborn: Junfermann 1990

– *Streit ():* Urteil mit Anmerkungen OLG Düsseldorf: Schmerzensgeld für die Klientin nach sexuellem Mißbrauch durch den Therapeuten. Streit 1/90, S. 37–42

– *Rutter, P.:* »Verbotener Sex. Wenn Therapeuten und Helfer das Abstinenz-Gebot mißachten.« In: Psychologie heute, Mai 1990, S. 44–47

– *Reimer, Ch.:* »Abhängigkeit in der Psychotherapie.« In: Praxis der Psychotherapie und Psychosomatik 35, S. 294–305

– *Ehlert, M.* (1990a): Buchbesprechung: Anonyma. Psyche, 44:6, 1990, S. 561–564

– *Ott, U.:* »Der gerade Weg vom Inzest in den Wahnsinn.« Emma, Juli 1990, S. 38–41

– Spiegel: »Mißbrauchte Gefühle. Von Seelenärzten behandelte Frauen zeigen zunehmend sexuelle Übergriffe an.« Spiegel 44/28, 1990, S. 146–148 (Juli 1990)

– *Naß, B.:* »Ich fühlte mich im tiefsten Inneren gedemütigt.« Badische Zeitung vom 9. 8. 1990, S. 3

– »Sex auf der Couch.« Umfrage. Petra 90:9, 1990, S. 185 f.

– *Blaise, M.:* »»Du hast es doch gewollt!‹ Zum Problem ambivalenter Gefühle von Frauen, die sexuellen Übergriffen durch ihren Psychotherapeuten ausgesetzt sind.« In: Verhaltenstherapie & Psychosoziale Praxis 3/90, 1990, S. 361–366 (Oktober 90)

– *Hoffmann, F.:* »Verführung in der Therapie. Infam wie Inzest.« Cosmopolitan (Deutsch) 90:10, 1990, S. 85–94

– *Ehlert, M.* (1990b): Bibliographie zum Thema »Sexuelle Beziehungen zwischen Psychotherapeuten und ihren Patienten«. Wiesbaden (unveröffentlicht), Stand November 1990

– *Ehlert* (1990c): »Sexueller Mißbrauch in der Psychotherapie.« In: Report Psychology, Nov. 1990, S. 10–16

– *Hösch, Andrea:* »Vergiftete Liebe. Sexueller Mißbrauch in der Therapie.« In: ZET. Stadtzeitung für Freiburg, November 1990, S. 16–19

– *Burgard, R.:* »Wenn Therapeuten schwach werden.« In: Psychologie heute, Sonderheft, Frauen, Heft 3, Dezember 1990

– *Moser, I.:* »Verrat in inniger Umschlingung. Eine Gefühlskatastrophe aus der Frühzeit der Psychoanalyse.« In: Das zerstrittene Selbst, Frankfurt a. M.: Suhrkamp, 1990, S. 205–210

– *Moser, I.:* »Irrungen und Wirrungen auf der Couch. Eine Analyse im Liebesrausch. Über Verführung auf der Couch von Anonyma.« In: Das zerstrittene Selbst, a.a.O., S. 211–217

7 *Aghassy, G. u. M. Noot* (1987): »Seksuele contacten binnen psychotherapeutische relaties.« In: Psycho-therapie (Niederlande), 6:11, 1987, übersetzt und zusammengefaßt von J. O. Rave (unveröffentlicht), 1990

8 *Retsch, Antina* (1990): Liebe, Erotik und Sexualität in der Therapie. Eine anonyme Befragung von Verhaltenstherapeutinnen und Verhaltenstherapeuten. Diplomarbeit (unveröffentlicht) am Institut für Psychologie der TU Braunschweig.

9 *Vogt, I.* (1990): »Neues zum ›Sex in der Therapie‹.« In: Verhaltenstherapie & Psychosoziale Praxis, Heft 1 (1990), S. 104–105

10 »Sex auf der Couch.« Umfrage. Petra 90:9, 1990, S. 185 ff.

11 siehe hierzu beispielsweise:
– *Carotenuto, A.* (1986): Tagebuch einer heimlichen Symmetrie. Sabina Spielrein zwischen Jung und Freud, a.a.O., 1986

– *Moser, Tilmann* (1990): Verrat in inniger Umschlingung. a.a.O., S. 205–210

– *Cremerius,* 1987: Sabina Spielrein – ein frühes Opfer der psychoanalytischen Berufspolitik, a.a.O.

– *Wirtz, U.* (1989): Seelenmord. Inzest und Therapie, a.a.O., S. 256–261

– *Vogt, I.* (1989): »Liebe und Sex in der Therapie.« In: Verhaltenstherapie & Psychosoziale Praxis, Heft 1 (1989), S. 39–40

– *Chesler, P.* (1972): Frauen – das verrückte Geschlecht? Reinbek: Rowohlt 1986

12 vgl. hierzu:
Reimer, Ch. (1990): a.a.O., S. 296

13 *Kardener, S. H., M. Fuller* und *I. N. Mensh* (1973): A survey of physicians' attitudes and practices regarding erotic and nonerotic contact

with patients. American Journal Psychiatry 130:10 (1973), S. 1077–1081

14 *Gartrell, N.,* et al. (1986): Psychiatrist-patient sexual contact: results of a national survey. In: Prevalence. American Journal Psychiatry 143:9 (1986), S. 1126–1131

15 vgl. hierzu:
– *Reimer,* 1990, a.a.O., S. 297, der folgende Studien nennt:
– *Kardener* u. a., 1973, a.a.O.
– *Holroyd, J. C.,* und *A. M. Brodsky* (1977): Psychologists attitudes and practice regarding erotic and nonerotic physical contact with patients. American Psychologist 32 (1977), S. 227–237
– *Pope, K. S., H. Levenson* und *L. R. Schover* (1979): Sexual intimacy in psychology training: results and implications of a national survey. American Psychologist 34 (1979), S. 682–689
– *Pope, K. S., P. C. Keith-Spiegel, B. G. Tabachnik* (1986): Sexual attraction to clients. American Psychologist 41, S. 147–158
– *Gartrell, N.,* u. a. (1986), a.a.O.

16 vgl. hierzu:
– *Reimer, Ch.* (1990), a.a.O., S. 299
– *Ehlert, M.* (1990c), a.a.O., S. 12
– *Bouhoutsos, J. C.,* u. a. (1983): Sexual intimacy between psychotherapists and patients. Professional Psychology: Research and Practice 14 (1983), S. 185–196
– *Gartrell* (1986), a.a.O.
– *Aghassy, G.* und *M. Noot* (1987), a.a.O.

17 vgl. *Reimer, Ch.* (1990), a.a.O., S. 299
und *Aghassy, G. u. M. Noot* (1987) und *Ehlert M.* (1990c), a.a.O., S. 11
– *Füchtner, H.* (1987): »Freud und Leid in der französischen Psychoanalyse.« In: Psyche 41:11 (1987), S. 1034–1040

18 vgl. *Reimer, Ch.* (1990), a.a.O., S. 298

19 *Vogt, I.* (1989), a.a.O., S. 42

20 ebd., S. 45

21 vgl. *Reimer* (1990) a.a.O., S. 298

22 *Butler, S.,* und *S. L. Zelen* (1977): Sexual intimacies between therapist and patients. Psychotherapy. Theory, Research, Practice 14 (1977), S. 139–145

23 vgl. *Vogt* (1989), a.a.O., S. 41

24 *Cummings, N. A.* und *S. B. Sobel* (1985): Malpractice inshurance: Update on sex claims. Psychotherapy 22 (1985), S. 186–188

25 *Vogt, I.* (1990): »Neues zum ›Sex in der Therapie‹.« a.a.O.
– »Sex auf der Couch« (1990). Umfrage, Petra 90:9, S. 185 ff.
– Retsch, Antina (1990): Liebe, Erotik und Sexualität in der Therapie, a.a.O.

26 zit. nach *Reimer* (1990), a.a.O., S. 296

27 *Arnold, E.* (1991): Einführungsvortrag zur Umfrage unter DGVT-

TherapeutInnen: Erotik, Liebe und Sexualität in der Therapie: Einstellungen und Verhaltensweisen von DGVT-Therapeutinnen und -Therapeuten. Vortrag, gehalten am 1. 2. 1990 bei der Workshoptagung »Sexualität« der Deutschen Gesellschaft für Verhaltenstherapie in Bochum (unveröffentlicht), S. 5
Bei der von Frau Arnold genannten Vergleichsuntersuchungen handelt es sich um: Pope, K. S., B. G. Tabachnick, P. Keith-Spiegel (1987). Ethics of Practice. The Beliefs and Behaviors of Psychologist as Therapists. American Psychologist, 42, S. 993–1006

28 ebd., Tabelle 1c)

Typische Abläufe
Von der schleichenden Grenz-
auflösung zum offenen Mißbrauch

1. Warnung, Monate vor den Ereignissen

»Ich träume. An einem heimlichen, versteckten Ort liegen wir zusammen im Bett. Niemand darf wissen, was zwischen uns geschieht. Daß wir beobachtet werden, ahnen wir nicht. Als wir uns erheben, um uns anzukleiden, betritt eine mir bekannte Frau das Zimmer. ›Sie müssen sich entscheiden, ob Sie sich zu ihr bekennen oder ob Ihnen Ihre Karriere wichtiger ist‹, sagt sie zu meinem Therapeuten. (Diese Frau, die in einer stark abhängigen Beziehung zu ihrem Mann stand, nahm sich wenige Wochen nach diesem Traum das Leben.) Er gibt ihr keine Antwort. Was für eine unsinnige Frage. Als hätte so etwas jemals zur Debatte gestanden. – Schnitt – Ich liege auf einer riesigen Müllhalde, verletzt, unfähig, mich zu bewegen. Abfall, nicht einmal mehr zum Recycling geeignet. Von allen Seiten schieben sich riesige Mengen Müll auf mich zu. Ich ersticke. – Schnitt – Mein Inneres ist eine blutende Wunde. Man trägt mich auf einer Bahre durch die Straßen der Stadt. Alle wissen, was geschehen ist. Niemand spricht ein Wort. Sie stehen an den Ecken und tuscheln sich seinen Namen ins Ohr. In einem kahlen Raum, in dem sich nichts befindet als ein riesiges hin und her schwingendes Pendel, wird die Bahre schließlich abgestellt. Das Blut strömt unaufhaltsam aus mir heraus. Eine letzte Botschaft will ich ihm übermitteln. Er möge, lasse ich ihm ausrichten, mich in der Stunde meines Todes nicht alleine lassen. Keine Antwort. Schweigen. Allmählich kommt das Pendel zum Stillstand.«

Sie hat den Traum aufgeschrieben. Dann hat sie ihn vergessen. Einige Monate später kommt es zu einem massiven Übergriff durch ihren Therapeuten. Warum hat sie ihm den Traum nicht erzählt? Warum hat sie die Warnung ignoriert? Klarer hätte die Botschaft nicht sein können. Sie hätte sich schützen können. Das stimmt. Aber dann hätte sie den Preis zahlen müssen, der ihr als einziger unmöglich zu erbringen schien. Sie hätte zur Kenntnis nehmen müssen, daß der Mann, dem sie sich anvertraut hat, Grenzen bereits überschritten hat und weiter zu überschreiten gedenkt. Sie hätte zur Kenntnis nehmen müssen, daß der, auf den sie ihre Hoffnungen gesetzt hat, sie mißbraucht. Sie hätte zur Kenntnis nehmen müssen, daß sie gehen muß, sich in Sicherheit bringen muß, auf der Stelle. Sie hätte sich von ihm trennen müssen. Sofort, nicht erst Monate später. Das konnte sie nicht. Es hätte bedeutet, sich von der Hoffnung, deren Träger er war, zu trennen. Der Traum durfte nicht wahr sein. »Das sind halt meine neurotischen Ängste«, schrieb sie in ihr Tagebuch, bevor sie den Traum vergaß, »die ich auf jemanden projiziere, der mein Vertrauen und meine Liebe verdient hat.«

2. Lange Gespräche

Es ging ganz schnell: Innerhalb kürzester Zeit, seitdem ich begonnen hatte, mich mit dem Thema zu beschäftigen, lernte ich eine ganze Reihe von Frauen kennen, die von ihrem früheren Therapeuten mißbraucht worden waren, und noch immer werden es mehr. So unterschiedlich die Geschichten der Frauen auch sein mögen – sie haben bestimmte, typische Abläufe gemeinsam, und sie sind in den Folgen vergleichbar, fast immer katastrophal.

Die Gefahr, daß die Geschichte des Mißbrauchs dieser Frauen auf einer anderen Ebene erneut ausgebeutet wird – z. B., um ein Buch zu schreiben, mit dem man sich einen Namen macht – ist groß. Schließlich ist es ein klassisches Merkmal von Mißbrauchssituationen, daß ein Mensch nicht als ganze Persönlichkeit wahrgenommen wird, sondern nur in den Aspekten, die für die Befriedigung des Ausbeutenden eine Funktion erfüllen können.

Aus diesem Grunde habe ich die langen Gespräche, die Grundlage dieses Kapitels und der folgenden Kapitel sind, nur mit den Frauen geführt, die ich persönlich bereits so gut kannte, daß wir in großer Offenheit und gegenseitigem Vertrauen miteinander reden konnten. Andere »Auswahlkriterien« mögen wissenschaftlicher und repräsentativer sein. Aber ich wollte die Frauen nicht »nach Kriterien auswählen«. Ich wollte sie und ihre Geschichte verstehen. Ihnen und allen anderen Frauen, mit denen ich im Laufe der Monate sprechen konnte, habe ich viel zu danken.

Meine Gesprächspartnerinnen waren:

Marion G., zum Zeitpunkt des Therapiebeginns Mitte 30. Sie suchte nach einer Krebsoperation therapeutische Hilfe, weil sie der Meinung war, daß diese Form des Krebses oft psychisch bedingt ist. Schon nach kurzer Zeit verliebte sie sich heftig in ihren Therapeuten und teilte ihm dies auch offenherzig mit. Von diesem Zeitpunkt an kam es zu zunehmenden Grenzüberschreitungen, die sie aber nicht richtig einordnen konnte, da sie eine körperorientierte Therapie machte und sich bezüglich der geltenden Grenzen unsicher war.

Schließlich kam es zu eindeutigen Übergriffen. Marion G. suchte Rat bei einem anderen Therapeuten und brach die Therapie danach ab. Die Folgen der Übergriffe: Orientierungslosigkeit, Hoffnungslosigkeit, Depressionen. Drei Monate später folgte eine zweite Krebsoperation. Der Therapeut: etwa 40, Psychologe, Ausbildung in bioenergetischer Analyse und Therapie; ob er Supervision in Anspruch nahm, ist nicht bekannt.

Leonie M., zum Zeitpunkt des Therapiebeginns Anfang 20. Sie begann die Threapie wegen einer massiven Eßstörung. Nach etwa einem Jahr verliebte sie sich in ihren Therapeuten und teilte ihm dies auch mit. Er gab daraufhin zu erkennen, daß es ihm ähnlich gehe. Die Therapie wurde abgebrochen, und noch am gleichen Tag begann ein Verhältnis, das Leonie M. bald darauf beendete, weil sie das Gefühl hatte, mit ihrem Vater im Bett zu liegen. Sie traf sich aber auch weiterhin mit dem Therapeuten, die Beziehung war eine eigenartige Mischung aus Freundschaft und Therapie. Leonie fühlte sich abhängig und unfähig, die Beziehung konsequent zu beenden. Ihr Therapeut versuchte immer wieder, sie dazu zu bewegen, die erotische Beziehung wieder aufzunehmen – ohne Erfolg. Schließlich vergewaltigte er sie und

75

wurde deswegen zu einer mehrjährigen Gefängnisstrafe verurteilt. Heute praktiziert er wieder als Therapeut, zugelassen bei allen Kassen. Der Therapeut: doppelt so alt wie Leonie M., Arzt und analytisch orientierter Psychotherapeut; ob er Supervision in Anspruch nahm, ist unklar.

Barbara U., zum Zeitpunkt des Therapiebeginns Mitte 30. Sie suchte wegen schwerer Depressionen, die nach einer Trennung begonnen hatten, therapeutische Hilfe. In der Kindheit und Jugend wurde sie vom Vater mißbraucht. Sie entwickelte nur zögernd Vertrauen, öffnete sich aber schließlich und verliebte sich nach eineinhalb Jahren in den Therapeuten. Von dem Augenblick an, in dem sie dies äußerte, kam es zu zunehmenden Grenzverletzungen und schließlich zu massiven sexuellen Übergriffen. Barbara U. brach die Therapie ab und geriet in eine schwere Krise, weil der neuerliche Mißbrauch die Erinnerungen und Gefühle an den früheren Mißbrauch massiv wiederbelebte. Sie war über einen längeren Zeitraum selbstmordgefährdet. Neun Monate später erstattete sie eine Strafanzeige. Das Ermittlungsverfahren wurde eingestellt, obwohl sich in der Zwischenzeit eine zweite ehemalige Patientin gefunden hatte, die bereit war, als Zeugin auszusagen. Der Therapeut: zu Beginn der Therapie Mitte 40, Mediziner, Psychologe, Gutachter, Lehrstuhlinhaber, renommierter Wissenschaftler. Arbeitete nach eigenen Angaben mit einer Mischung aus Verhaltens- und Gestalttherapie; machte nach eigenen Angaben keine Supervision.

Gudrun F., zum Zeitpunkt des Therapiebeginns Mitte 30. Sie begann die Therapie wegen Problemen in der Partnerschaft ursprünglich gemeinsam mit ihrem Lebensgefährten, entschied sich dann aber nach Aufforderung durch den Therapeuten für eine Einzeltherapie. Gudrun F. wurde bereits von ihrem Vater sexuell mißbraucht. Der Vater hatte deswegen im Gefängnis gesessen. Sie verliebte sich wenige Monate nach Therapiebeginn in ihren Therapeuten; es kam zu zahlreichen Grenzverletzungen und schließlich nach einigen weiteren Monaten zu einer sexuellen Beziehung, die parallel zur Therapie über einen längeren Zeitraum bestand. Nach dem Ende der Therapie befand sich Gudrun F. in einem Zustand der Orientierungslosigkeit, Verwirrung und Depression. Sie hatte massive Schlafstörungen, wurde alkoholabhängig und war selbstmordgefährdet. Sie erstattete eine Strafanzeige gegen den Therapeuten und erhob eine Zivilklage auf Rückzahlung des Honorars und Zahlung eines Schmerzensgeldes. Den Zivilprozeß gewann sie in zweiter Instanz.

Der Therapeut: im gleichen Alter wie Gudrun F. Er wurde ihr vom Hausarzt empfohlen und arbeitete als Gutachter bei Gericht. Von Beruf Fernmelde-Handwerker mit Hauptschulabschluß, erwarb den Dr. rer. pol. in Bremen, wo die Möglichkeit besteht, auch ohne Studium zu promovieren. Er bezeichnete sich als Psychoanalytiker und hatte nie irgendwelchen Verdacht erregt; keine Supervision.

Gabriele T., zum Zeitpunkt des Therapiebeginns Anfang 30. Sie suchte – ursprünglich wegen Schwierigkeiten mit einer der Töchter – eine kirchliche Beratungsstelle auf, begann dann aber auf Anraten des Therapeuten eine Einzeltherapie. Gabriele T. war in der Kindheit und Jugend bereits vom Vater und Stiefvater mißbraucht worden. In der Therapie, die von Anfang an von groben Grenzverletzungen gekennzeichnet war, stellte sich schnell ein starkes Abhängigkeitsverhältnis her. Zwei Jahre nach Therapiebeginn kam es dann zu Frau T. aufgezwungenen regelmäßigen sexuellen Übergriffen durch den Therapeuten. Es gelang ihr erst nach einem weiteren Jahr, die »Therapie« gegen den Widerstand des Therapeuten zu beenden. Sie war zu diesem Zeitpunkt nicht mehr in der Lage, ihren Alltag zu bewältigen und zudem hochgradig suizidal. Nachdem sie anderweitig ärztliche und therapeutische Hilfe gefunden hatte, erstattete sie eine Strafanzeige. Das Ermittlungsverfahren wurde trotz eines Glaubwürdigkeitsgutachtens, das ihre Darstellung in vollem Umfang bestätigte, nach insgesamt dreijähriger Ermittlungszeit eingestellt. Der Therapeut: zwei Jahre älter als Gabriele T., Diplom-Psychologe, Ausbildung in Hypnotherapie nach Erickson; keine Supervision.

3. »Der Doktor und das Verlangen«

Neulich stieß ich – wie der Zufall es will – auf ein merkwürdiges Büchlein: »Der Doktor und das Verlangen« (Wheelis, Allen, Reinbek 1988). In diesem Roman schildert der Autor, ein Psychiater, wie ein Psychiater sich in eine Patientin verliebt. Man darf wohl vermuten, daß der Autor aus eigener Erfahrung schöpft. Im Umschlagtext wird der Inhalt folgendermaßen angegeben: »Schon bald erwählt sie den Seelenarzt zum Objekt ihrer Sehnsucht – und der reife Mann erliegt dem Charme des jungen Mädchens.« Im Buch allerdings liest sich das ganz anders: *»Die letzte Stunde vor einer dreiwöchigen Pause. ›Wie bitte?‹ sagt Dr. Melville. ›Ich habe gemurmelt‹, sagt Lori, ›. . . weil es so schwer zu sagen ist.‹ – ›Und was haben Sie gemurmelt?‹*

›Daß ich Sie vermissen werde.‹ . . . ›Wäre es ebenso schwer‹, fragt er sanft, ›wenn Sie sagten . . .‹, er macht eine Pause, ›ich liebe dich?‹ Eine volle Minute schweigt sie. ›Das wäre unmöglich.‹ Wie hinterhältig von mir, denkt er reuevoll. Meiner Frage mußte sie entnehmen, daß ich einen Schwierigkeitsgrad abschätzen wolle, aber ich schätze überhaupt nichts ab, stelle überhaupt keine Frage. Ich möchte sagen: ›Ich liebe dich‹; . . . Ich will, daß sie das so hört, aber dennoch glaubt, sie habe es sich nur eingebildet, daß es so gemeint gewesen sein könnte. Und dadurch ermutige ich sie, selber derartige Gefühle zu haben. Ach ja, auch Analytiker brauchen Liebe.« (S. 26/27)

Und siehe da: Wenig später verliebt sich die junge Frau in ihren Therapeuten. Nebenbei: Der Therapeut ist unglücklich verheiratet, einsam und alternd.

Nicht selten beginnt das Verwirrspiel nach diesem Muster. Die Frauen, gewohnt, sich nach den Erwartungen anderer, insbesondere nach den Erwartungen von Männern – zu richten, nehmen mit feinstem Sensorium wahr, was man von ihnen wünscht, selbst wenn kein einziges Wort fällt, das in diese Richtung weist. Sind sie zudem bereits als Kinder mißbraucht worden, ist ihnen das Szenario durch und durch vertraut. Nähe und Sexualität – das gehört zusammen. Willst du Nähe, dann gib dich preis. Wenn sich die Frauen in ihren Therapeuten verlieben, greifen sie nicht selten nur auf, was der Mann sich insgeheim erträumt. Wenn sie die Rolle der Verführerin übernehmen – was manchmal, aber keineswegs immer der Fall ist – scheint es zudem so, als handelten sie aktiv. Dabei reagieren sie oft nur auf die Wünsche des Mannes, die sie ihm von den Augen abgelesen haben. Oft sind die Manipulationen seitens der betroffenen Therapeuten versteckt. Aber manchmal nehmen sie derart grobe Formen an, daß man sie – hätte man nur die geringste Distanz – sofort erkennen würde. Daß diese Distanz den Frauen in der therapeutischen Situation fehlt, ist einer der Gründe dafür, daß es für sie so schwer ist, sich vor einem sich abzeichnenden Mißbrauch zu schützen. (Eine genaue Darstellung der verschiedenen Stadien der Manipulation gibt Peter Rutter in seinem Buch »Sex in the forbidden Zone«, London 1990, S. 139 ff. Ich nenne sie hier in aller Kürze: Prüfen der sexuellen Möglichkeiten durch Blicke – Versuch, herauszufinden, ob das Interesse erwidert wird – Phantasien über Berührungen – Unfähigkeit, die Phantasien zu kontrollieren – Ausführliche Befragung nach dem Sexualleben der Frau – Fragen über Phantasien, den Therapeuten betreffend – Körperliche Distanz verkleinern – In der Hoffnung auf Reaktion suggestive Vorschläge unterbreiten – Veränderung der Körpersprache – Bemerkungen über ihre Attraktivität – Ihr die »Schuld« geben, weil sie verführerisch ist – Phantasien über Verführung – Überlegungen über praktische, emotionale und moralische Konsequenzen einer Verführung – Entscheidung, sich über alle Bedenken hinwegzusetzen – Beginn einer Doppelbeziehung: Die Verabredung außerhalb der Therapiestunde oder Beendigung der Therapie zwecks Beginn einer sexuellen Beziehung – der Akt selber. Viele dieser Manipulationen habe ich in den Geschichten meiner Gesprächspartnerinnen wiedergefunden.)

Schlechte Karten für die Frauen. Wenn sie die Rolle der verführerischen Frau tatsächlich übernehmen – entweder, weil sie so einen frühen Konflikt wiederholen, oder weil es ihnen per Wink mit einigen nicht zu übersehenden Zaunpfählen nahegelegt worden ist, oder weil sie ganz allgemein gewöhnt sind, sich als für Männer verfügbares Objekt bereitzuhalten – dann sind sie, so will es der Mythos, per se schuldig, wenn es schließlich zu Übergriffen und Mißbrauch kommt. Wenn es zu solchen Manipulationen kommt, haben sie auch die Funktion, die Schuldzuweisungen von Anfang an klar zu verteilen und die eigene Verantwortung loszuwerden. In dem oben zitierten Buch mag der Analytiker am Ende tatsächlich glauben, um Haaresbreite Opfer einer verführerischen Frau geworden zu sein. Dieses Kunststück gelingt ihm, indem er schlicht verdrängt, daß er selber eindeutige Wünsche gegenüber der Frau hatte und diese Wünsche deutlich zum Ausdruck gebracht hat, wenn auch auf manipulierende und verwirrende Art. Er beschwert sich am Ende über das, was er gewollt und, wie er selber sagt, »hinterhältig« provoziert hat. Hier wird uns ein Mechanismus vorgeführt, der sich in allen Fällen von Mißbrauch in der Therapie findet, die mir bekannt sind und der sich als hochgradig krankmachend erweisen wird: die Umkehr von Ursache und Wirkung, die Verdrehung der Realität, die Unterminierung des Vertrauens auf die Richtigkeit der eigenen Wahrnehmungen, die Behauptungen des Therapeuten, die Dinge seien nicht so, wie sie sind: »Ich will, daß sie es so hört, aber dennoch glaubt, sie habe es sich nur eingebildet.« Klarer kann man es nicht formulieren.

Die Vorstellung jedenfalls, daß es zum Mißbrauch in der Therapie kommt, wenn sich eine Frau in ihren Therapeuten verliebt und dieser diesem »Angebot« nicht standhält, ist viel zu undifferenziert. Ich treffe nach meiner Kenntnis folgende Unterscheidungen:

– Es gibt Frauen, die sich zu keinem Zeitpunkt der Therapie verliebt hatten und sich zu keinem Zeitpunkt verführerisch verhielten (z. B. Gabriele T.).

– Es gibt Frauen, die zwar heftig in ihren Therapeuten verliebt waren, sich aber weder verführerisch verhielten, noch aus sich heraus eine sexuelle Beziehung anstrebten (z. B. Gudrun F.).

– Es gibt Frauen, die sich in ihren Therapeuten verliebten, sexuelle Wünsche hatten, aber klar erkannten (und dies dem Therapeuten auch sagten), daß diese Wünsche nicht lebbar sind (z. B. Barbara U.).

– Es gibt Frauen, die als Ergebnis der manipulativen und suggestiven Verhaltensweisen ihres Therapeuten dann verführerisch wurden (z. B. Barbara U.). Ich sehe hier die deutliche Parallele zum Inzest: »In diesem Sinne hat Rosenfeldt das Verführerische des Kindes eindeutig definiert als ein ›gelerntes Verhalten, mit dem Sexualität und sexuelle Erregung (des Erwachsenen) als Mittel benutzt werden, Fürsorge zu erhalten‹... Es ist ein verzweifelter Versuch, sich an die (sexuellen) Bedürfnisse des Erwachsenen anzupassen, um die benötigte Zuneigung zu bekommen.« (Hirsch, M., Realer Inzest, a.a.O., S. 99)

– Es gibt auch Frauen, die von sich sagen, sie hätten sich verführerisch verhalten (z. B. Marion G.). Auch dann hat der Therapeut selbstverständlich keinerlei Recht, mit Übergriffen zu reagieren.

Diese Sicht der Dinge, nämlich eine veränderte Einschätzung der Rolle, die nicht wenige der Therapeuten in der Entwicklungsgeschichte des Mißbrauchs spielen, mag ungewohnt sein. Aber sie ist nicht eigentlich neu: *»Allmählich kam ich zu der Überzeugung, daß die Patienten ein überaus verfeinertes Gefühl für die Wünsche, Tendenzen, Launen, Sympathien und Antipathien ihres Analytikers haben, mag dieses Gefühl auch dem Analytiker selbst ganz unbewußt sein. Anstatt dem Analytiker zu widersprechen, ihn gewisser Verfehlungen oder Mißgriffe zu zeihen, identifizieren sie sich mit ihm; ... für gewöhnlich erlauben sie sich keine Kritik, ja solche Kritik fällt ihnen nicht einmal ein ... Jedenfalls verraten sie ein merkwürdiges, fast clairvoyantes Wissen um Gedanken und Emotionen, die im Analytiker vorgehen.«* (Aus Ferenczis Vortrag »Sprachverwirrung zwischen den Erwachsenen und dem Kind«, zitiert nach Masson, J. M.: Was hat man dir, du armes Kind, getan? Sigmund Freuds Unterdrückung der Verführungstheorie, Reinbek 1986, S. 318 f.)

Ich habe aus den Gesprächen mit betroffenen Frauen gelernt, das Verhalten der Frauen in vielen Fällen als Reaktion zu verstehen, der verschlüsselte, widersprüchliche, verwirrende, letztendlich aber dennoch deutliche Botschaften des Therapeuten lange vorausgegangen waren.

4. Im Vorfeld des Mißbrauchs

Vertrauen und Offenheit – das sind für meine Gesprächspartnerinnen die Schlüsselbegriffe, wenn sie an die erste Zeit der Therapie zurückdenken. »Ich habe mich von meinem Therapeuten angenommen gefühlt und sehr schnell großes Vertrauen entwickelt«, sagt Marion G. Diese Erfahrung wird von den anderen Frauen bestätigt. Barbara U. ergänzt, daß es bei ihr länger gedauert habe, bis sie sich wirklich auf die Beziehung eingelassen habe, und Leonie M. schränkt ein, daß sie ihrem Therapeuten zwar vertraut habe, das Vertrauen aber »nie so ganz tief« gewesen sei. Gabriele T. ist die einzige, die das Wort »Vertrauen« überhaupt nicht erwähnt.

Marion kann sich für diese erste Phase der Therapie nicht an Grenzverletzungen seitens ihres Therapeuten erinnern, und auch Leonie meint, es sei alles ganz korrekt gelaufen. Nur daß die Stunden im Wohnzimmer des Therapeuten abgehalten worden seien und er sich recht häuslich präsentiert habe – z. B. häufig in ausgelatschten Sandalen herumgelaufen sei –, das fände sie im nachhinein merkwürdig. Barbara berichtet, daß sie über einen recht langen Zeitraum keinerlei Grenzverletzungen bemerkt habe. »Heute weiß ich aber«, sagt sie, »daß Dritten aufgefallen war, wie bevorzugt ich behandelt wurde. Darüber wurde geredet. Mir selber fiel wohl auf, daß mein Therapeut manchmal auf eine Art, die mich störte, Wertungen über mich abgab oder direkten Einfluß zu nehmen versuchte. So sagte er über meinen damaligen Freund: Das ist doch kein Mann für Sie! Und als ich mich darüber beklagte, daß dieser Mann seine sozialen und wirtschaftlichen Verbindlichkeiten gegenüber seiner Frau, von der er getrennt lebte, nicht zu lösen bereit sei und ich mich dadurch wie ein erotisches Spielzeug, eben wie eine bequeme Geliebte fühlte, meinte er: Sie haben aber auch schon mal emanzipiertere Standpunkte vertreten. Das hat mich damals ziemlich befremdet, denn ich fand es gut, daß ich begann, mich gegen diese Ausbeutung zu wehren.«

Zu deutlichen Grenzverletzungen kam es bereits in dieser Phase der Therapie bei Gudrun F. Sie hatte ursprünglich gemeinsam mit ihrem Freund eine Paartherapie machen wollen, entschloß sich aber auf Anraten des Therapeuten zu einer Einzeltherapie und wurde später massiv dahin beeinflußt, ihre Selbständigkeit unter Beweis zu stellen, indem sie sich von ihrem Freund trennte. Erst Jahre später erfuhr sie von ihrem früheren Freund, daß der Therapeut ihn regelrecht weggeschickt hatte. Bald schon machte der Therapeut auch erste deutlich suggestive Bemerkungen, etwa: »Sie müssen lernen, auf Männer zuzugehen. Zum Beispiel sollten Sie von sich aus Briefe schreiben.« Das tat sie denn auch brav, indem sie umgehend damit begann, ihrem Therapeuten Briefe zu schreiben. Eine weitere Folge dieser Handlungsanweisung war, daß Gudrun ihn fragte, ob sie ihn auch außerhalb der Therapie sehen könne. »Ich wußte nichts von Psychologie«, sagt sie. »Ich hatte keine Ahnung, daß es dieses Abstinenzgebot gibt.« Daraufhin lud ihr Therapeut sie zu einem Spaziergang ein, bei dem es zu ersten, scheinbar zufälligen Berührungen kam. Er erzählte auch viel von sich, z. B. von seinen unglücklichen Beziehungen zu Frauen. Sie dachte nach diesem Spaziergang: Der mag mich, und fühlte sich aufgefordert, weiter auf ihn zuzugehen.

Wesentlich massiver waren die Grenzverletzungen von allem Anfang an bei Gabriele T. Auch hier schickte der Therapeut zunächst alle anderen (Ehemann und Kinder) weg und stellte fest, daß sie diejenige sei, die dringend Hilfe bräuchte: Sie habe kein Durchsetzungsvermögen, ließe sich alles gefallen und sei viel zu nachgiebig. Gleich in der zweiten Stunde fragte der Therapeut von sich aus, ob sie als Kind mißbraucht worden sei. Als Gabriele zu weinen begann, fing er an, ausführlich von sich und seinen Problemen zu erzählen. Ihre spontane Reaktion: »Ich hatte Mitleid mit ihm. Er war nicht besonders hübsch und oft abgelehnt worden. Deshalb wollte ich ihm Bestätigung geben.« Hier deutet sich eine Umkehr der Rollen an, die für viele der entgleisten Therapien typisch ist.

Von Anfang an duzte der Therapeut Gabriele, während sie ihn siezte. Dann begann er, Bemerkungen über ihre Kleidung zu machen: Sie habe doch eine schöne Figur und solle sich nicht so unscheinbar und brav kleiden. Wenig später machte er genauere Vorschläge. Er schlug ihr z. B. vor, geschlitzte enge Röcke zu tragen und ihre Nägel zu lackieren. Dann ging er mit ihr zusammen in die Stadt, um Kleidung einzukaufen, und verlangte von ihr, sie solle diese Kleidung tragen, wenn sie in die Therapiestunden komme. Auch empfahl er ihr einen Friseur und machte dort für sie einen Termin aus. Er machte sie also mehr und mehr zu »seinem« Geschöpf.

Oft erzählte er auch von seinen beruflichen Erfolgen; so sagte er beispielsweise, als im Therapieraum neue Stühle standen, er habe diese Stühle von ehemaligen Klienten geschenkt bekommen, weil er ihnen so toll geholfen habe. Häufig war auch die Rede von seinen Eheproblemen sowie von seinen Erlebnissen mit anderen Frauen. Zudem begann er, Gabriele in eine Dreiecksbeziehung zu verwickeln, indem er sie bat, für seine Frau zu stricken. Diese Beziehung verstärkte er später so, daß sie schließlich die Konstellation in der Inzest-Herkunftsfamilie von Gabriele exakt nachbildete. »Manchmal war ich ganz froh, daß er so viel von sich selbst redete«, sagt Gabriele. »Dann mußte ich wenigstens nicht über den früheren Mißbrauch sprechen.« Einundeinviertel Jahre dauerte die Therapie, bis es zu den ersten handgreiflichen Grenzverletzungen kam.

5. The point of no return: Die Liebeserklärung

Ja, alle Frauen außer Gabriele T. haben sich früher oder später in ihren Therapeuten verliebt, und früher oder später sagten sie es ihm. Dieser Moment, der Augenblick des Eingeständnisses, der erkennbaren Verletzlichkeit und nicht zu übersehenden Preisgabe, wurde in allen Fällen zum Wendepunkt.

Einem anderen Menschen mitzuteilen, daß man ihn liebt, bedeutet auch, ihm zu sagen, daß er in gewisser Weise Macht über einen gewonnen hat. Und um diese Macht ging es denn auch. Denn die Therapeuten wollten die Macht nicht »in gewisser Weise«, sondern ganz ausdrücklich. Es ging – man wird das sehen – nicht um Liebe, selbst wenn der eine oder andere Therapeut dies vielleicht behaupten würde oder meint, es gefühlt zu haben.

Die eigenartige Dialektik der Macht, die den, der sie aus-
übt, am Ende oft dem Untergang preisgibt, findet sich in den
Beziehungen zwischen mißbrauchenden Therapeuten und
ihren Klientinnen häufig. Insofern ist die Macht, die die Therapeuten über die Frauen gewinnen, eine zweischneidige
Angelegenheit. In dem Augenblick, in dem die Grenzen un-
widerruflich überschritten werden, verdoppelt und verdrei-
facht sich zwar die Abhängigkeit der Frauen (wenn sie, wie es
die Regel ist, nicht die Kraft haben, zu gehen) und damit die
Macht der Therapeuten. Gleichzeitig aber *geben* die Therapeuten mit diesem Schritt den Frauen eine ungeheure und er-
schreckende Macht. Wenn die Frauen nämlich irgendwann
beginnen, sich zu wehren, kann als Folge der Gegenwehr die
berufliche und familiäre Existenz des Therapeuten auf dem
Spiel stehen. In merkwürdiger Verkehrung von Ursache und
Wirkung wird das dann den Frauen angekreidet und vorgeworfen; es ist von Haß und pathologischem Zerstörungswil-
len die Rede – als sei der Notwehr nicht ein frontaler Angriff
auf die psychische und physische Existenz der Frauen vorausgegangen. Mehr als eine meiner Gesprächspartnerinnen
hat am Ende schlicht um ihr Leben gekämpft. Die Gleichung
ist einfach: Ohne Mißbrauch keine Notwehr, und daher ohne
Mißbrauch auch kein existentieller Ruin. Ein mißbrauchender Vater landet schließlich auch nicht im Gefängnis, weil
seine Tochter das Geheimnis nicht wahrt, sondern weil er sie
mißbraucht.

Ich sage ausdrücklich *nicht*, daß die spätestens jetzt einset-
zende Entwicklung seitens der betroffenen Therapeuten ge-
plant, bewußt und in voller Absicht in Szene gesetzt worden
sei (von seiten einer betroffenen Frau habe ich diese Meinung nur ein einziges Mal gehört). Aber das gilt für viele unserer Handlungen, für deren Folgen wir dennoch verantwortlich sind. Die Handelnden sind allemal wir selber, und
»Unkenntnis schützt vor Strafe nicht«. Dieser Sachverhalt
mag tragisch sein. Entschuldigen läßt sich damit nichts.

Marion G. erzählt:
»Ich habe eine Körpertherapie gemacht, Bioenergetik.
Deshalb habe ich lange gebraucht, bis ich mir eingestanden

habe, daß das, was da läuft, nicht in Ordnung ist. Mir war oft unklar, wo die Grenzen liegen, was in einer Körpertherapie erlaubt ist und was nicht.

Ich war wirklich unsterblich in diesen Mann verliebt, und natürlich habe ich es ihm gesagt. Ich wußte, daß das in Therapien häufig vorkommt. Ich fühlte mich von ihm auch akzeptiert. Er sagte ganz klar, daß unsere Beziehung eine rein therapeutische sei und eine erotische Beziehung nicht möglich wäre. Aber dann ging es ziemlich schnell los mit Umarmungen, die da nicht hingehörten. Man kann es nicht beweisen, aber das kennt jeder: Es ist ein deutlich spürbarer Unterschied, ob dich jemand freundschaftlich umarmt oder ob da eine erotische Spannung ist. Diese Spannung war da, ich habe es sofort gefühlt. Mein »Bekenntnis« war wie ein Signal für ihn. Er hat zwar immer wieder gesagt, daß wir nicht miteinander schlafen können, aber gleichzeitig hat er mir oft gesagt, wie attraktiv er mich findet, wie sexy ich bin, was ich für tolle Beine habe . . . Im Laufe der Zeit hat sich das gesteigert. Er sagte auch, er habe Lust auf mich, aber er dürfe nicht mit mir schlafen. Das sei sonst das gleiche wie Inzest. Anfangs war er nicht aktiv, aber er ließ es zu, daß ich ihn umarmte und küßte. Deshalb habe ich ihm nicht geglaubt, daß er nicht mit mir schlafen wollte.«

Sehr bald tauchte zwischen Marion und ihrem Therapeuten das Problem von Nähe und Distanz auf, wohlgemerkt: das Problem des Therapeuten. »Es war ein immer wiederkehrender Zyklus. In einer Stunde ließ er große Nähe zu, in der nächsten Stunde war er total distanziert. Wenn ich mir dann sagte: Es ist auch besser so – und mich etwas unabhängiger machte, machte er ganz intensive Übungen mit mir und kam mir wieder sehr nah – ein ständiges Wechselbad. Ich wußte nie, woran ich war. Dabei konnte er jederzeit so tun, als wäre nichts, obwohl er mir dauernd Angebote machte. Im Zweifelsfall hatte ich ihn eben falsch verstanden.«

In einer Stunde ging es um sexuelle Phantasien. Marion erzählte einen Traum, in dem sie ihren Therapeuten zu Hause besucht hatte. Als Haustier hielt er sich eine riesengroße Schlange. Zu diesem Traum gab er folgenden Kommentar: Wenn er eine Schlange als Haustier hätte, würde er

Marion beibringen, wie man die Schlange streichelt. Aber das könne, meinte er dann, als Gegenübertragung gedeutet werden. Bei anderer Gelegenheit gab er ihr die Empfehlung, doch an ihn zu denken, wenn sie sich selber befriedige.

Seit Wochen hatte er in jeder Therapiestunde eine Erektion, die sie bei den Übungen und Umarmungen oft spürte. Eines Tages nahm er Marion nach einer Stunde beim Abschied an den Hüften – er hatte wieder eine Erektion – und rückte sie sich zurecht. Dann kniff er ihr in den Hintern. Marion empfand ihn als furchtbar provozierend. (Er rechtfertigte sein Verhalten später damit, daß er ihr als Frau habe Selbstvertrauen geben wollen.) Nach dieser Stunde ging es Marion sehr schlecht: »Ich war total verstört, wie gelähmt und unfähig, mich zu wehren.«

Ein anderes Mal lag sie auf dem Sofa, »so wie jetzt (Anm.: Sie war in einer halb liegenden, halb sitzenden Position, den Kopf in eine Hand gestützt, die Beine geöffnet), so liege ich oft. Er sagte zu mir: Wie wäre es, wenn du dich jetzt ausziehst? Ich habe das brav gemacht, aber als mein Oberkörper nackt war, meinte er, ich solle aufhören. Er müsse aufpassen, daß er nicht die Beherrschung verliere. Ich frage mich heute, wieso mir damals nicht klar war, was da läuft. Es liegt wohl daran, daß ich es nicht sehen wollte. Wenn ich es gesehen hätte, hätte ich ihn aufgeben müssen.

Einige Wochen später sagte er nach einer Stunde zu mir: Komm, ich mag dich noch ein bißchen spüren. Er umarmte mich und faßte mir an die Brust und an den Hintern. Von mir war überhaupt nichts ausgegangen. *Er* war derjenige, der aktiv war. Nach dieser Stunde habe ich deutlich gefühlt, daß da etwas nicht in Ordnung war und daß ich dringend etwas unternehmen müßte.«

Leonie M.

»Als die Therapie ungefähr ein Jahr gedauert hatte, erzählte mein damaliger Freund mir, daß er Frauen kenne, die mit meinem Therapeuten ein Verhältnis gehabt hätten. Zwei von ihnen lernte ich später kennen. Diese Information machte mich hellhörig. Grundsätzlich bestand diese Möglichkeit also. Ich war damals ziemlich heftig in ihn verliebt, und ich sprach diese Sache in der Therapie an. Ich hatte die Phantasie, seine Geliebte zu sein, und dachte: Wenn andere das können, warum dann nicht ich. Mein Therapeut wies meine Behauptung weit von sich, aber er war nicht glaubwürdig.

Die Stunde, in der ich diese Sache angesprochen hatte, war die letzte vor dem Urlaub gewesen. Ich weiß nicht mehr genau, wie das war, ob ich zuerst geschrieben habe oder er, jedenfalls kam dann ein Brief von ihm: Die letzte Stunde wäre für mich wohl sehr blöde gewesen, und er würde sich gerne einmal privat mit mir treffen. Da war mir natürlich alles klar. Ich bin auf sein Angebot freudig eingegangen. Wir trafen uns noch am gleichen Abend in einer Kneipe. Auf meine Frage, wie das denn nun alles weitergehen solle, meinte er, wenn ich wollte, könnte ich die Therapie fortsetzen. Ich wollte das aber nicht, und das war ihm recht. Wir sind noch am gleichen Abend miteinander ins Bett gegangen. Er hat mich ziemlich bedrängt. Das war keine gute Erfahrung. Ich habe mich geekelt, hatte richtig das Gefühl: Jetzt liegst du mit deinem Vater im Bett, schrecklich, das will ich nicht. Ich wußte, daß ich diese Erfahrung nicht wiederholen wollte.

Dann ging das Hickhack los. Die Therapie war abgebrochen. Das habe ich sehr bedauert, denn ich hatte mir sehr viel davon erhofft. Einerseits war ich wütend, andererseits mochte ich ihn aber noch. Es war ein ziemliches Durcheinander. Damals habe ich es noch nicht als Mißbrauch empfunden.

Meiner Freundin habe ich von der Geschichte erzählt. Die war ziemlich entsetzt. Aber diese Idee, wieviel der kaputtgemacht hat, die kam damals niemandem. Dabei hatte ich gerade mit Männern ganz große Probleme, mich abzugrenzen. Und das *wußte* der. Im Laufe der nächsten Wochen ist mir immer klarer geworden, daß das alles überhaupt nicht in Ordnung war.

Mit Sexualität lief für mich nichts mehr, aber für ihn war das nicht klar. Er hat es immer wieder probiert, hat nicht lockergelassen. Ich habe mich zwar in den nächsten vier Monaten immer weiter zurückgezogen, aber ich war doch sehr abhängig. Einerseits dachte ich: Der als Therapeut taugt nichts.

Andererseits kam ich nicht richtig von ihm los und wollte mich immer wieder mit ihm treffen. Die Gespräche, die wir dann führten, waren nichts Halbes und nichts Ganzes. Keine Therapie mehr und irgendwie doch. Gleichzeitig versuchte er immer wieder, mich für sich zu gewinnen. Er war wohl sehr gekränkt darüber, daß ich ihn zurückgewiesen hatte. Er konnte das nicht akzeptieren, und er hat es ja auch nicht akzeptiert.«

Vier Monate nach dem Abbruch der Therapie wurde Leonie von ihrem ehemaligen Therapeuten vergewaltigt. »Ich wußte sofort«, sagt sie, »was hier passiert, ist ganz, ganz schlimm, ganz besonders deshalb, weil ich nie gedacht hätte, daß er so etwas machen würde. Ich hatte ihm viel von mir erzählt, und es war furchtbar, daß jemand, der mich so gut kannte, auf einmal überhaupt nicht mehr auf mich einging, so unberechenbar wurde, mich nicht mehr wahrnahm, so über mich hinwegging.«

Mit diesen Worten beschreibt eine Frau eine Vergewaltigung.

Mit den gleichen Worten haben auch die anderen Frauen die Erfahrung des Mißbrauchs in der Therapie beschrieben. Und genau so beschreiben Frauen, die in ihrer Kindheit mißbraucht worden sind, ihre Erfahrung. Am unerträglichsten von allem war es ihnen, als Mensch, als Person nicht mehr zu existieren; ausgelöscht zu werden, dem Willen eines anderen unterworfen, nichts mehr zu zählen, wertlos zu sein, gedemütigt zu werden, jeder Würde beraubt.

In allen drei Fällen – bei einer Vergewaltigung, beim Mißbrauch in der Therapie und beim Inzest – geht es weder um Liebe noch etwa um Lust, sondern um Macht, Ausbeutung und Unterwerfung. Die Sexualität wird lediglich in den Dienst des Gewaltdeliktes gestellt. Und auch dies ist eine Medaille mit zwei Seiten, denn die mißbrauchenden Männer funktionalisieren, entwerten und entwürdigen nicht nur die Frauen, sondern sie funktionalisieren und entwerten auch ihre eigene Sexualität, indem sie sie als Mittel der Destruktion einsetzen. Im gleichen Maße, in dem sie die Frauen zerstören, zerstören sie daher auch sich selbst in ihrer menschlichen Würde. Vielleicht klammern sie sich an diese Position deshalb so verzweifelt, vielleicht schlagen sie, wenn die gedemütigten Frauen irgendwann beginnen, sich zu wehren, deshalb mit solcher Härte und Verächtlichmachung der Wahrheit, mit Lügen und Verleumdungen zurück, weil sie tatsächlich nichts anders kennen als die Alternative, andere zu unterwerfen oder selber unterworfen zu werden. Das würde heißen, daß sie die Möglichkeit der Liebe nie kennengelernt haben.

Barbara U.

»Mit der Stunde, in der ich ihm sagte, daß ich mich in ihn verliebt hatte, wurde alles anders. Als wir uns beim Abschied wie immer die Hand reichten, spürte ich, daß er den Impuls hatte, mich an sich zu ziehen. Ich erinnere mich, daß ich nach dieser Stunde in mein Tagebuch schrieb: keine Spielchen, keine Doppelbödigkeiten, keine Verführungskunststückchen. – Ich werde vorsichtig damit umgehen – hatte er nach meinem Geständnis gesagt. Dafür war ich ihm dankbar. Aber er hatte auch gesagt, schon im Gehen: Ich bin doch austauschbar. Das veranlaßte mich, ihm einen langen Brief zu schreiben, in dem ich begründete, warum er natürlich keineswegs austauschbar sei. Aber seit dieser Stunde hatte ich massive Schlafstörungen. Mein Körper ließ sich nicht so leicht betrügen wie mein Bewußtsein.

Er hatte immer schon dies und das von sich selber erzählt. Jetzt wurde es massiv; nie direkt, aber immer deutlich wurde ich darüber informiert, daß er Schwierigkeiten mit seiner Mutter hat, mit seiner Ehe nicht zurechtkommt, Probleme mit seiner Vaterrolle hat; daß er immer geglaubt habe, seine Leistungen seien nur ein Bluff und irgendwann werde ihm jemand auf die Schliche kommen; daß er eine bestimmte Behinderung habe, die er aber gut zu verbergen wisse. Er erzählte auch von seinen zahlreichen Affären mit anderen Frauen (Aha, dachte ich. Er ist also grundsätzlich zu haben, trotz Ehe.), sagte, es gebe Frauen, die sich wunderbar abgrenzen könnten und denen eine Affäre darum nicht schaden würde (Wenn ich mich also genügend abgrenzen könnte . . .?). Er gab zu erkennen, daß er schlecht alleine sein könne, und bezeichnete sich mir gegenüber als narzißtisch, wobei er gleichzeitig behauptete, alle wirklich interessanten Menschen seien narzißtisch. Er erzählte von seinen beruflichen Erfolgen, von Auszeichnungen, die er bekommen habe, und Gremien, in denen er tätig sei. Er erwähnte Frau Minister Dingsbums, die er persönlich kenne, und die berühmte Künstlerin sowieso, mit der er sozusagen auf Du stehe. Einerseits gaben mir die zunehmenden Vertraulichkeiten ein Gefühl der Besonderheit. Es war schließlich eine Art Auszeichnung, von diesem Mann zur Vertrauten gemacht zu werden. Andererseits hatte ich zunehmend Mitleid mit ihm, denn es wurde ja immer deutlicher, daß sich hinter der glänzenden Fassade ein mit seinem Leben unzufriedener, im Grunde hilfsbedürftiger Mensch verbarg. Die ganze Situation war mir merkwürdig vertraut: Sonderrechte eingeräumt zu bekommen, ins Vertrauen gezogen zu werden, in meiner Hilfsbereitschaft und meinem Mitleid angesprochen zu sein – es war genau so, wie ich es von meinem Vater her kannte. Also habe ich auch genau so reagiert: mit Mitleid, tiefer Liebe und dem Gefühl, ihm helfen zu müssen.

Nach und nach begann er, die Möglichkeit einer sexuellen Beziehung durchzuspielen. ›Stellen Sie sich doch einmal vor‹, sagte er beispielsweise, ›ich ginge auf Ihre Gefühle ein. Dann trifft man sich heimlich in der knappen Zeit, schläft miteinander, und dann fangen die Kränkungen doch an.‹ Natürlich sprach er von den Kränkungen, die er *mir* zufügen würde. Dann wieder warnte er mich: ›Ich bin doch genau der Typ Mann, der Ihnen gefährlich wird. Ich kenne Ihre Geschichte. Ich habe Verantwortung.‹ Oder: ›Es wäre eine völlig ungleiche Beziehung. Es wäre Mißbrauch.‹

Ich war blind, ich habe es nicht begriffen. Diese Bemerkungen waren verteilt auf viele Stunden. Und er war gleichzeitig auch immer wieder jemand, der viel für mich getan hat. Es gab wirkliche Nähe, schmerzhafte Auseinandersetzung mit der Vergangenheit. Es gab eine Stunde, in der er mich liebevoll tröstend in den Arm genommen hat. Nach dieser Stunde schrieb ich ihm: Schöner als alle erotischen Phantasien ist die Vorstellung, einmal so in Ihren Armen einschlafen zu dürfen. Wahrhaft kindlich. Aber darum ging es ja eigentlich. Um den guten Vater.«

Als Barbara sich selber von der Verliebtheit zu distanzieren beginnt, geht es erst richtig los. Ihr Therapeut kann diesen Rückzug nicht akzeptieren.

Es ist kein Zufall, daß Barbara zur nächsten Stunde in einem unauffälligen Kleid erscheint. Er empfängt sie mit den Worten: »Ach, kommen Sie heute im Schutze eines braven Kleides?« – »Und dann diese Blicke«, sagt sie, »wie der mich anguckte, die reine Gier. Es war, als säße ich nackt vor ihm.« Ein Geplänkel geht los über ihre Unterwäsche. Er will es genau wissen. Welches Material? Welche Farbe? Er fragt sie über Einzelheiten ihrer erotischen Phantasien aus. Er versucht, herauszufinden, auf welche Weise er selber in ihren Phantasien vorkommt. Und am Ende der Stunde sagt er unvermittelt: »Sie geben übrigens auch ein gutes Objekt für erotische Phantasien ab.«

»Mir wurde schwindelig«, erinnert sie sich, »ich begann zu schwitzen, mein Herz raste. Ich hatte Angst, fühlte mich, als würde ich gleich in Ohnmacht fallen. Ich war sehr verwirrt.« Am nächsten Tag ruft er sie an: Er sei wohl etwas zu weit gegangen. Er habe kein gutes Gefühl dabei. »Das hat mich beruhigt. Trotzdem. Von da an stimmte nichts mehr. Ich fühlte das eine, und er sagte das andere. Jedenfalls wußte ich jetzt, daß er nicht wollte, daß ich brave Kleider anzog, und ich wollte ihm natürlich gefallen. Also zog ich in der nächsten Stunde etwas Fetziges an. Und dann guckte er mich so an und sagte: ›Da kommt mir die Phantasie, die Träger durchzuschneiden.‹ Zwei Minuten zuvor hatte er gesagt, er habe die Kontrolle in der letzten Stunde ein Stück weit aufgegeben, aber mit mir, das wäre ihm zu schwierig. Ehe und Familie – damit könne er das vereinbaren. Aber mit einer Klientin . . . Vielleicht hat er ja gehofft, daß ich von mir aus die Therapie abbrechen würde. In dieser Stunde habe ich ausführlich erzählt, wie schwer es mir manchmal fällt, mich gegen die erotischen Wünsche, die Männer an mich herantragen, abzugrenzen. Daß ich nicht nein sagen könne und schon mehr als einmal Dinge getan hätte, die ich nicht gewollt habe. Er hat genau gewußt, wie wehrlos ich war. Heute kommt es mir so vor, als hätte ich ihm damit sagen wollen: Tu's nicht!

Aber ich glaube, die Hilflosigkeit hat ihn angestachelt.

Dann fing er wieder an mit der Unterwäsche, das müßte ich ihm noch verraten. Ich muß sagen, so würde ich mich im ›zivilen‹ Leben von keinem Mann behandeln lassen. Aber ich war viel zu verwirrt, um die Situation zu kontrollieren. Ich wußte nur, daß da etwas passierte, was nicht passieren durfte. Einerseits war ich ja wahnsinnig verliebt in den Mann. Andererseits habe ich genau gespürt, daß die Situation sehr ungut war. Ganz instinktiv habe ich auf manche seiner Fragen keine Antwort gegeben.

Es war die letzte Stunde vor dem Urlaub. Wir haben uns voneinander verabschiedet, haben uns wie immer die Hand gegeben. Und dann ist es passiert. Er hat mich heftig an sich gezogen, mir an die Brust, an den Hintern und zwischen die Beine gegriffen und sich dort betätigt und meine Hände genommen und sie zwischen seine Beine gelegt. Es war furchtbar. Ich hatte das Gefühl, ich muß da jetzt mitmachen, ich habe sowieso keine Wahl. Und dann liebte ich ihn ja auch. Aber ich wußte, das macht alles kaputt. Ich konnte nicht mehr klar denken. Ich habe nichts mehr verstanden. Seine Hände waren gierig, besitzergreifend, zerstörerisch. Und sein Gesicht war furchtbar preisgegeben, ganz klein, ein verlorenes Kindergesicht. Ich habe immer nur gedacht, so darf man sich nicht preisgeben.

Dann kam jemand den Gang entlang, da schob er mich weg. Abends rief er mich zu Hause an, wollte wissen, ob ich alleine sei. Er sagte tatsächlich zu mir: ›Das Verbotene ist reizvoll.‹ Ob er einmal überlegt hat, wie man sich fühlt, wenn man nur interessant ist, weil man eine verbotene Frucht ist? Eine Frucht, die gepflückt und dann weggeschmissen wird? Wie eine Juden-Unterfrau, die den Arier reizt, oder eine Schwarze, mit der der weiße Südafrikaner mal will. Mich ekelt noch heute, wenn ich daran denke. Und wenn ich nicht gesagt hätte, daß ich abends bei Freunden eingeladen sei, hätte er doch wohl vor meiner Tür gestanden. Dann hätten wir uns heimlich in der knappen Zeit getroffen, hätten miteinander geschlafen – und dann hätten die Kränkungen angefangen. Er hat da ja wohl aus Erfahrung gesprochen.«

Gudrun F.

Auch Gudrun F. hatte sich heftig in ihren Therapeuten verliebt – und gestand es ihm. Er möge sie auch, meinte er, und als sie wissen wollte, auf welche Art er sie möge, sagt er: »Das mußt du herausfinden.«

»Ich war verliebt wie noch nie«, erzählte Gudrun. »So etwas kannte ich nicht. Aber ich hatte kein sexuelles Interesse. Er war für mich ein Neutrum, das am Bauchnabel aufhörte, so etwas wie ein Vater.«

Die Therapie wird für vier Monate unterbrochen, als der Therapeut einige Zeit im Krankenhaus verbringen muß. In dieser Zeit trennt Gudrun sich von ihrem Freund: »Ich wollte ihm beweisen, daß ich selbständig bin. Das hatte er schließlich von mir verlangt.«

Gudrun trifft mit dem Therapeuten eine Verabredung für einen Besuch im Krankenhaus. Sie kommt – und er ist nicht da. Vier Stunden läßt er sie warten. Als er schließlich auftaucht, kein Wort der Entschuldigung. Nach fünf Minuten schickt er sie weg. Diese Situation – in Aussicht gestellte Nähe und demütigende Zurückweisung – wird sich noch oft wiederholen und wird zum Charakteristikum der Beziehung.

Als die Therapie wieder aufgenommen wird, verabschieden sie sich mit einer Umarmung, er hat eine Erektion. »Ich wollte das eigentlich nicht«, sagt Gudrun, »aber ich dachte dann: Der liebt dich. Sexualität und Liebe waren für mich immer ein und dasselbe. Etwas anderes hatte ich nie kennengelernt.«

Die gegenseitigen Besuche werden häufiger. Er schlägt ihr vor, nach der Therapie für ihn zu arbeiten. Gudrun empfindet das Angebot als Auszeichnung. Bei einem ihrer Besuche in seiner Wohnung erzählt er ausführlich von sich und seinen unglücklichen Beziehungen zu Frauen. Gudrun: »Ich habe damals gedacht, mit meiner Liebe mache ich das alles wieder gut.« In der Therapie zeigt der Therapeut ihr Pornofilme, damit sie »wieder Zugang zu ihren Gefühlen« bekäme. Liest ihr auch aus Dankesbriefen anderer Klientinnen vor und zeigt ihr Videofilme, die er von anderen KlientInnen angefertigt hat.

Immer wieder weist er Gudrun darauf hin, daß es zwar Therapeuten gebe, die mit ihren Klientinnen schliefen, aber er würde das niemals tun, zumal es auch verboten sei. Zudem

94

kenne er ja ihre Geschichte, und »was vierzigmal passiert« sei, müsse »nicht einundvierzigmal passieren«. »Für mich war unvorstellbar«, sagt Gudrun, »daß er mich jemals sexuell ausbeuten würde.« Trotzdem beginnt eine sexuelle Beziehung, die zunächst jedoch eher zärtlicher Natur ist. Zu diesem Zeitpunkt fühlt Gudrun sich bereits sehr abhängig: »Ich saß nur noch parat. Er bestimmte alles. Wann wir uns sahen, wo und wie.«

Die beiden fahren zusammen nach Berlin. Während dieser Reise, auf die er sie ursprünglich »wegen der Therapie« nicht hatte mitnehmen wollen, schlafen sie schließlich auch miteinander. »Aber es war nicht schön. Es gab schreckliche Szenen, er brach dauernd Streit vom Zaun, ich wußte gar nicht, warum. Ich blickte einfach nicht mehr durch und war völlig verwirrt. Trotzdem fühlte ich mich für alles verantwortlich und entschuldigte mich ununterbrochen. Ich fragte mich, wo eigentlich meine Selbständigkeit geblieben war. Schließlich war ich vorher alleine nach Brasilien ausgewandert und hatte dort jahrelang gelebt. Ich habe nicht verstanden, was mit mir los war. Nach dieser Reise habe ich angefangen zu trinken.«

Wenig später fährt der Therapeut noch einmal ohne sie in Urlaub. Vor der Abfahrt gibt er ihr Filme und bittet sie, sie zum Entwickeln wegzubringen. Als Gudrun die Filme abholt, sieht sie auf den Bildern eine andere Frau in seiner Wohnung. Gudrun ist alarmiert, denn er hatte immer behauptet, keine Freundin zu haben. Er behauptet das auch weiterhin, als sie ihn danach fragt. Die Frau in seiner Wohnung sei nur eine Bekannte, mit der habe es noch nie geklappt. (Heute ist er mit der Bekannten verheiratet.) Gleichzeitig sucht er aber mit der »Bekannten« gemeinsam ein Haus.

Während der ganzen Zeit läuft die »Therapie« intensiv weiter. Außerhalb der Therapiestunden sieht Gudrun den Mann nur selten. Sie ist eifersüchtig, aber der Therapeut behauptet, das Problem sei nicht die Existenz der anderen Frau, denn mit der hätte er nichts, sondern Gudruns unangemessenes Mißtrauen. Sie solle ihm vertrauen. Gudrun ist so verwirrt, daß sie die Therapie abbrechen will. Er weiß das zu verhindern, indem er ihr sagt, sie müsse auch einmal etwas durchhalten und dürfe nicht immer vor allem davonlaufen.

Gudrun stellt ihn schließlich wegen der anderen Frau zur Rede. Sie will wissen, woran sie ist. Er weigert sich, mit ihr zu reden. Als sie nicht bereit ist, sich so abspeisen und wegschikken zu lassen, droht er ihr mit der Einweisung in die Psychiatrie: »Wenn du jetzt nicht gehst«, sagt er, »hole ich die weißen Männer.«

Einige Zeit später betrügt er sie bei der Berechnung der noch ausstehenden Honorare. Sie unterschreibt die Rechnung, weil sie das Gefühl hat, sich gegen ihn nicht wehren zu können, obwohl sie weiß, daß da etwas faul war. An diesem Punkt der Entwicklung macht sie den ersten zaghaften Versuch, sich zur Wehr zu setzen. Sie ruft ihren Bruder, der selber Psychologe ist, zu Hilfe und erzählt ihm die ganze Geschichte. Der Bruder gibt ihr den einzig richtigen Rat: »Du mußt sofort da weg«, sagt er zu ihr. Gudrun verspricht, die Therapie abzubrechen, schafft das auch – was angesichts ihrer ausgeprägten Abhängigkeit eine wirkliche Leistung ist – und will die sexuelle Beziehung zu dem Therapeuten beenden. Wieder läßt er sie nicht fort. Er besucht sie zu Hause und macht ihr Liebeserklärungen, denen sie nicht standhält. So geht alles weiter wie zuvor, nur daß die »Therapie« jetzt beendet ist. An der Struktur der Beziehung, an der ungleichen Verteilung der Macht hat sich nichts geändert. »In dieser Zeit«, erzählt Gudrun, »bin ich immer weniger geworden. Ich habe mich gefühlt wie ein Nichts. Die Gefühle von Unsicherheit und Angst, die ich äußerte, wurden mir ausgeredet. Immer wieder sagte er, ich sei viel zu mißtrauisch, bis ich selber nicht mehr wußte, was stimmte: das, was ich fühlte, oder das, was er behauptete.«

Die sexuelle Beziehung selber war unschön. »Mein Körper«, meint sie nachdenklich, »war klüger als ich. Der hat einfach nicht mitgemacht.« Sie leidet inzwischen unter massiven Schlafstörungen, fühlt sich zunehmend zerrüttet. Die Demütigungen nehmen kein Ende. Mal läßt der Mann sich ihr gegenüber verleugnen, dann wieder schmiedet er mit ihr Zukunftspläne für ein gemeinsames Leben auf dem Lande. Auf nichts ist mehr Verlaß, nicht auf ihn, nicht auf die eigenen Wahrnehmungen. Was stimmt, was stimmt nicht? Ist sie wirklich zu mißtrauisch? Oder sollte sie im Gegenteil noch viel mißtrauischer sein?

Es kommt ein Punkt, an dem es nicht mehr weitergeht. »Ich mußte da raus«, sagt Gudrun. »Die Alternative wäre gewesen, daß ich verrückt geworden wäre oder mir das Leben genommen hätte.« Den Schlußstrich zieht sie, nachdem sie mit einer Therapeutin gesprochen hat, die den Mann kannte und sie darüber aufklärt, daß ihr »Therapeut« nie irgend etwas, geschweige denn Psychologie studiert habe.

Gabriele T.
Vorletzte Stunde vor dem Urlaub. Der Therapeut schlägt vor, Gabriele zu massieren, aber sie möchte das nicht. Er fragt sie, ob sie etwa Angst vor Berührungen habe und ob sie sich überhaupt wehren könne. Dann fordert er sie zu einer Kampfübung auf. Plötzlich sagt er: »Meinst du, das war richtig gewehrt?« und greift ihr unter den Rock. Als sie aufschreit, meint er: »Jetzt hast du dich gewehrt.« Zwei Tage später ruft er bei ihr zu Hause an: Er habe das Gefühl, zu weit gegangen zu sein. Gabriele ist beruhigt. Die nächste Stunde, die letzte vor dem Urlaub, findet nicht wie sonst am Vormittag, sondern am späten Nachmittag statt, zu einem Zeitpunkt, zu dem die Kollegen das Haus im allgemeinen verlassen haben. In dieser Stunde erzählt Gabriele von ihrem Vater. Daraufhin er: »Hier bist du sicher.« Dann: »Leg dich doch mal auf den Boden. Du bist ganz verkrampft.« Draußen dröhnen Preßlufthämmer, daran erinnert sie sich noch. Wieder sagt er: »Hier bist du sicher. Laß dich fallen.«

»Dann habe ich nichts mehr gespürt und nichts mehr gehört, bis ich ihn rufen hörte: ›Werd doch wieder wach!‹ Meine Bluse stand offen, und er sagte zu mir: ›Denk bloß nicht, daß ich jetzt in dich verliebt bin.‹

Ich wußte nach dieser Stunde nicht mehr, was los war. Ich war sehr durcheinander und habe viel geweint. Zuneigung war für mich, daß ich meinen Vater angefaßt habe und er gestöhnt und sich bewegt hat. Bei meinem Stiefvater war es nur Ekel. Die Erfahrung mit dem Therapeuten hat mich total fertiggemacht.«

Eine Weile hält der Therapeut sich zurück. Eines Tages fängt er in der Therapiestunde an zu weinen. Seine Frau sei wieder schwanger, obwohl sie kein Kind mehr wolle. Sich selbst bezeichnet er als Schwein. Gabriele bietet ihm sofort Hilfe an: Sie könne ja die Kinder hüten. Er nimmt dieses Angebot an. Immer noch erstaunt erzählt Gabriele: »Seiner Frau gegenüber war er ganz unterwürfig. Gar nicht so toll, wie er immer erzählte.«

Dann häufen sich Bemerkungen und mißbräuchliche Berührungen wieder. Sie könne seine Nähe wohl nicht aushalten, sagt er beispielsweise. Das sähe man an ihren Beinen, die würde sie so zusammenpressen. Oder er faßt ihr an die Brust und will wissen, was für einen Büstenhalter sie trägt. Dann wieder bittet er um Hilfe: »Hilf mir«, sagt er, »ich kann überhaupt keine Distanz mehr halten.« Mehr und mehr erzählt er von seinen erotischen Phantasien und Wünschen und läßt sich über Einzelheiten seines ehelichen Lebens aus. Dabei spart er nicht mit detaillierter Kritik an seiner Frau. Als Gabriele ihn fragt, warum er ihr das alles erzählt, meint er, er wolle ihr damit etwas geben.

Eines Tages fordert der Therapeut sie auf, sich hinzulegen und ihm zu zeigen, was ihr Vater und ihr Stiefvater mit ihr gemacht haben. Während sie erzählt, wiederholt er an und mit ihr alles, was sie berichtet. (Anmerkung: Dieses Verhalten ist so sadistisch, daß man es kaum glauben mag. Ich fand jedoch einen ganz ähnlichen Fall geschildert bei: Smith, S. [1984]: The Sexually Abused Patient and the Abusing Therapist: A Study in Sadomasochistic Relationship. Psychoanalytic Psychology, 1984 I [2], S. 89–98.) Sie spricht ihn darauf an. Er antwortet: Was sie ihm da unterstelle. Bei ihm sei sie doch in Sicherheit. Er sei doch nicht so ein Schwein. »Geküßt hat er mich nie«, sagt Gabriele. »Er meinte, daß sei nicht angebracht.«

Bald darauf beginnt der Therapeut, von anderen Klientinnen zu erzählen. Die eine komme nur zum Schmusen, die andere habe er weggeschickt, weil es zwischen ihnen immer so geknistert habe. Gabriele hat seiner Frau gegenüber entsetzliche Schuldgefühle – es sind die Schuldgefühle, die eigentlich der Therapeut hätte haben müssen. Sie bietet seiner Frau wegen der Schuldgefühle immer wieder ihre Hilfe an, strickt für sie, hütet ihre Kinder. Sie versucht, sich aus der Situation zu befreien, geht nicht mehr zu den vereinbarten Stunden –

vergeblich. Der Therapeut sucht sie zu Hause auf, nennt das »Haustherapie« und rechnet jede Stunde ab. Gabriele kann nichts mehr essen, fühlt sich verwirrt. Manchmal denkt sie, sie bildet sich das alles ein. Vor den »Therapiestunden« hat sie Durchfall, anschließend muß sie sich übergeben. Zur 100. Stunde erscheint der Therapeut mit einer Flasche Sekt. Gabriele holt Gläser aus der Küche. Als sie ins Wohnzimmer zurückkommt, liegt der Mann nackt auf dem Sofa. »Ich wußte nicht mehr, wie ich da rauskommen sollte«, erzählt sie, immer noch sichtlich außer Fassung. »Ich konnte mit niemandem reden. Er hatte mir gedroht, mich dann in die Psychiatrie einweisen zu lassen. Und dann wegen der Schuldgefühle. Wenn ich gegangen wäre, wäre alles rausgekommen, und dann wäre ich die Böse gewesen. So war es ja immer. Ich war nur noch niedergeschlagen, und ich war in Panik. Oft zog er mich an sich, öffnete seine Hose und drückte mir den Kopf auf sein Glied. Das war für mich Gewalt. Ich wollte das nicht wahrhaben, ich war gar nicht richtig bei mir. Das war genau dasselbe, was der in B. immer mit mir gemacht hatte. Das wußte der alles. Dann schenkte er mir Bücher, z. B. ›Kiss Daddy Goodnight‹ oder ›Gegen unseren Willen‹ (Anm.: Das erste Buch ist ein Bericht über einen Inzest, das zweite ein Buch über Vergewaltigung). Dann sagte er zu mir: ›Du bist jetzt wieder die kleine Gabriele, und jetzt erlebst du das noch einmal.‹ Er sagte auch oft: ›Du hast was an dir, was mich anmacht.‹

Damals wollte ich mich umbringen. Ich wollte da raus, aber ich wußte nicht wie. Es war die einzige Lösung. Ich wollte ihn auch nicht verletzen und seine Familie nicht ruinieren.«

In ihrer Not ruft Gabriele schließlich die Ehefrau des Therapeuten an und bittet sie, dafür zu sorgen, daß ihr Mann sie in Ruhe läßt. Natürlich glaubt ihr die Frau nicht. Sie schaltet den Leiter der Beratungsstelle ein, dem gegenüber der Therapeut schließlich ein Geständnis ablegt. Einige Zeit später wird ihm gekündigt. Heute arbeitet er als Psychologe in einem Psychiatrischen Krankenhaus.

Über ihr Verhältnis zu diesem Mann befragt, sagt Gabriele: »Ich habe ihn nicht geliebt. Es war eher wie eine Sucht.

Ich habe Gefühle gesucht, Liebe gesucht, aber die war nicht da; lange habe ich geglaubt, es liegt an mir, daß ich das alles so schrecklich finde. Dieser Mann hat sich selber verachtet für das, was er getan hat, und diese Verachtung hat er auf mich übertragen. Das habe ich nicht ausgehalten. Wenn wir uns irgendwo zufällig getroffen haben, hat er mich nicht einmal gegrüßt. Ich bin hinter ihm hergelaufen, weil ich von ihm geachtet und anerkannt werden wollte. Er hat mich behandelt wie ein Stück Dreck. Er hat mich benutzt, und dann hat er mich weggeschmissen. Mit einem anderen Mann wäre das nicht passiert. Mit keinem anderen Mann wären diese alten Geschichten so hochgekommen. Deshalb wäre ich auch von keinem anderen Mann so abhängig gewesen.«

Ich fand in dem Bericht, den Gabriele T. im Zusammenhang mit der späteren Strafanzeige verfaßte, diese Sätze: »Herr ... mag in seinem Leben viel gelernt haben und sicher auch vieles wissen. Nur hat er nie gelernt, die Menschen zu lieben. Dies wäre für seinen Beruf aber wichtig gewesen.«

6. Bis zum bitteren Ende

Bitter und zutiefst verletzend endete für jede meiner Gesprächspartnerinnen die Beziehung zu ihrem Therapeuten, und in jedem Fall war das Ende eine Katastrophe, die auch nicht dadurch gemildert wurde, daß alle fünf Frauen (und das ist untypisch) schließlich diejenigen waren, die die Kraft fanden, zu gehen. Diese Kraft schöpften sie aus der Verzweiflung und aus dem Wissen, daß das Verbleiben in diesen Beziehungen sie immer weiter zerstören und ihr Leben gefährden würde.

Marion G.
Marion suchte und fand guten Rat. Sie fuhr zu einem Bekannten, der ebenfalls als Körpertherapeut arbeitete, um mit ihm über die Vorfälle zu sprechen. Sein Kommentar war eindeutig. Er sagte ihr, daß er die Situation für aussichtslos halte. Sie müsse die Situation klären, denn so ginge es nicht

weiter. Er schlug ihr auch vor, daß er ihrem Therapeuten schreiben wolle, um ihn zu einer Auseinandersetzung zu bewegen. »Ich hatte das Gefühl, ihn zu verraten«, erzählt Marion. Ich habe ihn sehr geliebt, aber ich konnte mir nichts mehr vormachen. Ich wußte, daß ich gehen mußte.

Mein Therapeut behauptete später, die Berührungen seien immer nur zufällig gewesen. Außerdem finde er mich in Wirklichkeit gar nicht attraktiv, und ich sei sowieso nicht sein Typ. Was das überhaupt für eine absurde Vorstellung sei, er würde meinetwegen die Beziehung zu seiner Freundin riskieren. Für mich war das brutal. Monatelang erzählt er mir, wie sehr er sich von mir angezogen fühlt – und dann bin ich auf einmal nichts mehr wert, völlig uninteressant, nicht sein Typ. Ich war es nicht einmal wert, daß er wirklich mit mir geredet hätte. Es war mit ihm nicht zu klären. Er hat sich einer Auseinandersetzung ganz einfach entzogen. Ich hatte kein Vertrauen mehr zu ihm, aber ich fühlte, daß ich wahnsinnig abhängig war, daß mir die Trennung sehr schwer fiel, fast unmöglich schien. Ich habe ihn dann angerufen, den nächsten Termin abgesagt und ihm gesagt, ich wisse noch nicht, ob ich überhaupt noch kommen würde. Als ich mich eine Woche später wieder bei ihm meldete, hatte er meinen Termin schon vergeben. Er hat mich regelrecht weggedrängt. Ich fand das sehr demütigend. Aber am schlimmsten fand ich diese Abhängigkeit. Es ist mir schwergefallen, seinen Namen preiszugeben. Angezeigt habe ich ihn nicht, auch deshalb, weil ich weiß, wie schlecht die Aussichten sind, auf juristischem Wege etwas zu erreichen.

Der Therapeut, den ich um Rat gefragt hatte, hat meinen Ex-Therapeuten aufgefordert, die Vorfälle bei seinem Verband zu melden. In dem Bericht, von dem er mir eine Kopie zukommen ließ, hieß es, man habe sich ausführlich mit der Angelegenheit beschäftigt und sei zu dem Ergebnis gekommen, daß mein Therapeut einen Fehler gemacht habe. Mit mir hatten sie überhaupt nicht gesprochen. Darüber war ich sehr empört, und ich habe einen ziemlich bösen Brief an den Verband geschrieben. Wenig später habe ich dann festgestellt, daß ausgerechnet mein Therapeut der erste Vorsitzende des Verbandes ist. Mich hat das alles sehr angeekelt.

Es dauert lange, bis es heilt, aber ich hoffe, daß ich irgendwann wirklich Abschied nehmen kann.«

Leonie M.

»Nach der Vergewaltigung habe ich meinen früheren Therapeuten angezeigt. Das war für mich sehr wichtig. Ich konnte aktiv werden, und das hat mir sehr geholfen. Die Vergewaltigung war furchtbar, grausam, und auch die Gerichtsverhandlung war schlimm. Wie er mich dargestellt hat, das war so übel, daß sich sogar die Richter gegen ihn gestellt haben. Er hat natürlich viel aus dem Nähkästchen geplaudert, seine Schweigepflicht gebrochen. Und dann sagte er, wenn ich nicht so neurotisch wäre, sondern wie eine normale Frau empfinden würde, hätte ich das nicht als Vergewaltigung empfunden, sondern als das, was es war, nämlich als Ausdruck von Zuneigung.

Vielleicht lasse ich meine Gefühle gar nicht so richtig an mich ran. Was da unten tiefer drinnen ist in mir, das ist mir selber nicht klar.«

Barbara U.

»Noch bevor ich in Urlaub fuhr, schrieb ich meinem Therapeuten einen langen Brief, in dem ich ihm erklärte, daß und warum ich keine Affäre mit ihm wolle. Das fiel mir sehr schwer, denn ich war ja sehr in ihn verliebt. Aber die Therapie war mir wichtiger, und ich hatte die Illusion, wir könnten wieder zu der früheren Ebene des Vertrauens zurückfinden. Trotzdem suchte ich vor der nächsten Stunde einen mir bekannten Psychotherapeuten auf und fragte ihn um Rat. Er meinte, falls es uns beiden gelingen würde, wieder Distanz herzustellen, bestünde eine geringe Chance, daß ich die Therapie weiterführen könne. An diese Hoffnung klammerte ich mich.

Mein Therapeut tat, als sei nichts gewesen. Keine Entschuldigung, nichts. Ich konnte es gar nicht glauben. Anfangs versuchte er, die Distanz zu wahren, aber es gelang ihm nicht einmal für eine halbe Stunde. Dann ging es wieder los mit den süffisanten Bemerkungen, Andeutungen und Anzüglichkeiten. Ich wagte es nicht, ihm beim Abschied die

Hand zu geben. Als sich in der dann folgenden – letzten – Stunde die Atmosphäre immer weiter verdichtete und ich sah, wie wenig dieser Mann sich unter Kontrolle hatte, wußte ich, daß ich die Therapie abbrechen mußte. Zudem hatte er mir in dieser Stunde aus dem Brief einer anderen Klientin sehr intime Dinge vorgelesen. Das fand ich ganz schlimm.

Sicherheitshalber suchte ich noch einmal einen Arzt auf, der mich gut kannte. Sein Kommentar war eindeutig: Therapie sofort abbrechen. Heute weiß ich, wie wichtig es damals war, eine so klare Auskunft zu erhalten. Ich hatte auch mit einigen Freundinnen und Freunden gesprochen, das war ebenfalls eine Hilfe. Der Abbruch der Therapie war für mich ein schlimmer Gewaltakt, für den ich meine ganze Kraft brauchte. Ich war an diesen Menschen sehr gebunden, ich war abhängig – es war kaum zu schaffen, aber ich habe es geschafft. Nach dem Ende der Therapie ging es mir sehr schlecht. Das Schlimmste war, daß die Erinnerungen an den früheren Mißbrauch mit furchtbarer Gewalt über mir zusammenschlugen. Damals habe ich um mein Leben gekämpft.

Ich habe später wiederholt versucht, mit meinem früheren Therapeuten zu sprechen. Ich wollte mit ihm reden, ihn zur Verantwortung ziehen, ihn konfrontieren mit dem, was er angerichtet hatte. Ich wollte auch verstehen, was mit ihm eigentlich los ist. Er hat sich der Auseinandersetzung einfach entzogen. Das war zuviel, das war unerträglich.

Einige Monate später habe ich eine Strafanzeige gegen ihn erstattet, die auch so etwas war wie eine Erklärung, die er nun nicht mehr ignorieren konnte: So nicht; nicht noch einmal und nicht mit mir. Irgendwann muß das aufhören, daß ich immer wieder mißbraucht werde. Irgendwann muß ich aufhören, Opfer zu sein und mich mißbrauchen zu lassen. Ich habe es als Fortsetzung des Mißbrauchs auf einer anderen Ebene empfunden, daß auf seiten dieses Mannes keinerlei Bereitschaft bestand, sich der Situation zu stellen. Für mich war die Strafanzeige eine Frage der Wiederherstellung meiner Würde.«

Gudrun F.

Mit Unterstützung ihres Bruders erstattete Gudrun F. Strafanzeige gegen ihren Therapeuten und reichte eine Zivilklage auf Rückzahlung des Honorars und Zahlung eines Schmerzensgeldes ein. »Ich konnte die Demütigung nicht länger hinnehmen«, sagt sie, »und ich bin überzeugt, wenn ich den Prozeß nicht geführt hätte, würde ich heute nicht mehr leben. Für mich ging es darum, meine Würde wiederherzustellen, aber ich habe auch für andere Frauen in der gleichen Situation gekämpft. Ich wollte, daß die Frauen begreifen: Es ist wirklich Mißbrauch. Laßt euch das nicht ausreden, nehmt eure Gefühle ernst, macht, daß ihr wegkommt, bringt euch in Sicherheit.«

Die Strafanzeige führte zu einer Verurteilung des »Therapeuten« wegen Verstoßes gegen das Heilpraktikergesetz. Die Geldstrafe in Höhe von DM 8500,– zahlt er in kleinen Raten ab.

Den Zivilprozeß gewann Gudrun F., die auch heute, mehr als fünf Jahre nach dem Ende dieser Beziehung, unter den Folgen des Mißbrauchs noch schwer zu leiden hat. Sie hat bis heute keinen Pfennig von dem Schmerzensgeld zu sehen bekommen: Ihr Therapeut hat geheiratet, lebt im Stande der Gütertrennung und bezeichnet sich als »Schriftsteller«, und da er bisher kein einziges Buch veröffentlicht hat, hat er natürlich auch kein Einkommen. Gudrun F. ist infolge der Spätschäden des Mißbrauchs heute berufsunfähig. Sie lebt von Sozialhilfe.

Gabriele T.

Auch Gabriele T. erstattete nach dem Abbruch der Therapie eine Strafanzeige gegen ihren Therapeuten. Das Ermittlungsverfahren wurde immer wieder und schließlich nach drei Jahren endgültig eingestellt, obwohl alle Angaben von Gabriele T. durch ein Glaubwürdigkeitsgutachten in vollem Umfang bestätigt wurden. Auch ein Klageerzwingungsverfahren verlief erfolglos. Im entsprechenden Beschluß des Oberlandesgerichts Düsseldorf vom November 1990 heißt es: »Der Senat verkennt nicht, daß derartige sexuelle Handlungen eines Therapeuten an und mit einer Patientin während der Therapie in hohem Maße verwerflich und mit dem Ethos und den Pflichten dieses Berufes nicht zu vereinbaren sind . . .« Jedoch wird verneint, daß dieses in hohem Maße verwerfliche Verhalten einen *Straf*tatbestand erfüllt. Demgemäß wurde der Antrag abgelehnt.

Trotzdem meint Gabriele T.: »Wenn mir überhaupt etwas wirklich geholfen hat, dann die Erstattung der Strafanzeige. Geholfen hat mir, daß ich mich gewehrt habe und daß ich gekämpft habe um die Wiederherstellung meiner Würde.«

7. Summa summarum: Die Gemeinsamkeilen

Je mehr Geschichten über sexuellen Mißbrauch in der Therapie ich zu hören bekam, desto mehr fielen mir Gemeinsamkeiten auf, die typisch zu sein scheinen und Grundlage für das Verständnis der ganzen Situation sind. Ich habe meine Beobachtungen thesenartig zusammengefaßt.

1. Gemeinsam ist den Geschichten die Fülle von Grenzverletzungen, die im sozialen Bereich beginnen, dann in den Bereich verbaler sexueller Grenzverletzungen hinübergleiten und schließlich im offenen Mißbrauch münden. Keiner der Übergriffe kam aus heiterem Himmel. Es handelte sich in der Regel um langfristige Entwicklungen, die sich in manchen Einzelheiten gespenstisch ähneln.

2. Die realen sexuellen Erfahrungen waren für die Frauen unschön und enttäuschend. Sie wurden als demütigend beschrieben oder mit einer Vergewaltigung verglichen.

3. Bei den Frauen, die bereits in der Kindheit mißbraucht wurden, spielte die Hilfsbedürftigkeit des Therapeuten eine entscheidende Rolle. Sie rief bei den Frauen Mitleid und das Gefühl, gebraucht zu werden, hervor und führte dazu, daß sie in Wiederholung ihrer Kindheitserfahrungen versuchten, die Probleme des Therapeuten mit ihrer Liebe zu lösen. Insofern kehrten sich die Rollen hier um.

4. Das bedingungslose Vertrauen, das die Frauen ihren Therapeuten entgegenbrachten, führte zu vorbehaltloser Offenheit (Ausnahme: Leonie M.), diese wiederum hatte extreme Verletzlichkeit zur Folge, da die Frauen fast alle Schutzmechanismen, die im normalen Leben wirksam sind, außer Kraft gesetzt hatten.

5. Die extreme Abhängigkeit, die alle Frauen bis auf Leonie M. schildern, führte zu ebenso extremer Wehrlosigkeit, die bei den schon früher mißbrauchten Frauen noch ausgeprägter zu sein scheint.

6. Mir scheint folgender Zusammenhang zu gelten: Je größer die Abhängigkeit der Frauen, desto größer die Wehrlosigkeit und desto größer die Schädigung. Hierfür spricht auch, daß die Folgeschäden bei Leonie M., die im Vergleich zu den anderen Frauen relativ distanziert war, weniger gravierend waren.

7. Es ist jedoch ein Irrtum, zu glauben, daß relativ »leichte« Übergriffe (Marion G.) keine schwerwiegenden Folgen hätten, denn die Struktur der Beziehung ist immer die gleiche.

8. Unabhängig von Therapierichtung und Ausbildung verlaufen Therapien, in denen es zu einem Mißbrauch kommt, nach einem im wesentlichen vergleichbaren Muster.

9. Drei der Therapeuten nahmen keine Supervision in Anspruch, bei den beiden anderen ist es unklar. Die Gefahr des Mißbrauchs ist um so größer, je geringer die Auseinandersetzung des Therapeuten mit seinem eigenen Verhalten ist.

10. Alles deutet darauf hin, daß die in den Geschichten der Frauen genannten Therapeuten Wiederholungstäter sind (Ausnahme: Marion G. kannte als einzige keine Frau, die mit ihrem Therapeuten ähnliche Erfahrungen gemacht hatte).

11. Alle diese Therapeuten haben spätestens von dem Zeitpunkt an, zu dem die Frauen ihnen ihre Liebe erklärten, massiv manipuliert und ihrerseits sexuelle Angebote gemacht.

12. Allen Therapeuten war bewußt, daß der Bruch der Abstinenzregel Mißbrauch bedeutet; mit einer Ausnahme (Leonie M.) hatte das jeder ausdrücklich festgestellt.

13. Die Unfähigkeit der Frauen, sich zur Wehr zu setzen, war den Therapeuten in jedem Fall ausdrücklich bekannt.

14. Die Geschichten von Gudrun F. und Gabriele T. deuten in die Richtung, daß Therapeuten, die eine Klientin sexuell ausbeuten, dazu neigen, auch ihre Arbeitskraft auszubeuten (vgl. hierzu auch Vogt, 1989, a.a.O., S. 44).

15. In drei Fällen (Barbara U., Gudrun F. und Gabriele T.) ist deutlich erkennbar, daß die Therapeuten ein narzißtisches Defizit aufweisen.

16. Vier der fünf Therapeuten hatten erkennbare Probleme in ihren Partnerbeziehungen/Ehen.

17. Mir fällt auf, daß in allen Fällen ein Zusammenhang zu bestehen scheint zwischen bevorstehenden Trennungen (Urlaub) und Übergriff/Mißbrauch. Ich vermute, daß die Trennungssituation in den Therapeuten die Angst auslöst, die Frauen könnten während der Trennungszeit ihrem Einflußbereich entwachsen. Dann könnte man die Übergriffe als Geltendmachen von Besitzansprüchen im Sinne der Erzeugung größerer Abhängigkeit verstehen.

18. Alle fünf Therapeuten schoben die Verantwortung für das Geschehen den Frauen in die Schuhe.

19. In allen fünf Fällen wurden die Frauen von den Therapeuten deutlich gedemütigt.

20. In zwei der drei Fälle, in denen die Frauen bereits früher mißbraucht worden waren, stellten die Therapeuten Dreieckskonstellationen her, die die Bedingungen der früheren Inzestfamilie in wesentlichen Zügen nachbildeten.

21. Obwohl sie selber ihre Klientinnen mißbrauchten, engagierten sich drei der Therapeuten öffentlich gegen sexuellen Mißbrauch bzw. für Frauenthemen. Dieser Sachverhalt zeigt für mich in besonders eindrucksvoller Weise, daß diese Therapeuten regelrecht in verschiedenen Realitäten zu leben scheinen.

22. Zwischen den Therapeuten und den mißbrauchten Frauen entstand in allen Fällen ein kompliziertes und verwirrendes Beziehungsmuster, das die Therapeuten kontrollierten, während die Frauen ihm mehr oder weniger hilflos ausgeliefert waren, ohne es verstehen zu können:

a) Die Therapeuten stifteten Verwirrung, indem sie immer wieder das eine sagten, aber das Gegenteil taten. Die Frauen reagierten darauf mit zunehmender Orientierungslosigkeit.

b) Die Therapeuten zersetzten das sowieso nur schwach entwickelte Identitätsgefühl der Frauen, indem sie ihnen ihre realitätsangemessenen Wahrnehmungen und Gefühle ausredeten und diese für unzutreffend oder neurotisch erklärten. Infolgedessen steigert sich die Verwirrung der Frauen hinsichtlich der Frage, was denn eigentlich die Wirklichkeit sei: Ihre Gefühle oder die Interpretation des Therapeuten; der Kontakt zur Realität ging deshalb zunehmend verloren. Je weniger die Frauen sich abgrenzen können, je unsicherer sie sich ihrer Gefühle also sind, desto größer ist ihre Verwirrung und ihre Neigung zur Selbstaufgabe. Es leuchtet ein, daß ein Mensch, der sich zunehmend aufgibt, seinen Zustand so beschreibt, daß er sich »wie ein Nichts« fühlt.

c) Die Therapeuten sind in ihrem Verhalten den Frauen gegenüber ausgesprochen ambivalent: Einerseits lassen sie sich nicht wirklich auf eine Beziehung ein, andererseits lassen sie die Frauen aber auch nicht gehen. Die Therapeuten schwanken ständig zwischen zu großer Nähe und zu großer Distanz und geben infolgedessen sich gegenseitig wiedersprechende und ausschließende Handlungsanweisungen: Sei mir nah – halte dich fern; verführe mich – laß mich in Ruhe etc. Dieses Schwanken zwischen den extremen Polen von Nähe und Distanz ist typisch für Menschen mit Grenzfindungsproblemen. Die Frauen, die sich in ihrer Abhängigkeit verzweifelt bemühen, den Erwartungen des Therapeuten zu entsprechen, können sich nur noch »falsch« verhalten. Denn wie immer sie sich auch entscheiden – die Aufgabe, die ihnen gestellt wird, ist unlösbar.

d) Die Therapeuten erzeugen durch den sexuellen Mißbrauch eine heillose Rollenkonfusion:
– in ihrer Funktion als Therapeut präsentieren sie sich als Väter,
– in der Rolle des erotisch interessierten Mannes bieten sie sich als Partner an,
– in der Rolle des Hilfsbedürftigen, Hilflosen und Mitleiderregenden präsentieren sie sich als Kinder.
Mit dieser Dreifachbesetzung bringen sie bei den Frauen die Komplementärrollen hervor:
– in ihrer Rolle als Klientin sind die Frauen Töchter,

- in der Rolle der attraktiven Frau sind sie Partnerinnen,
- in der Rolle der Sich-Annehmenden, Tröstenden, Nährenden sind sie Mütter.

Man stelle sich vor, welche Konfusion entsteht, wenn nie berechenbar ist, zu welchem Zeitpunkt welche Rolle gerade gespielt wird und welche Rolle gerade gefragt ist. So entsteht ein heilloses Durcheinander mit einer Vielzahl von Rollen und Kombinationen, die es gar nicht geben dürfte. Daß die Frauen am Ende kaum noch wissen, wer sie sind, mit wem sie es zu tun haben und was passiert, daß sie sich als verwirrt und verstört beschreiben, wundert mich nicht. Sie kamen in die Therapie, um »ganz« zu werden, um also ihre abgespaltenen Gefühle zu bearbeiten und in ihre Persönlichkeit zu integrieren. In der Situation des Mißbrauchs passiert durch die Konfusion der Rollen das Gegenteil: Statt daß abgespaltene Anteile integriert würden, werden die bestehenden Abspaltungen verstärkt und vervielfacht; und für diejenigen Frauen, die bereits in der Kindheit mißbraucht wurden, wird der Konflikt, der ihr ganzes Leben überschattete, nicht nur nicht verarbeitet, sondern unter Umständen bis in alle Einzelheiten hinein wiederholt.

Wenn ein Therapeut eine ihm anvertraute Klientin mißbraucht, scheint mir eine Situation gegeben zu sein, in der zwei Menschen aufeinandertreffen, die beide gleichermaßen Grenzfindungsprobleme haben. Einer dieser Menschen jedoch, der Therapeut, hat gleichzeitig die Macht, und diese Macht mißbraucht er, indem er Grenzen des Erlaubten, Vertretbaren und Ethischen unzulässigerweise überschreitet. Daß dies überhaupt möglich ist, liegt zwar daran, daß die Klientin nicht fähig ist, ihre Grenzen zu schützen und zu verteidigen. Das ist in einer Therapie aber auch nicht ihre Aufgabe, denn gerade hier ist sie gehalten, zu vertrauen, sich zu öffnen und die Kontrolle aufzugeben, obwohl die Macht so ungleich verteilt ist.

Zudem sucht manche Frau gerade deshalb einen Therapeuten auf, *weil* sie ihre Grenzen nicht hinreichend schützen kann und deshalb immer wieder in Schwierigkeiten geraten ist. (Für Frauen, die bereits in der Kindheit mißbraucht wurden, ist dies ein typisches Problem.) Daß sie dieses Problem in der Therapie wiederholen wird, ist zu erwarten und kann nicht zur Begründung dafür herhalten, daß sie den Mißbrauch »provoziert« habe. Denn zum Mißbrauch durch den Therapeuten kommt es erst dann, wenn zu den Grenzfindungsschwierigkeiten der Klientin die Unfähigkeit des Therapeuten hinzukommt, zwingend gegebene Grenzen einzuhalten.

Warum diese Therapeuten ihre Grenzen weder klar bestimmen noch einhalten können, steht auf einem anderen Blatt, vermutlich dem ihrer Lebensgeschichte, zu der die immer noch stillschweigend akzeptierte und häufig praktizierte Einstellung kommt, daß Männer ein Recht hätten, über Frauen zu verfügen (vgl. Kapitel: Der mißbrauchende Therapeut).

Wenn aber ein Therapeut ethisch festgelegte Grenzen nicht einhalten kann, seine Impulse nicht unter Kontrolle hat, abhängige Klientinnen mißbraucht, um seinen Mangel an Selbstwertgefühl auf Kosten der Frau auszugleichen, sich der Klientin in einer Vielzahl von Rollen anbietet, die in einer Therapie, in der er der *Therapeut* ist, keinen Platz haben, und zudem nach einem Übergriff unfähig ist, sich seiner Verantwortung zu stellen, sich also mit den Folgen seines Verhaltens auseinanderzusetzen und die nötigen Konsequenzen zu ziehen – dann darf man wohl aus guten Gründen fragen, ob dieser Mann in diesem Beruf am richtigen Platz ist.

Ich habe die betroffenen Frauen kennengelernt. Ich habe ihre Leiden gesehen. Ich habe in den vielen Stunden unserer Gespräche verstanden, wie diese Therapeuten das Leben anderer Menschen für Jahre aufs schwerste belastet haben, und nicht nur das Leben der Frauen, sondern auch das ihrer Kinder und Partner. Von den Frauen, die nicht durchgehalten haben, die den Weg gegangen sind, der nicht wenigen der Betroffenen einmal als einziger Ausweg erschien, wissen wir nichts. Aber daß es sie gibt, dessen bin ich gewiß.

»Ich fühlte mich im tiefsten Innern gedemütigt«
Folgen des sexuellen Mißbrauchs in der Therapie

Du weißt nicht, was Eiseskälte ist
noch was Nacht ist ohne Mond,
und was es heißt, nicht zu wissen,
in welchem Augenblick
der Schmerz dich packen wird.

Ein bitterer Fluß in meinem Inneren
ist das Blut aus meiner Seele.
Aber bitterer noch als Blut
ist auf dem Mund dein Kuß.

DIMITRIS CHRISTODOÚLOU

Eine kleine Episode machte mir kürzlich bewußt, wieviel Unkenntnis über den Charakter und die Folgen des sexuellen Mißbrauchs in der Therapie auch in einschlägigen Fachkreisen anzutreffen ist. Bei einem Vortrag mit dem Titel »Die Übertragung – das Kernstück der psychoanalytischen Therapie«, der von einem Analytiker, der meines Wissens auch als Lehranalytiker tätig ist, gehalten wurde, kam das Gespräch in der anschließenden Diskussion auf das Thema des sexuellen Mißbrauchs. In der betreffenden Stadt hatte es kurz zuvor eine vielbeachtete und außerordentlich gut besuchte Podiumsdiskussion zum Thema gegeben. Die Öffentlichkeit war sensibilisiert. Auf entsprechende Fragen hin meinte der Vortragende: »Ach, dieses Modethema. Dabei ist es bei dem in der letzten Zeit so viel diskutierten Fall nicht einmal zum Geschlechtsverkehr gekommen.« Damit war die Angelegenheit für ihn erledigt.
    Wenn man bedenkt, wie häufig es zu sexuellem Mißbrauch in der Therapie kommt (10 % darf man guten Gewis-

sens als untere Grenze angeben, s. Kapitel »Zahlen, Fakten, Tatbestände«), ist es bedrückend zu sehen, wie stark die Auseinandersetzung mit diesem Tabu mittels abwertender Etikettierung hier abgewehrt wurde. Eine solche Äußerung zeugt darüber hinaus von tiefem Unverständnis bezüglich des Wesens sexuellen Mißbrauchs. Auch in schweren und schwersten Fällen inzestuösen Kindesmißbrauchs kommt es bei weitem nicht immer zum Geschlechtsverkehr. Es gibt genügend andere Möglichkeiten, einen Menschen sexuell zu mißbrauchen. Auch bei Inzesttätern dient das Argument, es sei doch nie zum Geschlechtsverkehr gekommen, am Ende nur zu oft dazu, das eigene mißbräuchliche Verhalten (z. B. das Anfertigen pornographischer Kinderfotos; vor einem Kind onanieren; ein Kind manuell oder oral geschlechtlich zu reizen; das Glied am Körper des Kindes reiben, bis es zum Erguß kommt; das Kind zu manueller oder oraler Befriedigung des Erwachsenen zwingen etc.) zu bagatellisieren. Für das mißbrauchte Kind sind die Schäden so oder so verheerend. Gleiches gilt auch für den Mißbrauch in der Therapie. Es ist ein Irrtum, zu glauben, daß Fälle von Mißbrauch, die einem distanzierten Betrachter auf den ersten Blick weniger gravierend zu sein scheinen – eben solche Fälle, in denen es nicht zum Geschlechtsverkehr kam –, keine schwerwiegenden Folgen für die Frauen hätten. Peter Rutter vertritt sogar die Meinung, daß es sich selbst in Situationen, in denen es in einer Therapie nie zu sexuellen Berührungen gekommen ist, um Mißbrauch handeln kann: »Frauen können in der ›verbotenen Zone‹ (Anm. C. H.: Unter ›forbidden Zone‹ versteht Rutter Beziehungen zwischen Männern und Frauen, die sich im Bereich eines deutlichen Machtgefälles abspielen, namentlich sexuelle Beziehungen zu Therapeuten, Geistlichen, Lehrern, Anwälten und Ärzten) destruktive und erniedrigende Erfahrungen mit Männern machen, die sie nie berühren. Diese Männer nutzen statt dessen ihre berufliche Position im Dienste ihrer sexuellen Phantasien aus. Sie leben ihre Phantasien nie aus; aber statt das Selbstwertgefühl und das Wachstum der Frauen zu fördern, untergraben sie auf subtile Weise ihre Selbstachtung.« (Rutter, Peter, a.a.O., S. 198)

Ich verstehe diese Aussage *nicht* dahingehend, daß jede erotische Phantasie eines Therapeuten bezüglich einer Klientin mißbräuchlich wäre. Daß Phantasien erotischer Natur aufkommen können, scheint mir tatsächlich »menschlich«. Es geht vielmehr um die Art des Umgangs mit diesen Phantasien. Wenn beispielsweise ein Therapeut unter Ausnutzung seiner Vertrauensstellung eine Klientin gezielt über deren Sexualleben und erotische Phantasien ausfragt, um diese Informationen für seine eigenen Phantasien auszubeuten; wenn also der Frau nicht der Therapeut gegenübersitzt, der seine Klientin auch in diesen wichtigen Lebensbereichen verstehen will, sondern ein Mann, der seine Position als Therapeut ausnutzt, um sich an erschlichenem Wissen aufzugeilen – dann würde ich mich nicht scheuen, dieses Verhalten als Mißbrauch zu bezeichnen. Unter dem Begriff »latenter Inzest«, mit dem dieses Verhalten m. E. zu vergleichen ist, beschreibt auch Hirsch, daß die Folgen ebenso gravierend sein können wie beim offen ausagierten Inzest (vgl. hierzu Hirsch, M.: Realer Inzest, a.a.O., S. 174 ff.).

Bevor ich mich mit den Folgen des Mißbrauchs in der Therapie im einzelnen befasse, möchte ich einige Überlegungen zusammenfassen, die es vielleicht verständlicher und nachvollziehbarer machen, warum die Schäden für die Frauen so gravierend sind.

Wenn eine Frau sich der Beziehung zu ihrem Therapeuten öffnet, entsteht im Laufe der Zeit eine außerordentlich intime Situation. Im (vermeintlich) geschützten Raum der Therapie gibt die Klientin oftmals Gedanken, Gefühle und Erlebnisse preis, die sie womöglich nicht einmal ihrem Partner, geschweige denn irgendeinem anderen Menschen jemals anvertraut hat. Diese besondere Intimität bringt es mit sich, daß die Frauen in hohem Maße verletzlich sind. Sie setzen nämlich eine ganze Reihe von Selbstschutzmechanismen, die im »zivilen« Leben unverzichtbar sind, außer Kraft. In dieser Situation entwickelt sich aufgrund der völlig ungleichen Verteilung von Macht in der therapeutischen Beziehung, aber auch aufgrund von Übertragungsgefühlen, die auf die Kindheit zurückdatieren, eine ausgeprägte Abhängigkeit, die durch einen sexuellen Übergriff des Therapeuten in aller Regel verstärkt wird. Dieser Abhängigkeit wegen sind die Frauen nicht in der Lage, sich zur Wehr zu setzen; denn Gegenwehr würde bedeuten, den Mißbrauch als Mißbrauch zu erkennen, und dies würde folgerichtig zur Trennung führen müssen. Wer aber abhängig ist, will um (fast) jeden Preis eine Trennung verhindern.

Die Kombination von Abhängigkeit und Wehrlosigkeit führt nicht nur zu einer zunehmenden Selbstaufgabe, sondern auch dazu, daß eine Frau, die sich aus einer solchen ausbeuterischen Beziehung nicht lösen kann, verschiedenen, in hohem Maße krankmachenden Verhaltensweisen ausgesetzt ist, die für mißbrauchende Therapeuten typisch zu sein scheinen:

a) Wie an den Geschichten meiner Gesprächspartnerinnen zu sehen ist, kommt es häufig vor, daß die Therapeuten den Frauen ihre Gefühle ausreden, indem sie entweder behaupten, die Gefühle der Frauen besser zu kennen als diese selber oder aber die Gefühle als unangemessen und neurotisch abstempeln. Dadurch wird eine bei den Frauen schon bestehende Unsicherheit in bezug auf die eigenen Gefühle verstärkt, und da sie wegen ihrer Abhängigkeit nicht in der Lage sind, hierüber eine offene Auseinandersetzung mit dem Therapeuten zu führen, können sie ihre Gefühle eigentlich nur noch verdrängen und abspalten.

b) Die ausgeprägte Ambivalenz mißbrauchender Therapeuten in bezug auf Nähe und Distanz und das daraus resultierende ständige Wechselbad zwischen zu großer Nähe und kühlem Rückzug hat zur Folge, daß die Frauen nie wissen, woran sie eigentlich sind und was in der jeweiligen Situation gerade von ihnen erwartet wird. Da sie es gewöhnt sind, sich nach den Erwartungen anderer zu richten, geraten sie durch dieses Verhalten in einen Zustand zunehmender Orientierungslosigkeit. Der verzweifelte Versuch, es dem Therapeuten recht zu machen, führt zu immer weitergehender Selbstaufgabe, daher zu anhaltenden Demütigungen und infolgedessen zu einem fortschreitenden Zerfall des sowieso wenig ausgeprägten Selbstwertgefühls. Ganz zutreffend stellte der Therapeut von Barbara U. einmal fest: »Eine Trennung können Sie verkraften. Gefährlich wird es für Sie, wenn Sie fremdbestimmt leben.«

c) Zudem tritt der Therapeut in solchen mißbräuchlichen Beziehungen in verschiedenen, ständig wechselnden Rollen auf (Therapeut und Vater, erotisch interessierter »Partner« und hilfsbedürftiges Kind). Die Frauen wissen nie, welche Rolle wann auf dem Spielplan steht und mit welcher Rolle dementsprechend *sie* reagieren sollen. Die Folge ist eine zunehmende Verwirrung bezüglich der eigenen Identität (Wer bin ich eigentlich? Seine Klientin/Tochter? Seine Geliebte? Seine Mutter?) und der des Therapeuten (Wer ist er eigentlich? Mein Therapeut/Vater? Mein Geliebter? Mein Sohn?).

Je größer die Abhängigkeit einer Frau ist, desto länger wird sie voraussichtlich in dieser kränkenden und krankmachenden Beziehungen verharren. Um so länger ist sie den genannten destruktiven Verhaltensweisen ausgesetzt, und um so größer scheinen die Folgeschäden auch zu sein.

Ganz wesentlich hängen die schwerwiegenden Schäden auch damit zusammen, daß die Frauen in mehr als einer Hinsicht zutiefst enttäuscht werden. Es geht um enttäuschtes Vertrauen, um enttäuschte Liebe und um enttäuschte Hoffnung.

Häufig haben die betroffenen Frauen therapeutische Hilfe gesucht, weil der ursprüngliche Prozeß der Vertrauensbildung in der Kindheit (und damit die spätere Entwicklung einer unabhängigen Persönlichkeit) empfindlich gestört worden ist. Statt daß nun dieser Prozeß mit Hilfe des Therapeuten nachgeholt wird und so der Aufbau einer stabilen psychischen Struktur möglich wird, wird er durch den Mißbrauch wiederum zunichte gemacht.

Der Mißbrauch stellt unter Beweis, daß der Therapeut das ihm entgegengebrachte, oft nur mühsam im Laufe einer längeren Zeit entstandene Vertrauen nicht zu würdigen wußte und es sich dadurch im nachhinein als nicht gerechtfertigt erweist. Die Frauen waren aufgefordert worden, sich dem therapeutischen Prozeß zu öffnen und Vertrauen zu entwickeln.

Sie sind dieser Aufforderung gefolgt, nur um dann erleben zu müssen, daß sie es besser nicht getan hätten. Es ist, als würde ein Vater seine Arme ausbreiten und seiner kleinen Tochter, die auf ein Möbelstück geklettert ist, zurufen: Spring! Ich fang dich auf! um sie dann, wenn sie wirklich springt, fallen zu lassen. Aus dieser Erfahrung heraus fühlen sich die betroffenen Frauen in ihrem Vertrauen zutiefst enttäuscht. Daß als Folge des Mißbrauchs in der Therapie so gut wie immer tiefes und allgemeines Mißtrauen genannt wird, ist auf diesem Hintergrund leicht zu verstehen.

Es geht auch um enttäuschte Liebe, allerdings in einem ganz anderen Sinne, als dies häufig unterstellt wird: Die Liebe ist nicht deshalb enttäuscht, weil die Frauen die erotische Zuwendung des Therapeuten nicht oder nicht auf Dauer erhalten hätten, sondern weil ihnen *anstelle* der fürsorglichen Liebe, die sie so dringend gebraucht hätten, sexuelle Begierde angeboten und aufgedrängt wurde. Einen Menschen zu lieben bedeutet doch – wenn man den anderen wirklich meint –, den anderen in seiner persönlichen Einzigartigkeit wahrzunehmen; es bedeutet auch, ihn zu respektieren, auf seine Möglichkeiten Rücksicht zu nehmen und sich so zu verhalten, daß man ihm keinen Schaden zufügt. Ein sexueller Übergriff aber ist das Gegenteil von so verstandener Liebe. Ein mißbrauchender Therapeut greift zu, nimmt und beutet aus ohne jede Rücksicht darauf, welche Folgen dieses Verhalten für die Frau hat. Ihm fehlt in dieser Situation nicht nur die Fähigkeit, den anderen Menschen überhaupt wahrzunehmen, sondern auch die Fähigkeit zur Rücksichtnahme und die Fähigkeit zu fürsorglichem Verhalten. Mag sein, daß er begehrt und sein Begehren mit Liebe verwechselt. Dann wären wir wieder bei der Frage, ob ein Therapeut, der mißbraucht, überhaupt weiß, was Liebe ist; vielleicht auch bei der Frage, ob er selbst je geliebt worden ist.

Der Therapeut war auch Träger der Hoffnung auf Heilung. An seine Person war der Wunsch geknüpft, die Erfahrung machen zu können, daß Vertrauen gerechtfertigt und Liebe ohne Mißbrauch möglich ist. Wenn es immer wieder zum Mißbrauch kommt, selbst mit einem Mann, von dem ich erwarten durfte, daß er mein Vertrauen nicht mißbraucht – wo

116

ist dann noch ein sicherer Ort? Aus dieser verzweifelten Frage erwächst die Sehnsucht nach dem Tod, und ich glaube, dies ist der tiefste Grund, warum so viele der mißbrauchten Frauen selbstmordgefährdet sind. Sie haben Hilfe gesucht und fanden Mißbrauch – und nicht wenige von ihnen nicht zum erstenmal. Sie haben vertraut und wurden ausgebeutet. Sie haben ihre ganze Person, ihre ganze Liebe in die Waagschale geworfen und erhielten als Antwort gierige Blicke und Hände, die ihren Körper zum wievielten Mal »zerstückelten«: Brust, Hintern, Geschlechtsteil. »Denk bloß nicht, daß ich jetzt in dich verliebt bin«, sagte der Therapeut von Gabriele T. nach dem ersten offenen Mißbrauch. Die Botschaft kommt an: Eine Frau, deren Vertrauen, deren Liebe und deren Hoffnung schon wieder und noch einmal enttäuscht worden ist, wird irgendwann endgültig davon überzeugt sein, daß es an ihr liegt, daß sie sich nie wird schützen können, daß es deshalb immer wieder geschehen wird und daß es daher das beste wäre, für immer zu gehen.

Der Basler Arzt und Psychotherapeut Dr. Marco Nicola, der mit betroffenen Frauen therapeutisch arbeitet, berichtet ebenso wie die Psychoanalytikerin Ursula Wirtz von einer deutlichen Zunahme früherer Symptome bzw. dem Entstehen neuer Symptome nach einem sexuellen Mißbrauch in der vorhergegangenen Therapie. Ich selber fand in meinen Gesprächen folgende, in der mir bekannten Literatur zum Thema bestätigte Schädigungen (Anm.: vgl. hierzu Wirtz, U. (1989): Seelenmord. Inzest u. Therapie, a.a.O. S. 253 ff.; Vogt, I. (1989): Liebe und Sex in der Therapie, a.a.O. S. 45; Schoener, G., Milgrom, J. H., Gonsiorek, J. (1984): Sexual exploitation of clients by therapists. Women & Therapy 3, S. 63–69; Sonne, J., Meyer, CB, Borys D., Marshall, V. (1985): Clients reactions to sexual intimacy in therapy. American Journal of Orthopsychiatry 55, S. 183–189):
– Schock und Verwirrung
– bei Frauen, die bereits früher mißbraucht wurden: Wiederbelebung früherer Mißbrauchserfahrungen, dammbruchartiges Überflutetwerden von bis dahin teils verdrängten Erinnerungen und Gefühlen

- ausgeprägte Ambivalenz dem Therapeuten gegenüber
- Nicht-wahrhaben-Wollen des Mißbrauchs, bagatellisieren
- Trauer und Schmerz
- Schuld- und Schamgefühle
- Angstzustände und Alpträume
- schwere Depressionen
- Gefühle der Wertlosigkeit
- ausgeprägtes Mißtrauen Männern gegenüber
- Störungen im sexuellen Erleben bis hin zur Unfähigkeit, eine sexuelle Beziehung einzugehen oder fortzusetzen
- Beziehungsunfähigkeit
- ständige, nicht zu kontrollierende Grübeleien
- psychosomatische Reaktionen: z. B. massive Schlaflosigkeit, chronische Kopfschmerzen, Eßstörungen
- Alkohol- und Medikamentengefährdung
- Selbstmordgefahr.

Zusätzlich möchte ich zwei Bereiche nennen, die bisher in der Literatur wenig beachtet wurden, in denen sich die Folgen des Mißbrauchs jedoch gravierend auswirken:

1. Drei meiner Gesprächspartnerinnen sind Mütter mit jeweils mehreren Kindern. Alle drei berichteten, daß die Kinder unter den Folgen des Mißbrauchs schwer zu leiden gehabt hätten, da die Frauen über einen längeren Zeitraum innerlich nicht anwesend gewesen seien und sich den Kindern nicht hätten widmen können. Auch die Partnerschaften/Ehen derjenigen Frauen, die in einer solchen Verbindung lebten, wurden für längere Zeit schwer belastet.

2. Mehrere meiner Gesprächspartnerinnen waren über einen längeren Zeitraum nicht mehr arbeitsfähig. Im Fall von Gudrun F. führten die Folgen des Mißbrauchs zur Berufsunfähigkeit und damit zur materiellen Verelendung, die u. U. nicht wieder rückgängig zu machen sein wird, selbst wenn Gudrun F. irgendwann wieder in der Lage sein sollte, berufstätig zu sein. Eine Frau, die nicht mehr ganz jung ist, hat heutzutage nach längerem Ausscheiden aus dem Arbeitsleben nur noch geringe Chancen auf einen Wiedereinstieg.

Ich möchte die Folgen des Mißbrauchs hier noch einmal verdeutlichen, indem ich meine Gesprächspartnerinnen zu Wort kommen lasse.

Marion G., ein Jahr nach dem Abbruch der Therapie

»Nach dem Abbruch der Therapie ging es mir sehr schlecht. Ich hatte furchtbare Depressionen, und drei Monate später wurde ich erneut an Krebs operiert. Meine Kinder haben unter der ganzen Situation sehr gelitten. Ich war monatelang innerlich abwesend, habe tagelang nur in meinem Zimmer gesessen, völlig bewegungsunfähig – grauenhaft. Ich glaube, ich kann es verarbeiten, aber die Wunden sind tief, und es braucht viel Zeit.«

Barbara U., eineinhalb Jahre nach dem Abbruch der Therapie

»In den ersten Wochen und Monaten nach dem Abbruch der Therapie war ich in einer furchtbaren Verfassung. Ich habe eine solche Trauer empfunden, einen solchen Schmerz, dann aber auch Ekel, Wut und einen derartigen Haß, daß ich mich kaum noch zurechtgefunden habe. Ich war verwirrt und fassungslos. Das schlimmste war, daß die Erinnerungen an den Mißbrauch durch meinen Vater mit unglaublicher Gewalt an die Oberfläche drängten – auch viele Dinge, an die ich mich bis dahin nicht hatte erinnern können. Ich habe wochenlang nur noch geweint, kaum noch gegessen, kaum geschlafen. Ich hatte Angst zu schlafen, denn dann kamen diese entsetzlichen Alpträume. Einmal habe ich geträumt, daß mein Vater als halb vermoderte Leiche aus dem Grab nach mir griff. In den Träumen vermischte sich das Bild meines Therapeuten ständig mit dem meines Vaters, ich konnte das nicht mehr auseinanderhalten. Wenn die Erinnerungen kamen, habe ich oft dagesessen und furchtbar gefroren, am ganzen Körper gezittert. Manchmal waren meine Hände richtig blaugefroren, obwohl es Sommer war. Mißbrauch und Eiseskälte, das gehört für mich zusammen. Wie wenn man sich totstellt, in eine Art Erstarrung fällt. Ich habe noch ungefähr ein Jahr lang immer am ganzen Körper gezittert, wenn ich von dieser Sache mit der Therapie gesprochen habe.

In der ersten Zeit hatte ich schlimme Depressionen und war stark selbstmordgefährdet. Ich habe mich furchtbar gedemütigt gefühlt, wie ein Stück Dreck, mit dem jeder machen kann, was er will. Monatelang konnte ich an kaum etwas anderes denken: warum, warum ich, wie hätte ich es verhindern können. Ich hatte darüber keine Kontrolle mehr, es war, als liefe in meinem Kopf ein Film in endloser Wiederholung, den ich nicht anhalten konnte. Beim Gedanken an Männer hat sich mir für längere Zeit der Magen umgedreht. Meine Kinder haben unter der Situation sehr gelitten, vor allem in der ersten Zeit, als ich immer nur dagesessen habe und geweint habe. Ich glaube schon, daß ich diese Geschichte verarbeiten kann. Zu einem guten Teil ist es mir auch schon gelungen. Ich glaube aber, daß noch einige Jahre vergehen werden, bis es wirklich nicht mehr schmerzt, und ein Gefühl von Trauer wird in Erinnerung daran wohl für immer bleiben.«

Gudrun F., sechs Jahre nach dem Abbruch der Therapie
»Ich war nach dem Abbruch der Therapie sehr verwirrt und bin mit meinem Leben nicht mehr zurechtgekommen. Ich war fassungslos, in einem furchtbaren Zustand, voller Wut, Haß, Schmerz. Ich hatte Schlafstörungen und Alpträume und habe viel geweint. Lange hatte ich Angst, daß er vor meiner Türe stehen könnte. Lange Monate hatte ich Angst davor, daß er mich in die Psychiatrie stecken ließe, denn damit hatte er mir immer wieder gedroht. Ich konnte nicht alleine sein, aber unter Menschen ging es mir auch nicht besser. Seit es damals passierte, ist mein Inneres eingefroren. Mir ist oft kalt, ich friere sehr viel. Am Anfang habe ich immer gedacht, das ist alles nicht wahr, ich bilde mir das nur ein. Ich bin durch die Straßen geirrt, völlig orientierungslos. Und viele dieser Probleme habe ich heute noch.

Und dann die ganze Pein während der Prozeßzeit. Seine Lügen in den Schriftsätzen – das war unerträglich. Und daß er immer noch behauptete, er wäre der beste Therapeut im Raum ... Die Schuld hat er mir zugeschoben, von seiner Seite kam keinerlei Schuldeingeständnis. Ich mußte ein Gutachten über mich machen lassen. Nicht der Täter wird begutachtet, sondern das Opfer.

Vor dieser Geschichte war ich ein selbständiger Mensch. Ich war alleine nach Brasilien ausgewandert und hatte dort mehrere Jahre gelebt. Durch den Mißbrauch bin ich unselbständig geworden. Ich würde mich auch als beziehungsunfähig bezeichnen. Ich kann nicht mehr vertrauen. Das liegt daran, daß ich mich auf meine Gefühle nicht mehr verlassen kann; früher konnte ich das, aber ich habe mich in diesem Mann so schrecklich getäuscht, daß ich das Vertrauen in mich selber verloren habe. Deshalb kann ich andere Menschen nicht mehr richtig einschätzen. Männern gegenüber habe ich Angst- und Ekelgefühle. Es fällt mir schwer, mit Männern im selben Raum zu sein. Manchmal kann ich das nicht ertragen und muß rausgehen. Aus diesem Grunde habe ich zum Beispiel eine Arbeitsstelle verloren. Heute bin ich berufsunfähig. Nach dem Abbruch der Therapie hatte ich lange ganz schlimme Schlafstörungen. Damals bin ich auch alkoholabhängig geworden. Dieses Problem habe ich inzwischen aber bewältigt. Ich hatte auch schlimme Depressionen und war stark selbstmordgefährdet. Das ist heute noch immer ein Problem. Ich bin sicher, wenn ich damals noch länger in dieser Beziehung geblieben wäre, wäre ich verrückt geworden oder ich hätte mir das Leben genommen. Ich empfinde es oft so, daß dieser Mann mein Leben zerstört hat. Ich bin seit zwei Jahren arbeitsunfähig und mußte einen Rentenantrag stellen.

Seit dem Abbruch der damaligen Therapie habe ich mehrere Therapieversuche gemacht.

Ich war einmal für drei Monate in einer Tagesklinik, dann für zwei Monate in einer Suchtklinik, noch einmal für zwei Monate in einer Tagesklinik und schließlich für sechs Monate in einer psychosomatischen Klinik. Aber ich fühle großes Mißtrauen.«

Gabriele T., dreieinhalb Jahre nach Abbruch der Therapie
»Die Folgen für die Familie waren sehr schlimm. Ich konnte nichts mehr machen, nicht mehr putzen, nicht mehr kochen, nichts. Manchmal habe ich nur stundenlang dagesessen und gezittert. Oder ich bin im Wald herumgeirrt und habe geweint. Dann habe ich angefangen, ganz viel zu essen. Wenn ich damals berufstätig gewesen wäre, hätte ich aufhören müssen zu arbeiten. Um die Kinder konnte ich mich auch nicht mehr kümmern. Ich konnte an nichts anders mehr denken. Manchmal dachte ich, ich würde mir das alles nur einbilden. Ich konnte nicht glauben, daß das alles noch einmal pas-

siert war. Ich habe dann eine neue Therapie begonnen. Ich brauchte jemanden, der mir das alles erklären konnte. Aber ich war total mißtrauisch und habe keinen richtigen Kontakt zu dem Mann gefunden. Ich würde nie mehr eine richtige Therapie machen können. Ich glaube, ich werde es nie überwinden. Es hört sich blöde an, aber für mich war es Mord. Da ist ein Teil meines Lebens gemordet worden.«

Für mich hört sich dieser Satz nicht blöde an. Blöde hört sich für mich an, wenn ein Fachmann meint, dem Thema gerecht zu werden, indem er es als »Modethema« bezeichnet. Ich will ihm zugute halten, daß er sich mit dem Problem und vor allem mit den Folgen für die betroffenen Frauen wahrscheinlich nie beschäftigt hat. Wenn dem so ist, zeigt sich daran allerdings nur, daß der Zeitpunkt für eine umfassende Auseinandersetzung, die der Bedeutung des Problems gerecht wird, lange überfällig ist.

Das große Schweigen
Von der Unfähigkeit, sich zur Wehr zu setzen

Die negativen Folgen des Mißbrauchs in der Therapie sind in der Regel schwerwiegend, und viele der betroffenen Frauen haben über Jahre darunter zu leiden. Dennoch – und das verwundert auf den ersten Blick – schweigen die meisten, und erst in der letzten Zeit melden sich einige wenige von ihnen zu Wort. Auf den zweiten Blick lassen sich jedoch für das Schweigen eine ganze Reihe von Gründen ausmachen.

In der Zeit unmittelbar nach dem Abbruch der Therapie oder dem Ende der Beziehung zu dem betreffenden Therapeuten scheinen zwei diametral entgegengesetzte Reaktionen typisch zu sein: Ein (gar nicht so kleiner) Teil der Frauen realisiert fürs erste nicht, was wirklich geschehen ist. Wenn eine Erkenntnis allzu schmerzlich ist, sind wir bemüht, ihr aus dem Wege zu gehen, beispielsweise, indem wir unsere Gefühle abspalten. Wir brauchen uns dann über das, was uns widerfahren ist, nicht weiter aufzuregen. Frauen, die als Kind mißbraucht worden sind, berichten des öfteren, daß sie ihren Körper nicht mehr gefühlt hätten. Wenn aber etwas mißbraucht wird, was man nicht fühlt, was also sozusagen nicht existiert, dann fühlt man natürlich auch den Mißbrauch nicht. Vergleichbar können auch seelische Schmerzen anästhesiert und damit aus der (bewußten) Welt geschafft werden. Ursula Wirtz weist ausdrücklich darauf hin, daß die Folgeschäden »zum Teil mit erheblicher Verzögerung eintreten« (Wirtz, U., a.a.O., S. 254). Eine Frau aber, die ihren Schmerz nicht fühlt, wird ihre Erfahrung weder als problematisch ansehen noch gar empfinden. Worüber also reden?

Anderen Frauen geht es unmittelbar nach dem Bruch mit ihrem Therapeuten so schlecht, daß sie nicht in der Lage sind, sich in irgendeiner Form zu wehren. Sie benötigen ihre ganze Kraft, um sich über Wasser zu halten und dabei nicht unterzugehen. Auch diese Frauen schweigen oft.

Um vieles komplizierter verhält es sich mit einer anderen Ursache des Schweigens.

Viele der Frauen, mit denen ich gesprochen habe, haben ihrem Therapeuten eine so tiefe Liebe entgegengebracht, wie sie sie selten oder nie für einen anderen Menschen empfunden haben. Mit dem Bruch der Beziehung löst sich diese Liebe natürlich nicht in Luft auf, und ebensowenig verschwindet die starke Bindung von heute auf morgen. Im Unterschied etwa zu einer Vergewaltigung, bei der das Opfer den Täter nicht kennt, geschweige denn liebt (ich sehe hier von der Vergewaltigung in der Ehe einmal ab), ist die Beziehung zum Therapeuten von starken Ambivalenzgefühlen geprägt. Einen mir persönlich unbekannten Vergewaltiger kann ich hassen, zwischen ihm und mir verläuft eine klare und eindeutige Grenze. Wenn ich aber einen Menschen, der mich mißbraucht, gleichzeitig liebe (auch das eine Parallele zwischen dem Mißbrauch in der Therapie und dem Inzest), fällt es unendlich schwerer, die Grenze klar zu ziehen. Ich werde nicht nur Haß spüren, sondern immer auch Liebe. Die Liebe wird mich binden, während der Haß mich trennt, und diese qualvolle Ambivalenz der Gefühle wird mich handlungsunfähig machen. Solange ich meine Liebe nicht aufgebe, solange ich also nicht bereit bin, mich auch innerlich zu trennen, werde ich deshalb nicht fähig sein, mich zu wehren. Sich wehren bedeutet, eine klare Position zu beziehen, ein klares Nein auszusprechen, eine klare Grenze zu markieren; in diesem Fall wohl auch: einen klaren Vorwurf zu erheben.

Eine Frau, die dazu in der Lage ist, wird der Situation tatsächlich nicht länger hilflos ausgeliefert sein. Aber sie zahlt einen hohen Preis, denn sie muß ihre Liebe verraten. Sie muß nicht nur den geliebten Menschen, sondern auch das idealisierte innere Bild des Therapeuten aufgeben. Sie muß das, was er getan hat, als das erkennen, was es war. Sie muß die Illusion aufgeben, daß es vielleicht doch Liebe und nicht Mißbrauch war. Sie muß den übermächtigen Wunsch, das Vorgefallene so zu interpretieren, daß es sie nicht unerträglich schmerzt, überwinden zugunsten einer realistischeren Wahrnehmung. Insofern haben die Schuldgefühle, von de-

nen die Frauen gequält werden, indirekt eine den Therapeuten entlastende Funktion: Wenn *ich* schuld bin – so die innere
Logik – zum Beispiel weil ich ihn begehrt habe – dann ist *er*
eigentlich doch der gute Therapeut/Vater, den ich weiter lieben kann und dessen Bild ich nicht zerstören muß. (Es leuchtet ein, daß der Haß, die andere Seite der Ambivalenz, sich
dann zum Beispiel in Form von Depressionen gegen die eigene Person kehrt. Irgendwo muß er schließlich bleiben.)

So wird aus dem Satz »Ich habe den Bock zum Gärtner gemacht« die Aussage: »Ich habe den Gärtner zum Bock gemacht« – genaugenommen: Hätte ich den guten Menschen
nicht geliebt/gewollt/begehrt, hätte er mich nicht mißbraucht. Eva läßt grüßen und übernimmt in gewohnter Manier die Schuld für die Vertreibung aus dem Paradies. Der erste Satz beschreibt das Geschehen realistisch – um den Preis
der inneren Trennung. Der zweite ermöglicht das Festhalten
am idealisierten Bild – um den Preis der Selbstbezichtigung.
Wer aber Schuldgefühle hat, wird nicht reden, weil er fürch-
tet, daß auch andere ihm die Schuld am Geschehen geben
werden.

Das Schweigen hat zudem etwas Magisches an sich. Solange ich die Dinge nicht beim Namen nenne, sind sie in gewisser Weise nicht wirklich; solange ich schweige, kann ich
irgendwo im hintersten Winkel meiner Seele glauben, was
immer ich will. Wenn aber andere meine Geschichte hören,
prüfen und beurteilen, wenn andere mir in aller Klarheit sagen: »Das war Mißbrauch. Du machst dir etwas vor«, dann
kann auch ich die Augen nicht ohne weiteres länger ver-
schließen. Ich verstehe daher das Schweigen so vieler Betroffener auch als einen verzweifelten Versuch, den Schmerz der
Erkenntnis zu vermeiden, indem die Erfahrung des Mißbrauchs dem Urteil Dritter, die aus der Distanz einen klare-
ren Blick haben mögen, nicht unterbreitet wird.

Auch der Wunsch, den Therapeuten zu schützen und zu
schweigen, um seine berufliche und familiäre Existenz nicht
zu gefährden, scheint einen ähnlichen Hintergrund zu haben. Er geht nämlich typischerweise mit ganz bestimmten Illusionen einher. Zum einen glauben die meisten Frauen, daß
sie die einzigen waren, denen mit diesem Mann dergleichen

widerfahren ist, daß es sich also sozusagen um einen »Ausrutscher« gehandelt habe. Dies trifft, wie man aus den bisherigen Untersuchungen zum Thema weiß, jedoch nicht zu. Mißbrauchende Therapeuten sind häufig Wiederholungstäter. Zum anderen ist die Existenz eines Therapeuten so leicht gar nicht zu gefährden: Kollegen solidarisieren sich; wer in einem Abhängigkeitsverhältnis steht, hat kaum eine andere Wahl, als sich zumindest aus allem herauszuhalten; Staatsanwälte haben nicht den Mut, Anklage zu erheben; und selbst wenn es zu einem Verfahren kommt, ja selbst wenn ein Therapeut verurteilt worden sein sollte, heißt das noch lange nicht, daß er anschließend nicht wieder als Therapeut arbeitet. Das Mißverhältnis ist offenkundig: Die Therapeuten haben *tatsächlich* das Leben der Frauen belastet, schieben aber den Frauen die Schuld zu. Die Frauen hingegen, die nichts getan haben, was sie sich vorzuwerfen hätten, übernehmen nicht nur allzu häufig die ihnen zugewiesenen Schuldgefühle, sondern schützen darüber hinaus ausgerechnet diejenigen, die selber in keiner Weise Rücksicht genommen haben: weder darauf, daß sie den Frauen schaden, noch darauf, daß deren Familien unter den Folgen zu leiden haben, noch darauf, daß die Folgen ihres Verhaltens in manchen Fällen den beruflichen Ruin der betroffenen Frau mit sich bringen.

Das Schweigen zu brechen bedeutet, eine endgültige Grenze zu ziehen. Die vom Mißbrauch betroffenen Frauen jedoch sind häufig Menschen, die Grenzfindungsprobleme haben. Wie sollten ausgerechnet sie, die unter anderem wegen dieses Problems Hilfe suchten, nach einer derart entgleisten Therapie eine solche Grenze ziehen können? Es ist die Ausnahme, nicht die Regel. Sich wehren zu können setzt voraus, daß man sich verschiedener Dinge sicher ist. Man muß sich sicher sein, die Situation richtig wahrzunehmen, man muß sich sicher sein, angemessene Gefühle zu haben, und man muß sich sicher sein, ein zutreffendes Urteil zu fällen. Mit anderen Worten: Man muß sich seiner selbst sicher sein. Gerade dies jedoch sind die betroffenen Frauen meist nicht.

Neben diesen komplizierten inneren Vorgängen gibt es jedoch auch handfeste äußere Gründe, lieber zu schweigen als zu reden.

Ganz besonders befürchten die Frauen, als unglaubwürdig hingestellt und angesehen zu werden – zu Recht: Natürlich ist das erste, was ein beschuldigter Therapeut tut, daß er die Frau als hysterisch bezeichnet und erklärt, ihre Anschuldigungen seien Ausgeburten ihrer Rachebedürfnisse, nachdem er sich ihrem Begehren standhaft verweigert habe. In der Öffentlichkeit existiert bisher kaum ein Problembewußtsein; daß es so etwas wie Mißbrauch in der Therapie gibt, kommt erst in der letzten Zeit ins Gespräch, und selbst in Fachkreisen geistern viele Vorurteile herum. »Die hat sie doch nicht alle!« oder »Sie wird es schon gewollt haben« sind die gröberen Reaktionen, die nicht unüblich sind. Im Fachjargon hört sich das dann so an: »Diese Frau war in der Vergangenheit Psychiatriepatientin« oder »Sie wird sicherlich auch Anteile gehabt haben«, vielleicht auch: »Sie ist unglaubwürdig. Schließlich nahm sie psychotherapeutische Hilfe in Anspruch«. Mit solchen Formulierungen, die lediglich in wohlgesetzten Worten wiederholen, was der Volksmund kundtut, muß eine Frau, die ihr Schweigen bricht, rechnen. Sie muß sich darauf einstellen, mit Lügen, Verleumdungen, üblen Gerüchten und Unverständnis konfrontiert zu werden. Das ist schwer zu ertragen, und wenn man nicht über ausreichende Kräfte verfügt, sollte man sich sehr genau überlegen, ob es sinnvoll ist, diese Belastungen auf sich zu nehmen.

Interessant finde ich die Parallele zwischen der Diskussion über den Mißbrauch in der Therapie und die ursprüngliche Freudsche »Verführungstheorie«: Im einen wie im anderen Falle wird die Anschuldigung der Frau, sexuell mißbraucht worden zu sein, abgetan und ins Reich der Phantasie verwiesen. In beiden Fällen wird behauptet, der Wunsch der Frau nach einer erotischen Beziehung sei der Vater des Gedankens gewesen und die ungerechtfertigten Anschuldigungen gegen den Vater bzw. Therapeuten seien die Rache der zurückgewiesenen Frau. Nun weiß man heute aufgrund der seit Anfang der achtziger Jahre endlich geführten öffentlichen Diskussion, daß es tatsächlich häufig zum sexuellen Mißbrauch von Kindern, insbesondere Mädchen, kommt. Kaum jemand würde den entsprechenden Bericht eines Kindes heute noch einfach abtun. Ich nehme an, daß eine ähnliche Entwicklung auch hinsichtlich des Problems sexuellen Mißbrauchs in der Therapie einsetzen wird: In zehn oder 15 Jahren wird sich ein anderes öffentliches Bewußtsein entwickelt haben; es wird – anders als heute – Veröffentlichungen, wissenschaftliche Untersuchungen und weitere Gerichtsurteile geben, die die Aussagen der Frauen bestätigen und ihnen recht geben.

Bisher sind Strafverfahren gegen mißbrauchende Therapeuten recht aussichtslos, weil im Strafgesetz dieser Tatbestand (noch) nicht erfaßt ist. In den Vereinigten Staaten z. B. ist das in einigen Bundesstaaten inzwischen anders, und auch in der Schweiz gibt es Bestrebungen, klare strafrechtliche Regelungen zu schaffen. Auch die Aussichtslosigkeit in juristischen Verfahren hält sicher manche Frau davon ab, das Schweigen zu brechen und ihren früheren Therapeuten anzuzeigen.

Ein erstes Urteil des Oberlandesgerichtes Düsseldorf, in dem einer Frau, die von ihrem Therapeuten mißbraucht worden war, Schmerzensgeld zugesprochen wurde, macht inzwischen Mut und zieht bereits eine ganze Reihe anderer Verfahren nach sich. Allerdings ist die Sorge nicht unberechtigt, daß in solchen Verfahren die Frauen ähnliches über sich ergehen lassen müssen wie etwa in einem Vergewaltigungsprozeß.

Schließlich muß eine Frau, die den Namen ihres Therapeuten preisgibt, mit Repressionen seitens des Beschuldigten rechnen; z. B. wird sie in Kauf nehmen müssen, daß er sie unter Umständen wegen übler Nachrede juristisch belangt.

Es gibt viele Gründe, aus denen die betroffenen Frauen schweigen. Jedoch scheint es ein wichtiger Schritt auf dem Weg der inneren Trennung zu sein, das Schweigen zu brechen und den Mißbrauch als das zu benennen, was er ist. Es kann ein erster Schritt zurück zu sich selbst, ein Weg der Selbstbehauptung und der Beginn der Überwindung von Liebe und Haß sein. Den mir bekannten Frauen jedenfalls war es Erleichterung und Hilfe, die Last des Geheimnisses abzuwerfen.

Das Schweigen brechen – das muß nicht heißen, an die Öffentlichkeit zu gehen oder ein juristisches Verfahren einzuleiten. Der erste Schritt heraus aus der Verstrickung kann auch ein Gespräch sein – vielleicht mit einer Frau, die ähnliches durchgemacht hat und versteht, wovon die Rede ist.

Was Therapeutinnen und Therapeuten wissen und beachten sollten, wenn eine in der vorherigen Therapie mißbrauchte Frau zu ihnen kommt

Viele Therapeutinnen und Therapeuten haben noch nie mit einer Frau gearbeitet, die in einer vorherigen Therapie sexuell mißbraucht worden ist. Natürlich bringt die Folgetherapie besondere Probleme mit sich (s. Kapitel: Möglichkeiten der Verarbeitung), aber hier geht es mir zunächst um diejenigen Dinge, die bei den ersten Gesprächen beachtet werden sollten – um diejenigen Punkte, die zu klären mir unerläßlich scheint.

Von allergrößter Wichtigkeit ist es für die Frau, die zu Ihnen kommt, daß Sie ihrer Darstellung Glauben schenken. Oft schweigen die betroffenen Frauen, weil sie befürchten, als unglaubwürdig angesehen zu werden. Sie dürfen aber getrost davon ausgehen, daß eine Frau, die von einem Mißbrauch durch ihren Therapeuten berichtet, wenig Anlaß hat, eine erfundene Geschichte zu präsentieren. »*Meines Erachtens*«, schreibt Hirsch (»Realer Inzest«, a.a.O., S. 194), »*ist es die Angst des Untersuchers, mit Inzest konfrontiert zu werden, die ihn averbale Mitteilungen übersehen oder sprachlichen Mitteilungen keinen Glauben schenken läßt. Es gibt eine lange Diskussion, wieweit man Kindern und Jugendlichen glauben kann, die Erwachsene des sexuellen Mißbrauchs beschuldigen. Inzwischen ist die Diskussion eindeutig entschieden: Kinder lügen praktisch nie, wenn sie detaillierte Angaben über die sexuelle Belästigung durch Erwachsene machen.*« Analog gilt dies wohl auch für die Beziehung zwischen einer Klientin und ihrem Therapeuten.

Bezüglich der Frage, ob es sich bei einer solchen Darstellung um wahnhafte Vorstellungen handeln kann, meinen Apfel und Simon: »Wir bezweifeln, daß es den Zustand eines isolierten Wahns bzgl. einer sexuellen Beziehung zwischen Therapeut und Patientin gibt, ohne daß es – über einen längeren Zeitraum betrachtet – irgendeinen anderen Beweis psychotischen Denkens und Verhaltens gäbe.« (Apfel, R. J., und

Bennet, Simon: »Patient-Therapist Sexual Contact. II. Problems of Subsequent Psychotherapy.« Psychother. Psychosom. 43, 1985, S. 63–68)

Niemand kann es zudem auf Dauer durchhalten, in allen Einzelheiten eine Geschichte zu erzählen, die erfunden und erlogen ist, und auch noch die dazugehörigen Affekte zu produzieren, ohne daß es hierfür eine reale Grundlage gäbe. Es kommt deshalb einer erneuten Traumatisierung gleich, der betroffenen Frau keinen Glauben zu schenken. Ihren Bericht anzuzweifeln, bedeutet nicht nur, die sowieso vorhandenen Schuldgefühle zu verstärken, sondern auch, sie weiter in der Beurteilung ihrer Wahrnehmungsfähigkeit zu verunsichern und damit die Krise zu verschlimmern. Die Erfahrung des Mißbrauchs wird von vielen Frauen als so vernichtend erlebt, daß es ihnen emotional in der ersten Zeit kaum möglich ist, diese Realität in ihrer ganzen Tragweite anzuerkennen. Daher neigen sie unter Umständen dazu – ähnlich, wie wir es von Inzestbetroffenen kennen –, ein Gefühl der Unwirklichkeit dem Erlebten gegenüber zu entwickeln, das so stark sein kann, daß die Frauen selber Mühe haben, das Erlebte als real zu identifizieren.

Wird der Wahrheitsgehalt des Erzählten angezweifelt, steigert sich die Verwirrung, und der Bezug zur Realität wird weiter gelockert statt gefestigt.

Ein zentrales Problem der Folgetherapie wird es sein, ob es gelingt, noch einmal Vertrauen aufzubauen. Es leuchtet ein, daß dies scheitern muß, wenn die betreffende Frau nicht davon ausgehen kann, daß ihr geglaubt wird. Andererseits ist es aber nicht angebracht, Einzelheiten der Geschichte zu erfragen, solange die Klientin zu einer Antwort von sich aus nicht in der Lage ist. Oft braucht sie Zeit, um die peinlichen Details auszusprechen. Diese Zeit sollten Sie ihr lassen.

Wenn Sie tatsächlich den Eindruck haben, daß die Geschichte nicht der Wahrheit entspricht, sollten Sie dies offenlegen und begründen. Entweder lassen sich Ihre Zweifel ausräumen oder Sie müssen eingestehen, daß unter diesen Umständen eine Zusammenarbeit nicht möglich ist.

Für die Frau, die zu Ihnen kommt, ist es von großer Bedeutung, daß Sie eine keinen Zweifel erlaubende Beurteilung bezüglich der Verantwortung für den Mißbrauch abgeben. Es muß eindeutig geklärt sein, daß die hilfesuchende Frau von Ihrer Seite nicht mit Schuldzuweisungen zu rechnen hat und Ihrer Meinung nach die Verantwortung nicht bei ihr liegt. Eine Formulierung wie: »Das hätte niemals passieren dürfen, ganz gleich, wie Sie sich verhalten haben« kann als sehr entlastend und hilfreich empfunden werden. Entsprechend vergrößert ein Kommentar wie der folgende die sowieso vorhandenen Schuldgefühle: »Erst verführen und dann Vergewaltigung schreien – das gilt nicht!« (O-Ton im Gespräch einer hilfesuchenden Frau mit einem Therapeuten.)

Die Frage, welchen Konflikt die Klientin in der vorherigen Therapie wiederholt hat, welchen Anteil sie also in *diesem* Sinne an dem Geschehen hatte, ist eine grundsätzlich andere als die nach der Verantwortung für den Mißbrauch. Ich glaube, daß sie erst zu einem sehr viel späteren Zeitpunkt sinnvoll bearbeitet werden kann.

Ich halte es für wichtig, daß Sie sich Rechenschaft darüber ablegen, wie Ihre eigene Einstellung zu dieser Frage aussieht. Sollten Sie irgendwelche Zweifel daran haben, ob die Frau nicht doch eine Mitschuld trifft, werden Sie ihr nicht helfen können und sollten nicht mit ihr arbeiten.

Für wichtig halte ich es auch, gleich zu Beginn zu klären, in welcher Beziehung Sie selbst zu dem Beschuldigten stehen, und über diese Frage mit der Klientin offen zu reden. Folgende Fragen sollten Sie prüfen:
– Kennen Sie den beschuldigten Therapeuten?
– Wie eng kennen Sie ihn?
– Stehen Sie in irgendeiner Art von Abhängigkeitsverhältnis zu ihm (kollegial, finanziell, z. B. bzgl. irgendwelcher Forschungsprojekte etc.)
– Haben Sie eine persönliche Beziehung zu ihm?
– Entstehen aus Ihrer Beziehung zu ihm Loyalitätskonflikte für Sie?

Sie sollten also prüfen, ob die Kenntnisse über diesen Menschen und die Beziehung zu ihm mit einer Therapie vereinbar sind. Diese Frage sollten Sie aber nicht nur für sich beantworten, sondern auch mit Ihrer Klientin besprechen. Es kann durchaus sein, daß zwar *Sie* der Meinung sind, Sie könnten trotz einer gewissen Verbindung zu diesem Therapeuten mit der Klientin arbeiten, die Frau selber sich Ihnen unter diesen Umständen aber nicht öffnen kann oder will.

Ich halte es für wichtig, den Wunsch der Klientin nach einem Raum, in dem der mißbrauchende Therapeut keinen wie immer gearteten Platz hat, zu respektieren und sie über möglicherweise vorhandene Verbindungen zu informieren. Es ist in dieser Situation daher auch problematisch, Kontakt zum vorbehandelnden Therapeuten aufzunehmen, wie dies in anderen Fällen sicher sinnvoll ist. Unter keinen Umständen sollten Sie dies jedoch tun, ohne ihr Vorgehen mit Ihrer Klientin abgestimmt zu haben.

Die Frauen, die kurz nach einem Mißbrauch in der Therapie erneut Hilfe suchen, sind oft in einer verzweifelten Verfassung. Sie sind verwirrt, schmerzerfüllt, wütend und zutiefst niedergeschlagen. Die Gefühle von Wut und Schmerz haben häufig eine archaische Qualität, und die Darstellung der Ereignisse ist nicht selten ungeordnet und mit überwältigenden Affekten verbunden. Dieser Zustand kann über Wochen oder auch Monate andauern. Für die betroffenen Frauen, die sich ihrer Verfassung sehr wohl bewußt sind, ist es entscheidend wichtig, in diesem Zustand, der ja auch ein Gefühl der Scham über soviel Verwirrtheit und Hilflosigkeit mit sich bringt, mit ruhiger Selbstverständlichkeit, Gelassenheit und Verläßlichkeit angenommen zu werden. Die Frauen brauchen das sichere Gefühl, daß Sie als TherapeutIn diese Verwirrung aushalten können, ohne Schaden zu nehmen, und daß sie sich deshalb nicht aus Rücksicht bremsen müssen.

Da in der vorherigen Therapie die Erfahrung einer zerstörerischen Grenzüberschreitung gemacht wurde, halte ich es für nötig, die Bedingungen für körperliche Nähe und Berührung gemeinsam mit der Klientin genau festzulegen. Zunächst ist es wichtig, noch einmal ausdrücklich darauf hinzuweisen, daß Sie sexuelle Kontakte, in welcher Form auch immer, unter keinen Umständen als gültige therapeutische Methode ansehen. Sie sollten im einzelnen benennen, welche Formen des Körperkontaktes für Sie, wenn überhaupt, in

Frage kommen, und die bindende Vereinbarung treffen, daß Sie bei jeder Form der körperlichen Berührung ausdrücklich nachfragen, ob es der Klientin recht ist, wenn Sie dieses oder jenes tun. An diese Vereinbarung sollten Sie sich mit allergrößter Verläßlichkeit halten. Ihre Klientin muß sicher davon ausgehen können, daß ihr in jeder einzelnen Situation Gelegenheit gegeben wird, sich neu für oder gegen Berührungen zu entscheiden, und daß ihr Nein in jedem Fall akzeptiert wird. In der Therapie mißbrauchte Frauen sind häufig Inzestbetroffene, denen es typischerweise sehr schwer fällt, sich von sich aus abzugrenzen, wenn ein anderer mit ihnen etwas tut, was sie nicht wollen.

Ganz allgemein ist es wichtig, die Autonomie der Frauen zu respektieren und keinen Versuch zu unternehmen, ihre Entscheidungen zu beeinflussen. Das klingt banal, aber beispielsweise in der Frage, ob die mißbrauchte Frau juristische Schritte gegen den früheren Therapeuten unternehmen sollte, ist die Gefahr der Beeinflussung durchaus gegeben. Schließlich geht es auch um den Schutz zukünftiger Klientinnen des mißbrauchenden Therapeuten. Die Klientin sollte nicht den Eindruck bekommen können, daß Sie meinen, besser als diese selbst zu wissen, welche Schritte für sie die richtigen sind. Man sollte sich in diesem Zusammenhang vielleicht noch einmal vergegenwärtigen, daß es eines der Kennzeichen einer Mißbrauchssituation ist, daß der Mächtigere meint, besser als der Abhängige zu wissen, was dieser angeblich wünscht, braucht und fühlt. Eine mißbrauchte Frau läßt sich möglicherweise in dem Bemühen, Ihre Erwartungen zu erfüllen, durchaus dazu bewegen, Dinge zu unternehmen (z. B. eine Strafanzeige zu erstatten), denen sie nicht gewachsen ist und die sie ohne Beeinflussung von außen nicht auf sich genommen hätte. Konkret müssen Sie z. B. bereit sein zu respektieren, daß Ihre Klientin keine juristischen Schritte unternimmt, obwohl Sie dies für wünschenswert halten, und ebenso sollten Sie gegebenenfalls akzeptieren können, daß Ihre Klientin solche Schritte unternimmt, obwohl Sie der Meinung sind, daß diese Aktivitäten ihr mehr schaden als nutzen werden. Das heißt nicht, daß es nicht sinnvoll wäre, Ihre Bedenken mitzuteilen. Aber wenn Ihre

Klientin diese Bedenken nicht teilt, sollten Sie sie nicht daran hindern zu tun, was sie für richtig hält.

Schließlich halte ich es für nötig, sehr genaue und verläßliche Absprachen bzgl. der praktischen Bedingungen der Therapie zu treffen (z. B. Erreichbarkeit in Ausnahmesituationen).

Klare Grenzziehungen sind wichtig, Sonderrechte, die als Bevorzugung verstanden werden können, halte ich für problematisch. Die bevorzugte Position ist mißbrauchten Frauen, vor allem Frauen mit einer Inzest-Vorgeschichte, nur zu gut bekannt.

Die Erfahrung des Mißbrauchs bringt für die betroffenen Frauen ein tiefes Gefühl der Verlassenheit mit sich, denn Mißbrauch heißt immer, allein gelassen zu werden, nicht wahrgenommen zu werden als die Person, die man ist, nicht wahrgenommen zu werden in den Bedürfnissen, die man tatsächlich hat. Wer in seinem ganzen Wesen übersehen, nicht zur Kenntnis genommen und mißachtet worden ist, wird gequält sein von Einsamkeit, Mißtrauen und der tiefen Angst, erneut verlassen zu werden, ohne je zu bekommen, was wirklich not täte. Die Erfahrung der Verläßlichkeit wird daher in der Folgetherapie von allergrößter Bedeutung sein.

Praktische Probleme mit der Folge- therapie: Wer übernimmt die Kosten?

Die Kosten für eine Psychotherapie werden in vielen Fällen zumindest über einen gewissen Zeitraum von den Kranken- kassen übernommen. Wird nun eine Therapie nach einem sexuellen Mißbrauch abgebrochen – und dies ist immerhin bei 58 % der Therapien in den ersten drei Monaten seit dem ersten Sexualkontakt der Fall (vgl. Reimer, Ch. [1990]: Ab- hängigkeit in der Psychotherapie, a.a.O., S. 299) – entsteht für die entsprechenden Frauen eine schwierige Situation. Zwar können oder wollen sich viele Frauen nicht mehr auf einen therapeutischen Prozeß einlassen, aber viele der Be- troffenen halten eine Therapie für nötiger als je zuvor: Sie stehen nicht nur mit den Problemen da, deretwegen sie eine Therapie begonnen hatten, sondern auch noch mit all den neuen Problemen, die durch den Mißbrauch verursacht wor- den sind. Zusätzlich stehen sie vor dem Problem, daß die Krankenkasse die Kosten für die Folgetherapie nicht über- nimmt. Ein Rechtsanspruch auf Übernahme der Kosten für die zweite Therapie besteht seitens der Krankenkassen näm- lich nicht. Es ist mehr als wahrscheinlich, daß ein entspre- chender Antrag abgelehnt wird, und auch ein Einspruch da- gegen ist wenig erfolgversprechend.

Was also tun, wenn das Geld nicht reicht, um die neue The- rapie aus eigenen Mitteln zu finanzieren?

Eine meiner Gesprächspartnerinnen schlug in dieser Si- tuation folgenden Weg ein: Nachdem sie von ihrer Kranken- kasse den Bescheid bekommen hatte, daß auch der Wider- spruch zurückgewiesen worden war, wandte sie sich mit einem persönlichen Schreiben an den Leiter der Bewilli- gungsstelle in der Hauptverwaltung der Krankenkasse. In ihrem sachlich, aber deutlich formulierten Schreiben legte sie ihm gegenüber offen, aus welchen Gründen sie die vorhe- rige Therapie hatte beenden müssen. Das bedeutete automatisch, daß sie den Namen ihres früheren Therapeuten preisgeben mußte. Bis zu diesem Zeitpunkt (sechs Monate nach dem Abbruch der Therapie) war sie hierzu nicht bereit gewesen. Sie änderte ihre Einstellung, als ihr im Rahmen der Auseinandersetzung über die Kostenübernahme bewußt wurde, daß sie nicht nur den seelischen Schaden davongetragen hatte, sondern auch noch finanziell für die Folgen des Übergriffs würde aufkommen müssen, wenn sie den Therapeuten weiter schützte.

Die Krankenkasse reagierte schnell und unbürokratisch. Innerhalb weniger Tage wurde ihr mitgeteilt, daß man ihren Bericht mit großer Bestürzung zur Kenntnis genommen habe und bereit sei, in Anbetracht der Umstände die Kosten der Folgetherapie zu übernehmen.

Auf ein solches Entgegenkommen besteht natürlich keinerlei Anspruch, aber es ist immerhin denkbar, daß nicht nur in diesem Fall seitens der Krankenkassen die Bereitschaft besteht, eine unkonventionelle Entscheidung zugunsten der betreffenden Frau zu treffen.

Bleibt die Krankenkasse bei ihrem ablehnenden Bescheid, besteht die Möglichkeit, beim zuständigen Sozialgericht Klage auf Kostenübernahme zu erheben. Spätestens zu diesem Zeitpunkt muß man aber bereit sein, die Gründe für die Beendigung der vorherigen Therapie zu nennen. Die Klage hat sonst wenig Aussicht auf Erfolg.

In der Begründung des Antrags kann man sich darauf berufen, daß es sich bei der Inanspruchnahme einer neuen Therapie um eine sogenannte »unaufschiebbare Leistung« im Sinne des Sozialgesetzbuches (Band V, Par. 13, Abs. 2) handelt. Die Unaufschiebbarkeit der Leistung liegt in diesem Fall darin begründet, daß durch den Mißbrauch und den daraus resultierenden Abbruch der Therapie eine Notsituation entstanden ist, die sofortige Hilfe zwingend erforderlich gemacht hat und macht. Um diese Tatsache zu belegen, sollte nach Möglichkeit ein sachverständiger Zeuge benannt werden. Das kann zum Beispiel die jetzige Therapeutin/der jetzige Therapeut sein, aber auch beispielsweise jemand, der in einer Beratungsstelle arbeitet und den die betreffende Frau aufgesucht hatte, um Rat und Hilfe zu finden.

Bei der Wahl einer neuen Therapeutin/eines neuen Therapeuten ist es wichtig, darauf zu achten, daß sie/er bei der Krankenkasse auch zugelassen ist oder im Rahmen eines Delegationsverfahrens die Kosten abrechnen kann.

Für den Fall, daß die Kosten für die vorherige Therapie aus eigenen Mitteln gezahlt worden sind, kann der entsprechende Betrag über ein Zivilverfahren, in dem es um die materielle Haftbarmachung des Therapeuten geht (zum Beispiel auch um Schmerzensgeld), zurückgefordert werden (vgl. Kapitel »Rechtslage«). Auch dieser Weg ist bereits erfolgreich beschritten worden.

Schließlich entstand im Zusammenhang mit dem Hearing zum Thema »Sexuelle Übergriffe in der Therapie – Kunstfehler oder Kavaliersdelikt« am 29. Januar in Bonn (Anmerkung: Das Hearing kam auf Einladung der Arbeitsgemeinschaft Frauen in der psychosozialen Versorgung in der Deutschen Gesellschaft für Verhaltenstherapie zustande. Gehört wurden Vertreterinnen und Vertreter von zehn Berufs- und Therapieverbänden.) die Idee, einen Unterstützungsfonds zu schaffen, aus dem unter Umständen ein Teil der Kosten für Folgetherapien an betroffene Frauen gezahlt werden könnte. Die Einrichtung dieses Fonds hat die Düsseldorfer Frauenberatungsstelle übernommen (Adresse: siehe Anhang).

Die mißbrauchte Klientin:
Welche Frauen sind besonders
gefährdet?

1. Über Mitverantwortung, Verantwortung und Schuld

Um Mißverständnisse zu vermeiden, möchte ich der Frage,
welche Frauen besonders gefährdet sind, in der Therapie
mißbraucht zu werden, nicht nachgehen, ohne einige Dinge
noch einmal geklärt zu haben. Es geht um den Zusammenhang von Schuld, Verantwortung und Anteil bezüglich des
mißbräuchlichen Geschehens in der Therapie.

Selbstverständlich: In der therapeutischen Situation begegnen sich zwei Menschen, die in eine komplexe Beziehung
zueinander treten, an der beide ihre Anteile haben. Unter
normalen Umständen bedeutet dies, daß beide auch für die
Folgen ihres Verhaltens verantwortlich sind. In der Therapie
jedoch liegen die Dinge anders. Hier liegt die Verantwortung
für das Beziehungs-Geschehen definiertermaßen beim Therapeuten.

Es ist eine Gratwanderung: Wenn es um das Verständnis
der komplizierten Interaktion zwischen Klientin und Therapeut geht, mag es für die Frau im Rückblick sinnvoll sein
(z. B. in einer Folgetherapie), darüber nachzudenken, welchen Konflikt sie in ihrem Verhältnis zu dem mißbrauchenden Therapeuten wiederholt hat. Unter keinen Umständen
aber darf die Antwort auf diese Frage als Entschuldigung
oder Rechtfertigung für das Fehlverhalten des Therapeuten
benutzt und mißbraucht werden.

Zum Mißbrauch kommt es *nicht* deshalb, weil die Frauen
drogenabhängig sind, in ihrer Kindheit mißbraucht wurden
oder eine »strukturelle Ich-Störung« aufweisen etc., sondern
weil der mißbrauchende Therapeut unfähig ist, mit diesen
Problemen angemessen umzugehen. Eben darin würde sich
aber sein berufliches Können zeigen.

Mir ist nicht wohl, wenn ich Sätze wie die folgenden lese:

»Eine besondere Gefährdung der Abstinenzhaltung des Analytikers entsteht bei der Arbeit mit Patienten, bei denen eine strukturelle Ich-Störung, eine prägenitale Störung vorliegt, eine Struktur, die Variationen der Technik erforderlich macht.« (Cremerius, J. [1988]: »Abstinenz, Maxime u. Realität«, a.a.O., S. 176.)

Es sind vielleicht nur sprachliche Feinheiten, aber bei mir bleibt der Eindruck zurück, die Gefährdung entstehe durch die Patientin, in diesem Fall durch ihre strukturelle Ich-Störung, in anderen Fällen, weil sie verführerisch ist, in dritten, weil sie an Hysterie leidet. Diese Aussage habe ich allzuoft in den verschiedensten Variationen gehört. Wenn ein Therapeut mit »strukturellen Ich-Störungen« nicht umgehen kann, ohne in Gefahr zu geraten, das Abstinenzgebot zu verletzen, sollte er sich vielleicht nicht als Fachmann zur Behandlung psychischer Probleme anbieten, denn als solcher wird er mit derartigen Störungen des öfteren zu tun bekommen.

Ich gestehe gerne zu, daß der Beruf des Psychotherapeuten ein sehr schwieriger Beruf ist, und ebenso, daß es in einer Therapie Situationen geben kann, die außerordentlich schwierig zu handhaben sind und den Therapeuten bis an die Grenze seiner Möglichkeiten fordern. Daraus jedoch zu schließen, daß die Gefahr des Mißbrauchs in der Problematik der Patientin begründet sei, halte ich für eine Tautologie. Das liefe auf die Aussage hinaus, ein Therapeut sei gefährdet, das Abstinenzgebot zu verletzen, weil er Therapeut ist.

Gerade weil die Arbeit eines Psychotherapeuten ihrem Wesen nach mit hohen Gefährdungen verbunden sein kann, halte ich es für notwendig, entsprechend hohe Maßstäbe an die Persönlichkeit und die Fähigkeiten eines Therapeuten anzulegen. In jedem anderen Beruf jedenfalls, der mit großen Gefährdungen verbunden ist, erwarten wir selbstverständlich und zu Recht, daß die in diesem Beruf Tätigen die Voraussetzungen dafür mitbringen, mit den Gefahren, die in ihrer Arbeit liegen, fachmännisch umzugehen. Nur weil sie dies können, sehen wir sie als Fachleute an. Ich kann mir zum Beispiel kaum vorstellen, daß etwa ein Fachmann, der in einem Atomkraftwerk Sicherheitsvorkehrungen nicht genügend beachtet und dadurch einen Unfall verursacht hat, von der Öffentlichkeit mit dem Hinweis entschuldigt wäre, daß in seiner Arbeit allzu große Gefahren liegen und sein Versagen menschlich sei. Ganz im Gegenteil würde man wohl sagen: Seine Arbeit ist gefährlich, und wenn er ihr nicht gewachsen ist, muß er daran gehindert werden, sie weiter auszüben.

Gerade bei der Frage, welche Frauen besonders gefährdet sind, in der Therapie mißbraucht zu werden, sehe ich die Gefahr, auf subtile Art immer wieder die Frauen selbst für den Mißbrauch verantwortlich zu machen. Wenn ich mich also überhaupt mit dieser Frage beschäftige, dann deshalb, weil die Antwort die Voraussetzung dafür ist, sich sinnvolle Gedanken darüber zu machen, wie eine Frau sich vor einem Mißbrauch in der Therapie schützen kann.

Wie ignorant die Positionen mitunter sind, die in diesem Zusammenhang auch von Fachleuten vertreten werden, und wie sehr sich die Argumente bezüglich des inzestuösen Kindesmißbrauchs und des Mißbrauchs in der Psychotherapie gleichen, möchte ich an folgendem Passus zeigen, den ich unter dem Stichwort »Inzest« in einem Lexikon der Psychologie (»Lexikon der Psychologie«, herausgegeben von W. Arnold, H. J. Eysenck u. R. Meili, Freiburg 1988 [!]) fand: ». . . Weibliche ›Opfer‹ sind bei Tatbeginn in der Pubertät . . . , . . . häufig mit Symptomen gestörter Persönlichkeitsentwicklung belastet (ca. 70 %), die jedoch nach Tatbeginn nicht häufiger auftreten als davor.«

Hier sind tatsächlich *alle* Vorurteile beisammen, die sich auch hinsichtlich des Mißbrauchs in der Therapie finden:

1. Die »Opfer« sind, wie die Anführungsstriche verdeutlichen, in Wirklichkeit gar keine Opfer; man darf vermuten, daß sie den Inzest/Mißbrauch gewollt haben.

2. Zum Inzest/Mißbrauch kommt es in der Mehrzahl der Fälle aufgrund der gestörten Persönlichkeit der angeblichen Opfer.

3. Die Probleme, die die angeblichen Opfer haben, hatten sie schon vor dem Inzest/Mißbrauch. Der Inzest/Mißbrauch hat demzufolge keine schädlichen Folgen.

Zynischer, finde ich, kann man es kaum formulieren.

2. Erhöhte Gefährdung: Inzestproblematik, Drogenabhängigkeit, Borderline-Syndrom

Frauen, die bereits in der Kindheit sexuell mißbraucht wurden, sind, darüber besteht Einigkeit, in besonderem Maße gefährdet, in der Therapie erneut mißbraucht zu werden, wenn sie auf einen entsprechenden Therapeuten treffen. Smith (1984: a.a.O., S. 93) berichtet, daß von den in der Therapie mißbrauchten Frauen, die er kennenlernte, *alle* bereits in der Kindheit mißbraucht worden waren. Hirsch (1990: a.a.O., S. 170) schreibt in diesem Zusammenhang: »Die Reihe der traumatischen Beziehungen könnte dann (bei Inzestopfern, C. H.) folgendermaßen aussehen: Inzest mit dem Vater, sexueller Mißbrauch durch Fremde in der Kindheit, entsprechender Ehepartner, sexueller Mißbrauch durch Arzt oder Therapeuten.« Von meinen fünf Gesprächspartnerinnen waren drei in der Kindheit mißbraucht worden. (vgl. hierzu auch: Wirtz, U., 1989, a.a.O., S. 246; Rutter, P., 1990, a.a.O., S. 73; Ehlert, M., 1990c, a.a.O., S. 10).

Vogt nennt zwei weitere Problemkreise, die eine erhöhte Gefährdung mit sich zu bringen scheinen: »Nach Gutheil . . . lassen sich Therapeuten, die selbst unter erheblichen Helfer-Phantasien leiden, besonders leicht von Patientinnen mit Borderline-Störungen . . . ›manipulieren und verführen‹. . . . Borderline-Patientinnen präsentieren sich dem Therapeuten oft als Personen, die besonders ihrer Zuwendung bedürftig sind.« (Vogt, 1989, a.a.O., S. 43) In der Darstellung der ersten Ergebnisse ihrer kleinen Umfrage zum Thema »Liebe und Sex in der Therapie« aus dem Bereich der Suchtkrankenhilfe schreibt sie weiter: »Suchtkrankenhelfer, die die Abstinenzregel verletzen, verweisen oft darauf, daß süchtige Frauen solche Beziehungen herauszufordern scheinen: Sie betteln um Liebe und bieten sich an als Liebesobjekte.« (Vogt 1990, a.a.O., S. 104)

Nun gibt es zwischen diesen drei Bereichen – Inzestproblematik, Suchtproblematik, Borderline-Syndrom – in zweifacher Hinsicht einen Zusammenhang: Zum einen handelt es sich in allen drei Bereichen (auch) um eine Grenzfindungsproblematik. Ferner gilt:

a) Die Zahl der Frauen, die als Kind mißbraucht wurden, ist unter den drogenabhängigen Frauen sehr hoch. Hirsch (1987, a.a.O., S. 182) nennt eine Zahl von 44 % der in einer New Yorker Beratungsstelle betreuten weiblichen Drogenabhängigen.

b) Ursula Wirtz weist darauf hin, »daß sehr früher Mißbrauch eine tiefgehende Identitätsstörung bewirken kann, die diagnostisch als Borderline-Persönlichkeitsstörung zu bezeichnen ist.« (1989, a.a.O., S. 82)

Natürlich sind nicht alle Frauen, die von ihrem Therapeuten mißbraucht werden, Inzestopfer. Rutter (1990, a.a.O., S. 74) z. B. nennt als gefährdende Voraussetzungen auch grobe Vernachlässigung in der Kindheit, die zu einer Art wahlloser Annahme jeder Form von Aufmerksamkeit führt. Ebenfalls für gefährdet hält er Frauen, deren Mitleid früher ausgebeutet wurde, indem die Eltern ihnen die Rolle zuwiesen, ihre Verletzungen zu heilen. Diese Frauen seien in Gefahr, sich immer wieder in ausbeuterische Beziehungen verwickeln zu lassen. (Allerdings treffen diese beiden Bedingungen auf in der Kindheit mißbrauchte Frauen in aller Regel ebenfalls zu.)

Smith (1984, a.a.O., S. 95 f.) entwickelt aufgrund seiner Erfahrungen folgendes »Opferprofil«, das einen (erneuten) Mißbrauch wahrscheinlich werden läßt, wenn die entsprechenden Frauen auf einen ausbeuterischen Therapeuten treffen:

– ausgeprägter Mangel an Selbstwertgefühl
– Tendenz zur Selbstentwertung
– soziale Ängstlichkeit und Zurückgezogenheit
– depressive Stimmungen
– chronische Gefühle von Hilflosigkeit und Abhängigkeit
– Überidealisierung des Therapeuten
– enge Vaterbindung
– nicht erreichbare, zurückweisende Mutter.

3. »Opferprofil« und Frauenrolle

Ich möchte mich im folgenden mit einigen der zum »Opfer-profil« gehörenden Problemen befassen, die für Inzestopfer meist gegeben sind, jedoch auch Frauen, deren persönliche Geschichte einen andern Hintergrund hat, nicht gänzlich un-vertraut sein dürften.

Inzestopfer...

a) Frauen, die in der Kindheit mißbraucht wurden, hatten we-nig Gelegenheit, ein starkes Ich zu entwickeln und zu einer autonomen Persönlichkeit heranzureifen. Diese Frauen sind geprägt von Abhängigkeitsstrukturen. Sie haben von klein auf gelernt, sich nach den Erwartungen anderer zu richten. Die eigenen Bedürfnisse sind oft so tief verschüttet (oder hatten nie Gelegenheit, sich zu entfalten), daß die Frauen sich über ihre Gefühle häufig nicht im klaren sind. Dies gilt insbe-sondere für ihre erotischen und sexuellen Wünsche, denn sie sind es gewöhnt, daß nicht sie selbst, sondern ein anderer ihre sexuellen Grenzen kontrolliert. Diese Frauen machen sich deshalb oft die Bedürfnisse anderer zu eigen, ohne *ihre* Bedürfnisse von denen des anderen unterscheiden zu kön-nen. Die Grenze zwischen »Ich« und »Nicht-Ich«, zwischen »mir und dem anderen« verschwimmt demzufolge. Wer aber nicht weiß, was er selber will, ist oft nicht einmal in der Lage, Ausbeutung und Mißbrauch als solche zu erkennen, ge-schweige denn, dem ein klares »Nein« entgegenzusetzen.

b) Frauen, die als Kind mißbraucht wurden, mußten für ihren Vater meist Partner- und Mutterersatz sein. Sie bringen daher die innere Bereitschaft mit, sich die Probleme anderer, im Falle des Mißbrauchs in der Therapie die des Therapeu-ten, zu eigen zu machen und die Verantwortung für die Lö-sung dieser Probleme zu übernehmen. Sie stellen sich bereit-willig als Helferinnen zur Verfügung, wenn entsprechende Appelle an sie gerichtet werden und der Therapeut mehr oder weniger offen zu verstehen gibt, daß er Probleme hat und Hilfe braucht.

c) Inzestopfer kennen Nähe oft nur in Form einer früh aufgezwungenen Verknüpfung mit Sexualität. Sie können sich daher nicht vorstellen, daß es Liebe und Zuneigung geben kann, ohne daß sie dafür mit ihrem Körper bezahlen müssen. Deshalb neigen sie u. U. dazu, Beziehungen, die ihnen wichtig sind, zu erotisieren. (Vgl. hierzu auch Rutter, 1990, a.a.O., S. 5) »Die verführerischen Tendenzen des Inzestopfers«, so Hirsch (1987, a.a.O., S. 170) werden auch »als Test verstanden, ob in einer neuen Beziehung (z. B. in der therapeutischen) wieder – wie früher – Sexualität notwendig ist, um Zuwendung zu bekommen, oder nicht.«

Inzestopfer empfinden es auch nicht als ungewöhnlich, wenn ein Therapeut seine »Liebe« in Form von sexuellen Wünschen zum Ausdruck bringt; diese Kombination ist ihnen bestens vertraut.

d) Inzestopfer übertragen die Ohnmachtsgefühle aus der mit dem Vater erfahrenen Mißbrauchsituation auf den mißbrauchenden Therapeuten. Das kleine Mädchen hatte keinerlei Chance, sich gegen die Übergriffe des Vaters zu wehren; nicht selten wurde es körperlich bedroht. Es hatte daher keine andere Möglichkeit als die der »Identifikation mit dem Aggressor«: »Schwer zu erraten ist das Benehmen und Fühlen von Kindern nach solcher Gewalttätigkeit: Ihr erster Impuls wäre: Ablehnung, Haß, Ekel, kraftvolle Abwehr ... wäre (diese Reaktion, C. H.) nicht durch eine ungeheure Angst paralysiert ... Die überwältigende Kraft und Autorität des Erwachsenen macht sie stumm ... Doch dieselbe Angst ... zwingt sie automatisch, sich dem Willen des Angreifers unterzuordnen, jede seiner Wunschregungen zu erraten und zu befolgen, sich selbst ganz vergessend sich mit dem Angreifer vollauf zu identifizieren.« (Ferenczi, S., a.a.O., S. 323 f.)

Auf dem Hintergrund regressiver Prozesse in der Therapie greift dieser Mechanismus auch gegenüber dem mißbrauchenden Therapeuten und macht die Frauen entsprechend wehrlos.

... und Frauenrolle

a) Wir Frauen leben immer noch in einer Gesellschaft, in der wir aufgrund unseres Geschlechts in vielen Bereichen von vornherein schlechtere Chancen haben als Männer. Noch immer spricht man uns Fähigkeiten und Begabungen ab und verwehrt uns den Zugang zu Bereichen des gesellschaftlichen Lebens, die Männern selbstverständlich offen stehen – sei es die Politik, die Wirtschaft, die Wissenschaft oder die Kunst. Unser Selbstwertgefühl ist deshalb häufig nur schwach entwickelt. Wir sind es gewöhnt, unsere Bedürfnisse zurückzustellen und uns den Erwartungen anderer – insbesondere den Erwartungen, die Männer an uns haben, anzupassen. Die Scharen derer, die auf ihre Autonomie verzichten und statt dessen Anpassungsleistungen jeglicher Art vollbringen, nur um die Zuwendung von Männern nicht zu verlieren, ist Legion. Daß unsere Lebendigkeit, unsere Identität, unser Ich dabei auf der Strecke bleiben – wen kümmert das?

b) Besonders gerne weist man(n) uns soziale Aufgaben zu. Wir sind Mütter, Erzieherinnen, Lehrerinnen, Hebammen, Krankenschwestern, und wenn's hoch kommt, Ärztinnen oder Ministerin für Frauen, Familie und Gesundheit. Wir sind es gewöhnt, uns anderer Leute Probleme zu eigen zu machen und uns als Nährerinnen, Helferinnen und Heilende zur Verfügung zu stellen.

c) Welche von uns Frauen hätten nie die Erfahrung gemacht, als Sexualobjekt betrachtet und behandelt zu werden? Wir alle haben gelernt, daß wir den sexuellen Wünschen der Männer Genüge tun müssen, wenn wir ihre Zuwendung nicht verlieren wollen. Sein Wunsch sei uns Gebot – z. B. die Erfüllung unserer ehelichen Pflichten. Welche von uns hätte noch nie die Erfahrung gemacht, daß Männer über unsere Körper verfügen, ohne sich um unsere Wünsche und Bedürfnisse zu kümmern? Wir sind es so sehr gewöhnt, zum Objekt der Begierde gemacht zu werden, daß es uns fast normal erscheint, wenn der Preis für Zuwendung unser Körper ist, und es uns fast unmöglich wird, eine Vorstellung von der eigenen Sexualität zu entwickeln.

148

d) Pornographie, Prostitution, Gewalt in der Ehe und Vergewaltigungen führen uns alltäglich vor Augen, mit welcher Selbstverständlichkeit viele Männer über uns Frauen verfügen, uns demütigen oder zerstören. Wir haben es im übrigen gar nicht gelernt, uns zu wehren. Wir sind zur Anpassung erzogen worden, und angesichts der vielfältigen Ungerechtigkeiten und Übergriffe fühlen wir uns manchmal so ohnmächtig, daß es fast aussichtsreicher erscheint, sich mit den Gegebenheiten abzufinden, sich mit den Zielen der Männer zu identifizieren und auf diesem Wege von ihren Vorrechten immerhin ein wenig zu profitieren – wenn auch um den Preis der Selbstaufgabe.

Ich weiß – die Welt ist nicht schwarz/weiß. Männer sind nicht immer Ausbeuter und Frauen nicht immer Opfer. Die Verhältnisse sind um vieles komplizierter.

Dennoch: Bei Vergewaltigung, Inzest und sexuellem Mißbrauch in der Therapie eignen sich Männer mit physischer oder psychischer Gewalt den Körper einer Frau/eines Mädchens an, um Macht über die Seele zu gewinnen.

Ich will die Grenze nicht verwischen. Ich will gewiß nicht behaupten, die alltägliche Benachteiligung und Ausbeutung von Frauen, an die wir alle so sehr gewöhnt sind, daß sie uns kaum noch auffällt, sei nichts anderes als die Gewalt, die sich in Vergewaltigung und Mißbrauch so zerstörerisch Bahn bricht.

Wohl möchte ich aber darauf aufmerksam machen, daß zwischen diesen extremen Formen sexueller Gewalt und dem ganz alltäglichen Muster von Macht und Ausbeutung, das bis heute in Gesellschaften wie unserer das Verhältnis der Männer zu den Frauen prägt, gewisse Zusammenhänge bestehen.

Um also auf die Frage zurückzukommen, welche Frauen besonders gefährdet sind, Opfer der Ausbeutung durch einen mißbrauchenden Therapeuten zu werden: Mangel an Autonomie, Abhängigkeitsstrukturen, Anpassungsleistungen, Bereitschaft, eine helfende Rolle zu übernehmen und sich für die Lösung der Probleme anderer verantwortlich zu fühlen – das alles sind Merkmale, die in hohem Maße auf bereits in der Kindheit mißbrauchte Frauen zutreffen. Aber welche von uns Frauen hätte diese Eigenschaften *nicht* mehr oder weniger ausgeprägt an sich selber kennengelernt.

Wir werden – ganz unabhängig von unserer speziellen Vorgeschichte – so lange grundsätzlich gefährdet sein, Opfer sexueller Gewalt zu werden, wie Männer daran festhalten, ihre Machtansprüche uns Frauen gegenüber geltend zu machen, indem sie Sexualität als Mittel der Destruktion einsetzen.

Der mißbrauchende Therapeut

Gegensätzlicher könnten die Positionen kaum sein. »Aufgrund seiner tiefen Identifizierung, seiner exklusiv empathischen Haltung«, schreibt Cremerius (1988, a.a.O., S. 178), »gleitet er (der Analytiker, C. H.) aus dem Phantasiebereich in den der sexuellen Aktion«. Nach einem solchen Zitat mag man das Wort »Mißbrauch« gar nicht in den Mund nehmen, scheint er doch aus der Einfühlung des Analytikers hervorzugehen, aus der »eine besondere Gefährdung der Abstinenzhaltung des Analytikers entsteht« (ebd., S. 176). Von der Gefährdung der Klientin ist hier mit keinem Wort die Rede. Statt dessen geht es um die Gefährdung einer Haltung. Auch Sprache kann beschönigen und verschleiern. Wenn ein Problem nur abstrakt genug dargestellt wird, fällt es tatsächlich schwer, es in seiner Tragweite noch richtig verstehen und einschätzen zu können.

»Nimmt man alles zusammen, was man bisher über die Täter weiß«, meint demgegenüber Vogt (1989, a.a.O., S. 44), »dann kann man nur . . . festhalten, daß es sich um pathologische Fälle handeln muß.« Und zwischen diesen Positionen schließlich Rutter: »Ich stellte fest, daß die Männer, die mit Patientinnen . . . sexuelle Beziehungen eingehen, gerade nicht die offensichtlich gestörten Persönlichkeiten sind, die bei Gelegenheit in den Schlagzeilen auftauchen. Statt dessen handelt es sich um gebildete Fachleute, bewunderte Führer von Gemeinwesen und respektable Familienväter, deren Integrität wir als garantiert anzusehen sehr geneigt sind« (Rutter, 1990, a.a.O., S. 1 f.).

Wie also zu einer angemessenen Beurteilung derjenigen Therapeuten gelangen, die sexuelle Beziehungen mit Klientinnen eingehen? Es geht nicht darum – und es ist mir wichtig, dies zu betonen – einem Therapeuten vorzuhalten, daß er sich erotisch von einer Klientin angesprochen fühlt oder sich in sie verliebt. Wohl geht es aber um den alles entscheidenden Unterschied zwischen Phantasie und Realität. Es geht um die Frage, wie ein Therapeut mit Gefühlen der Attraktion und Zuneigung einer Klientin gegenüber umzugehen versteht. Es geht darum, Grenzen zu erkennen und sie zu respektieren: »Die Phantasien eines Mannes in bezug auf eine Frau gehören ihm. Die wirkliche Frau nicht« (Rutter, a.a.O., S. 97).

Werden die Grenzen nicht gewahrt – kommt es also zu einer mißbräuchlichen Beziehung –, scheint es notwendig zu differenzieren, denn beim Mißbrauch in der Therapie handelt es sich um eine Problematik, die sehr verschiedene Ausmaße annehmen kann.

1. Die Grauzone der Gefährdung

Ich glaube, daß es eine Grauzone der Gefährdung gibt, von der recht viele Therapeuten betroffen sind. Diese Therapeuten sind davon überzeugt, daß sie für die teils extremen Formen sexuellen Mißbrauchs, wie auch ich sie in diesem Buch beschrieben habe, niemals anfällig wären. Jedoch könnte es ihnen unter Umständen Mühe bereiten, die Grenze zu wahren, falls sie sich heftig in eine Klientin verlieben.

Rutter (1990, a.a.O., S. 102 ff.) nennt als allgemeinen Hintergrund dieser Gefährdung u. a. die fehlende Intimität zwischen Vater und Sohn, die dazu führt, daß die Söhne in der selbstverständlichen Annahme aufwachsen, daß Frauen ihnen als Quelle physischer, emotionaler und sexueller Intimität immer zur Verfügung stehen werden, sowie die bei vielen Männern problematische Beziehung zu ihrer Mutter. Für besonders gefährdet hält er Männer, die

a) nicht genügend Respekt vor den Grenzen einer Frau haben, weil die Mutter mit dem Sohn zu stark verschmolzen war. Diese Männer, so Rutter, können nicht glauben, daß ein anderer Mensch tatsächlich etwas anderes als sie selber wollen kann;

b) gegenüber Frauen Haß empfinden, weil die Mutter dem Sohn gegenüber zu große emotionale Distanz gewahrt hat;

c) Frauen immer wieder zum Opfer machen, weil sie ihre Mutter seinerzeit in dieser Opferrolle erlebten und die Mütter nichts dagegen unternahmen, zum Opfer gemacht zu werden.

Da das Problem des sexuellen Mißbrauchs in der Aus- und Weiterbildung von TherapeutInnen bislang kaum eine Rolle spielt, sind Therapeuten, die ich dieser Grauzone zurechnen würde,

a) nicht darauf vorbereitet, mit einer Situation umzugehen, in der sie die Distanz zu einer Klientin verloren haben

b) in der Regel über die Folgen des Mißbrauchs für die betreffende Frau nicht informiert;

c) insofern in einer unglücklichen Situation, als das Thema bisher weitgehend tabuisiert ist und daher kein Klima existiert, in dem sie offen über ihren Konflikt sprechen und die notwendige Hilfe finden können, *bevor* es zum Mißbrauch kommt.

Den in diesem Sinne gefährdeten Therapeuten wäre m. E. sehr geholfen, wenn das Thema in Aus- und Weiterbildung entsprechend seiner Bedeutung berücksichtigt würde.

2. Mißbrauch als »Ausrutscher«

Ich persönlich bin der Meinung, daß es tatsächlich Therapeuten gibt, die zu ihrer eigenen Bestürzung in eine mißbräuchliche Beziehung »hineingeschlittert« sind, die jedoch in der Lage sind, dieses Fehlverhalten einzugestehen und die entsprechenden Konsequenzen zu ziehen. Allerdings glaube ich, daß dies relativ selten vorkommt. Bisher habe ich von zwei derartigen Fällen Kenntnis. Von dem einen hörte ich in einem persönlichen Gespräch, den anderen fand ich bei Rutter beschrieben (a.a.O., S. 58 ff).

Die »entsprechenden Konsequenzen zu ziehen« würde m. E. bedeuten, daß der Therapeut bereit ist, die Verantwortung für sein Verhalten zu übernehmen, sich bei der betroffenen Frau ausdrücklich entschuldigt, Wiedergutmachung anbietet (auch finanzieller Art, denn es kann z. B. nach einem Abbruch der Therapie für die Frau zu einem großen Problem

werden, die Folgetherapie zu finanzieren, da die Krankenkasse sie nur in seltenen Fällen übernehmen wird) und sich
der Auseinandersetzung stellt. Das würde bedeuten, daß er
selber noch einmal eine Therapie macht bzw. auf jeden Fall
Supervision in Anspruch nimmt, vielleicht auch für eine
Weile nicht therapeutisch arbeitet, bis er seine Konflikte so
weit geklärt hat, daß sie seine KlientInnen nicht mehr gefährden. Wenn man sich bewußt bleibt, wie schwerwiegend die
Folgen eines Mißbrauchs für die betroffene Frau sein können, scheinen mir diese Konsequenzen nicht unangemessen.
Es ist notwendig, sich von der Auffassung zu verabschieden,
beim sexuellen Mißbrauch in der Therapie handele es sich
um ein Kavaliersdelikt. Auch »Ausrutscher« sollten nicht ba-
gatellisiert werden, denn für die betroffene Frau ist es zunächst nicht von Bedeutung, ob sie die erste und einzige, die
dritte oder die zehnte war.

3. Wiederholungstäter

Die Angaben über die Häufigkeit von Wiederholungen weichen erheblich voneinander ab: Ehlert (1990c) spricht von
80 % Wiederholungstätern; Rutter (a.a.O., S. 35) nennt ebenfalls 80 % Wiederholungstäter, die im Durchschnitt mit
sechs Patientinnen Verhältnisse eingingen. (Diese Angabe
ist leider sehr ungenau. Weder kann man ihr entnehmen, um
welche Studie es sich handelt, noch für welchen Personen-
kreis – Ärzte allgemein oder nur Psychiater – diese Angaben
gelten.). In der Gartrell-Studie (1986) werden 33 % Wiederholungstäter genannt (vgl. auch Reimer 1990, a.a.O., S. 298).
    Bei Wiederholungstätern scheint es sich um Menschen
mit einer spezifischen Problemlage zu handeln. Ich werde
weiter unten hierauf zurückkommen.

Rahmenbedingungen, die zu einer der Voraussetzungen des Mißbrauchs werden können

Psychotherapeut – ein ungeschützter Titel

Wer den Psychotherapiemarkt kennt, weiß, wie groß das Angebot an mehr oder weniger seriösen Therapien inzwischen ist. Er weiß auch, daß sich auf diesem Markt eine Vielzahl von Anbietern als Therapeuten tummelt, deren Ausbildung ebenso dubios ist wie die Methoden, mit denen sie arbeiten. Da der Titel »Psychotherapeut« gesetzlich nicht geschützt ist, können sich auch Personen mit ihm schmücken, die über keinerlei fundierte Kenntnisse verfügen. Solche »Therapeuten«, die keine sind, gibt es häufiger, als man denkt.

Unangenehm ist die Erkenntnis, daß sich Art, Ablauf und Folgen eines Mißbrauchs durch einen dieser selbsternannten Therapeuten nicht von Art, Ablauf und Folgen eines Mißbrauchs zu unterscheiden scheinen, den ein hochqualifizierter Fachmann begeht.

Mängel in Aus- und Weiterbildung

Wie der Studie von Retsch (1990, a.a.O.) zu entnehmen ist, beklagen die dort befragten VerhaltenstherapeutInnen, daß das Thema in der Ausbildung nie (28,3 %), sehr selten (40,6 %) oder nur manchmal (23,9 %) behandelt wurde, während 92 % der Befragten dies für dringend erforderlich hielten.

»Besonders von professioneller Seite«, schreibt Ursula Wirtz (1989, a.a.O., S. 245) »sind die Widerstände groß, sich mit diesem Schattenaspekt unseres Berufes auseinanderzusetzen. An den analytischen Ausbildungsinstituten sind sexuelle Grenzüberschreitungen in der Therapie kein Thema.« Und Cremerius (1988, a.a.O., S. 171 ff.) merkt zu diesem Thema an: »Die institutionalisierte Psychoanalyse versäumt es, die aufklärerische Kraft ihrer Theorie auf sich selber anzuwenden ... Das Thema der Abstinenz wird in der offiziellen psychoanalytischen Literatur kaum behandelt.« In seiner anschließenden Reflexion über Lehranalyse und Abstinenz kommt er zu dem Ergebnis, »daß der Analytiker schlecht vorbereitet in das bedrohliche analytische Feld eintritt« (ebd., S. 174).

Auch in der Weiterbildung sieht es nicht viel besser aus. Erst allmählich und vereinzelt wird das Thema in der Fachwelt zum Gegenstand der Diskussion.

Persönliche Rahmenbedingungen, die Voraussetzung des Mißbrauchs werden können

Mangel an sozialen Kontakten, Einsamkeit und Arbeitssucht

Ursula Wirtz (1989, a.a.O., S. 267) spricht von sozialer Inkompetenz und Kontaktgestörtheit, die bei mißbrauchenden Therapeuten (ebenso wie bei Inzestvätern) häufig anzutreffen seien: »Wenn Therapie zum Ersatz für das Leben wird, wenn die Klientinnen die einzigen Menschen sind, mit denen ein Bezug hergestellt werden kann, dann ist die Gefahr für den Mißbrauch groß. Wenn kein Privatleben mehr existiert, das mir in ausreichendem Maße Zufriedenheit und Ausgleich ermöglicht, benutze ich meine Analysanden, um mir von ihnen das Leben auszuleihen.«

Da es sich bei mißbrauchenden Therapeuten recht häufig um arrivierte Mitglieder ihres Berufsstandes zu handeln scheint – nicht selten etwa um Lehranalytiker, Ausbilder, Gutachter etc. –, möchte ich mich hier einmal mit einem gewissen Zusammenhang zwischen Arbeitssucht, Erfolg, Karriere und narzißtischen Defiziten befassen. Natürlich will ich nicht behaupten, jede(r), der Erfolg hat, sei darum auch eine narzißtische Persönlichkeit. Aber daß Menschen mit derartigen Defiziten nicht selten versuchen, die Lücken mit großem Ehrgeiz und äußeren Erfolgen zu stopfen (so wie andere dazu neigen mögen, den Mangel an Selbstwertgefühl durch häufige Affären mit Frauen auszugleichen), scheint mir fast eine Binsenweisheit. Hier würde sich der Kreis schließen; denn zwischen narzißtischer Bedürftigkeit einerseits und dem

156

Mißbrauch von Abhängigkeit andererseits besteht ein erkennbarer Zusammenhang.

Lebenskrisen: unglückliche Ehen, Trennung, Scheidung, Midlife-crisis

Unglückliche Ehen, Trennung und Scheidung werden in der (bisher sehr spärlichen) Literatur über mißbrauchende Therapeuten des öfteren als wesentliches Merkmal einer Situation genannt, in der es schließlich zum Mißbrauch kommt (vgl. Cremerius 1988, Rutter 1990, Wirtz 1989, Reimer 1990, Butler u. Zelen, 1977).

»Zur Gewichtung und Bedeutung der Lebenszufriedenheit des Psychotherapeuten ist zu bedenken, daß es einen erheblichen Unterschied macht, ob der Therapeut außerhalb der therapeutischen Beziehung eine befriedigende Liebesbeziehung hat, oder ob er den Wunsch hat, sich zu verlieben bzw. Liebe zu finden. . . . Wenn also Liebe momentan nicht zum Außenleben des Therapeuten gehört, steigt die Gefahr, daß er sie in der Therapie sucht.« (Reimer 1990, a.a.O., S. 302)

Schließlich liegt aufgrund der Tatsache, daß sich die meisten der mißbrauchenden Therapeuten in der Altersgruppe der 40- bis 49jährigen finden und das Durchschnittsalter bei 42 Jahren liegt (Bouhoutsos 1983), die Vermutung nahe, daß die Therapeuten Schwierigkeiten haben, sich mit dem Prozeß des Älterwerdens abzufinden und darauf reagieren, indem sie sich die verlorene Jugend bei einer meist erheblich jüngeren, abhängigen und in Bewunderung zu ihnen aufschauenden Frau borgen. Dieses quasi-inzestuöse Verhalten – der Zugriff auf die Generation der Töchter – ist im zivilen Leben ja weit verbreitet und stillschweigend akzeptiert. Der ältere Mann und die junge Frau – dieses Beziehungsmuster ist uns als eine der typischen Reaktionen von Männern in der Midlife-crisis wohlbekannt und vertraut.

Mir leuchtet einerseits ein, daß die unglücklichen Lebensumstände eines Therapeuten den Mißbrauch einer Klientin wahrscheinlicher machen können. Andererseits sollte dieser Begründungszusammenhang doch mit einer gewissen Vorsicht zitiert werden. Trennungen, Scheidungen, unglückliche Ehen und Beziehungen – das alles sind recht häufig vorkommende Ereignisse, von denen Therapeuten sicher nicht seltener betroffen sind als der Durchschnitt der Bevölkerung; wenn heute jede dritte Ehe geschieden wird, müßte dementsprechend jeder dritte (verheiratete) Therapeut anläßlich seiner Scheidung in Gefahr kommen, eine Klientin zu mißbrauchen – eine beängstigende Vorstellung. Zum Glück ist der Zusammenhang zwischen Lebenskrise und Mißbrauch nicht zwingend. Schließlich *gibt* es genügend Therapeuten, die auch in einer solchen Situation nicht auf eine Klientin zurückgreifen.

Man dürfte, meine ich, von einem Therapeuten auch erwarten, daß er eine derartige Krisensituation ohne Mißbrauch handhaben kann (ebenso, wie man von einem Vater erwarten darf, daß er anläßlich einer Ehekrise nicht einfach seine Tochter als Partnerersatz mißbraucht). Kann er es nicht, hätte ich Zweifel daran, daß er gerade für diesen Beruf geeignet ist.

Anders gesagt: Zu den hier genannten, einen Mißbrauch begünstigenden äußeren Bedingungen müssen Gründe hinzukommen, die in der Person des Therapeuten selbst liegen. Erst dieses Zusammentreffen äußerer *und* innerer Bedingungen führt dann zum tatsächlichen Mißbrauch.

Persönlichkeitsmerkmale mißbrauchender Therapeuten

Die folgenden Überlegungen treffen, so glaube ich, in der Summe eher auf Therapeuten zu, die wiederholt mißbrauchen, im einzelnen aber durchaus auch auf diejenigen, bei denen es nur einmal zu einer sexuellen Beziehung mit einer Klientin gekommen ist. Dies scheint mir vor allem für das Merkmal »narzißtische Defizite« und die damit zusammenhängenden Verhaltensweisen zu gelten.

Worauf kann man sich stützen, wenn man über die Persönlichkeit mißbrauchender Therapeuten etwas erfahren möchte? Die Arbeiten zu diesem Thema sind spärlich. Butler und Zelen (1977) interviewten zwanzig Psychiater und Psychologen, die sexuelle Beziehungen mit Patientinnen unterhalten hatten. In der Studie von Pope und Bouhoutsos (1986) werden zehn typische Szenarien vorgestellt, und Smith (1984) berichtet von einer Therapie mit einem Therapeuten, der verschiedentlich sexuelle Beziehungen mit Klientinnen einging. Ursula Wirtz (1989) weist auf die Ähnlichkeit in der Persönlichkeitsstruktur von Inzestvätern und mißbrauchenden Therapeuten hin und betont vor allem die Störungen im narzißtischen Bereich. »Die Patientin«, schreibt Reimer hierzu (1990, a.a.O., S. 302), »soll ihn (den Therapeuten, C. H.) nähren, lieben, schätzen, ihm Geborgenheit und Gebrauchtwerden vermitteln. In diesem Sinne ist die Patientin Plombe einer narzißtischen Lücke.« Reimer diskutiert den Mißbrauch von Abhängigkeit in der Therapie nicht nur anhand des sexuellen Mißbrauchs, sondern auch im Hinblick auf den häufig vorkommenden narzißtischen Mißbrauch. In seinem Sinne wäre der sexuelle Mißbrauch eine Sonderform des narzißtischen Mißbrauchs.

Neben der genannten Literatur stütze ich mich auf die Erfahrungen eines mir bekannten Therapeuten, der mit betroffenen Frauen arbeitet, sowie auf die mir persönlich bekannten Fälle. Hilfreich waren für mich auch verschiedene Gespräche mit Therapeuten, die sich mit diesem Thema beschäftigt hatten. Ich verstehe meine Aussagen auch hier wieder als Thesen zu erkennbaren Tendenzen, die selbstverständlich die Ergebnisse zukünftiger repräsentativer Untersuchungen nicht ersetzen, wohl aber Anhaltspunkte geben können.

1. Mißbrauchende Therapeuten scheinen Menschen mit brüchigem Selbstwertgefühl und instabiler Geschlechtsidentität zu sein. Für Außenstehende ist dies nicht ohne weiteres ersichtlich, da diese Schwierigkeiten meist durch ein fassadenhaftes Äußeres gut verdeckt werden.

2. Aus dem mangelnden Selbstwertgefühl resultiert ein süchtiges Suchen nach Anerkennung und Bestätigung. Von einer abhängigen Klientin, die ihren Therapeuten stark idealisiert, ist diese Art von Anerkennung verständlicherweise leicht zu bekommen.

3. Mit dem Mangel an Selbstwertgefühl und dem verdeckten Wissen um die eigene Schwäche scheint es zusammenzu-

159

hängen, daß diese Therapeuten sich mit der schwachen, hilfsbedürftigen Seite ihrer Klientin zunächst ein Stück weit identifizieren. Aus der Identifikation rührt wohl auch ein guter Teil der Anziehung. Der Therapeut von Barbara U. beispielsweise sagte einmal, daß ihre Hilfsbedürftigkeit sie für Männer anziehend mache.

4. Die Identifikation mit der Klientin führt dazu, daß die Therapeuten dazu neigen, sich in grandioser Überschätzung der eigenen Möglichkeiten als Retter anzubieten. Dabei erscheint das Angebot einer sexuellen Beziehung wohl deshalb als geeignetes Mittel der Rettung, weil so zusätzlich zur allgemeinen Aufwertung der Person des Therapeuten die brüchige männliche Identität stabilisiert werden kann.

5. Die Identifikation mit der Klientin scheint mit (uneingestandenen) Wünschen nach Symbiose zu korrespondieren.

6. Gleichzeitig haben diese Therapeuten große Angst vor Nähe und Abhängigkeit.

7. Diese ausgeprägte Nähe-Distanz-Ambivalenz scheint typisch zu sein.

8. Der mangelnden Ich-Stärke, also der mangelnden Fähigkeit zur Realitätskontrolle gegenüber konkurrierenden Trieben, entspricht eine mangelnde Impuls-Kontrolle. Die mangelnde Fähigkeit zur Realitätskontrolle ist auch daran ersichtlich, daß mißbrauchende Therapeuten für den Fall der Aufdeckung ein sehr hohes Risiko eingehen.

9. Mißbrauchenden Therapeuten scheint es besonders schwer zu fallen, Zurückweisung zu ertragen. Gerade dann, wenn die Klientin auf das sexuelle Angebot nicht (mehr) eingeht, kommt es zu Übergriffen bzw. verstärkten Übergriffen. Im Extremfall endet dieses Nicht-akzeptieren-Können der Zurückweisung in offener Gewalt, nämlich einer Vergewaltigung. (Der weiter vorne dargestellte Fall ist nicht der einzige dieser Art, der mir bekannt ist.)

10. Im Zusammenhang mit mißbrauchenden Vätern spricht Hirsch (1987) von einem »Empathiedefekt«, der mir auch für mißbrauchende Therapeuten typisch zu sein scheint. Hiermit ist gemeint, daß der Therapeut nicht in der Lage ist, von seinen eigenen Bedürfnissen abzusehen und sich in die Situation der Klientin einzufühlen.

11. Eine Auseinandersetzung mit dem Mißbrauch ist diesen Therapeuten aus eben den Gründen, die zum Mißbrauch führten, in der Regel nicht möglich. Eine Auseinandersetzung mit den Ursachen würde nämlich mit einer gewissen Zwangsläufigkeit dazu führen, daß Ambivalenz, Abspaltungen, Defizite, innere Konflikte und Verletzungen zur Debatte stünden. Mit anderen Worten: Das eingangs genannte fassadenhafte Äußere hielte einer Auseinandersetzung nicht stand. Eine Auseinandersetzung würde wahrscheinlich zu einem regelrechten Zusammenbruch der »Als-ob-Persönlichkeit« führen. Folglich greifen diese Therapeuten auf starke Abwehrmechanismen wie Verleugnen, Rationalisieren und Projizieren zurück und zeichnen sich durch einen Mangel an Selbstkritik, Schuldbewußtsein und Reue aus.

Sexueller Mißbrauch – das kann für den Therapeuten Kompensation einer unbefriedigenden Lebenssituation sein; dies wäre der einfachste aller denkbaren Fälle, der in der Reinform und ohne daß andere Gründe hinzutreten m. E. selten sein dürfte. Zum Mißbrauch kann es – und darauf weist vor allem Rutter hin – auch kommen, weil der Therapeut durch die Klientin in Kontakt tritt zu den abgespaltenen eigenen weiblichen Anteilen, denen er eine mythisch heilende Qualität zuschreibt. Mißbrauch kann zu tun haben mit dem Wunsch, die verleugneten schwachen Anteile der eigenen Person in der Klientin zu unterwerfen und in diesem Sinne eine in der eigenen Lebensgeschichte erfahrene Situation von Ohnmacht und Demütigung umzukehren in die Erfahrung von Macht. Dies würde bedeuten, »daß ein sexuell mißbrauchender Therapeut, der seine Patientin als Opfer sieht und benutzt, in seiner Kindheit Ohnmacht und schwere Demütigungen in Abhängigkeitsbeziehungen erlebt haben kann« (Reimer, 1990, a.a.O., S. 303). Der Mißbrauch läßt sich auch verstehen als Versuch, die Ambivalenz von Nähe und Distanz, die Gleichzeitigkeit der »Wünsche nach und Ängste vor Symbiose« (Reimer) zu leben: Die sexuelle Beziehung bedeutet einerseits Nähe, zerstört diese jedoch andererseits, da die Beziehung unter dem Vorzeichen der Ungleichheit eingegangen wird und der Therapeut derjenige ist, der sie umfassend kontrolliert.

Zutreffend scheint mir auch der Gedanke, daß manche der mißbrauchenden Therapeuten eine Klientin als »ihr Geschöpf«, folglich als ihr Eigentum zu betrachten scheinen und aus dem Besitzrecht das Recht zur Ausbeutung ableiten. Inzestväter äußern sich mitunter sehr deutlich in diesem Sinne: Das ist mein Kind, mit dem ich machen kann, was ich will. Unsere – männerdominierte – Kultur scheint mir von solchem Denken geprägt zu sein, und häufig ist der Umgang mit dem Leben und der Schöpfung dementsprechend. Hemmungslose Ausbeutung dessen, was uns anvertraut wurde, tritt an die Stelle liebevoller Fürsorge. Daß eine solche Einstellung am Ende dem Ausbeuter selber die Lebensgrundlagen nimmt, daß, wer mit der Schöpfung, der Natur, der Frau, seinen Kindern nicht anders umzugehen weiß als unterwerfend, ausbeutend und mißbrauchend, am Ende sich selber zerstört, liegt zwar auf der Hand, bleibt aber gerade denen, die sich so verhalten, tragischerweise fast immer verborgen.

Ich möchte zum Schluß dieses Kapitels noch einmal den Psychiater Allen Wheelis, den ich an anderer Stelle (vgl. Kapitel »Abläufe«) bereits zitierte, in der Person seines Roman-Psychiaters zu Wort kommen lassen (Wheelis, Allen [1988]: Der Doktor und das Verlangen. Reinbek bei Hamburg, September 1988). Nicht, daß mit diesen Reflexionen über sein Verhältnis zu Frauen irgend etwas zu beweisen wäre. Aber Einblicke in die Innenwelt eines Therapeuten, der über eine sexuelle Beziehung mit einer 20 Jahre jüngeren Klientin spekuliert, läßt sich hier eindrücklich gewinnen – eine Art Einblick, das muß ich sagen, die mir als Frau angst macht.

»Was nagt, sind die nichtunternommenen Versuche . . . Alte Frauen sind sie jetzt (die gleichaltrigen Frauen, C. H.). Vielleicht ginge es noch, aber ich will sie nicht mehr. Ich will sie jetzt, wie sie damals waren. Wie ihre Töchter jetzt sind. Wie – Gott hilf uns – Ihre Enkelinnen heute sind . . . Wir können nicht abwerfen, was wir biologisch sind . . . Schändung ist ein Teil meiner Begierde . . . Der Garten muß geheim sein, bewacht, rätselhaft. Der Zugang muß verborgen sein, schwierig, verboten . . . Ein Widerstand muß überwunden werden. Irgendein nicht ganz fairer oder ehrenhafter Trick muß im Spiel sein . . .

Ich treffe sie in einem Augenblick der Schwäche an, und diese Schwäche nährt mein Verlangen nach Schändung . . . Sie lächelt mich mit einer Spur Hilflosigkeit und Verwirrung an . . . Die unsicheren Beine, die wirren Haare – Signale einer Verteidigung, die in mir das Verlangen hervorrufen, sie zu schänden. Würde sich mir auch nur eine (Frau C. H.) mit dem Vorsatz nähern, mit dem ich auf sie zugehe, ich würde um mein Leben rennen. Oder um meine Seele! . . . ich weiß, daß ich auf einem Raubzug bin. Und . . . je unbefleckter der Garten ist, durch den meine schmutzigen Stiefel jetzt trampeln, desto größer der Sieg, desto tiefer meine Befriedigung . . . Weil die Sexualität für den Mann . . . notwendigerweise eine Schändung beinhaltet, ist sie für den Mann unausweichlich mit Schuld besetzt . . . Sie muß mich lieben lernen, einschließlich . . . jenes Teils von mir, der sie schänden will. Das ist das Akzeptieren, das mich verwandelt. Ich werde wiedergeboren, . . .eins und unschuldig. Was Christus am Kreuz für die Menschheit getan hat, das muß sie . . . für mich im Bett tun . . . Eine furchtlose Frau ist ohne Anziehungskraft. Bewundernswert vielleicht, würdig, einfallsreich, eine loyale Freundin . . .; um aber den Zauber zu besitzen, der uns anzieht, uns das Herz aussaugt, dazu muß sie verletzbar sein« (ebd., S. 154 ff.).

Möglichkeiten der Verarbeitung des Mißbrauchs

a) allgemein

Es ist wohl nicht möglich, allgemeingültige Ratschläge zu formulieren, wie die Erfahrung des Mißbrauchs in der Therapie verarbeitet werden kann. Die betroffenen Frauen sind zu verschieden, und was für die eine gut und richtig sein mag, ist für die andere vielleicht gänzlich ungeeignet.

Statt einer »Anleitung« möchte ich deshalb an dieser Stelle die Möglichkeiten nennen, von denen Frauen mir berichtet haben, daß sie ihnen weitergeholfen hätten. Der Verarbeitung des Mißbrauchs in einer Folgetherapie ist der zweite Teil dieses Kapitels gewidmet.

In den meisten Fällen war es für die Frauen von großer Bedeutung, das Schweigen zu brechen und über die Vorkommnisse zu sprechen. Enge Freundinnen oder Freunde waren dabei eher Ansprechpartner als z. B. Ehepartner. Dies leuchtet unmittelbar ein, denn Freunde sind von der sexuellen Beziehung zu einem Therapeuten im Unterschied zu (Ehe-)Partnern nicht direkt betroffen. Ein Gespräch mit der besten Freundin könnte ein Anfang sein, Scham und Schuldgefühle zu überwinden und im Erzählen eine erste Distanz herzustellen.

In einigen Fällen hat es sich als sehr hilfreich erwiesen, eine Fachfrau oder einen Fachmann um Rat zu bitten. Laien – und Freunde sind in der Regel Personen, die sich mit dem Problem noch nie befaßt haben – werden die Tragweite der Ereignisse nicht ohne weiteres richtig beurteilen können. Zwar gibt es auch Fachleute, für die dies gilt; aber die Wahrscheinlichkeit, daß die Gefahr schnell erkannt und richtig eingeschätzt wird und ein dementsprechender Rat gegeben wird, ist hier doch wesentlich größer. In den Fällen, in denen Frauen Fachleute um Rat fragten, war deren Meinung von entscheidender Bedeutung und trug wesentlich dazu bei, daß die Frauen fähig wurden, die »therapeutische« Beziehung zu beenden. Das Gespräch mit einer Fachfrau/einem Fachmann hat gegenüber Gesprächen mit Freunden zusätzlich den Vorteil, daß alle Informationen unter die Verschwiegenheitspflicht fallen. Das ist für diejenigen Frauen, denen es bis auf weiteres nicht möglich ist, den Namen ihres Therapeuten preiszugeben, nicht ohne Bedeutung.

Da es in der Vergangenheit nur wenig Öffentlichkeit zum Thema des Mißbrauchs in der Therapie gegeben hat, haben die meisten der betroffenen Frauen zunächst das Gefühl, mit ihrer Erfahrung ganz allein dazustehen. Ein weiterer Schritt der Verarbeitung kann deshalb darin bestehen, Kontakt zu anderen Betroffenen zu suchen und herzustellen (vgl. Kapitel »Hilfe für betroffene Frauen«). Im Gespräch mit anderen Frauen kann sich das Gefühl der Einsamkeit und Isolation lösen, das ja auch für in der Kindheit mißbrauchte Frauen so typisch ist. Der Austausch mit anderen Frauen kann viel dazu beitragen, das Vorgefallene besser zu verstehen. Ich habe mehr als einmal erlebt, mit welchem Erstaunen die Frauen feststellten, wie sehr sich ihre Geschichten von Ablauf und innerer Logik her ähnelten. Diese Erkenntnis hat mitunter eine befreiende Wirkung und kann von Gefühlen der Schuld und Scham entlasten.

Überhaupt scheint es von großer Bedeutung zu sein, das Vorgefallene verstehen zu können. Nach dem Ende einer Therapie, in der es zum Mißbrauch kam, sind die Frauen ja meist verwirrt und befinden sich in einem Zustand der Orientierungslosigkeit. So kann für diejenigen unter ihnen, die den Mut haben, noch einmal eine Therapie zu versuchen, der Wunsch, zu verstehen, was eigentlich geschehen ist, ein wichtiges Motiv für den Beginn der Folgetherapie sein. Ich habe des öfteren gehört, daß die Möglichkeit des Verstehens eine unschätzbare Hilfe auf dem Weg der allmählichen Verarbeitung war.

Zu diesem Verstehen gehört für manche Frauen auch, daß sie sich in der neuen Therapie mit ihrem eigenen Verhalten dem früheren Therapeuten gegenüber beschäftigen. Dies ist aber nur möglich, wenn die Frage nach der Verantwortung für den Mißbrauch eindeutig dahingehend beantwortet ist, daß die Frauen keine Schuld trifft. Auf diesem Hintergrund bietet die Auseinandersetzung mit dem eigenen Verhalten die Möglichkeit, die inneren Konflikte im Verhältnis zu anderen Menschen am Beispiel der Beziehung zu dem mißbrauchenden Therapeuten zu betrachten. Das bedeutet, daß in der Folgetherapie unter günstigen Umständen genau das nachgeholt werden kann, was eigentlich in der Ersttherapie hätte geleistet werden sollen. Das Ergebnis dieser Auseinandersetzung kann z. B. darin bestehen, daß ein Bewußtsein der eigenen Grenzfindungsproblematik entsteht, aber auch ein Bewußtsein dafür, daß es Handlungsspielräume und -alternativen gibt. Die Frauen können so lernen, daß sie nicht notwendig immer wieder zum Opfer werden müssen, weil sie Einfluß darauf gewinnen können, die eigenen Grenzen wahrzunehmen, zu schützen und zu verteidigen.

Hilfreich könnte u. U. auch eine Konfrontation mit dem früheren Therapeuten sein. M. Nicola meinte hierzu, daß er ein Gespräch zu dritt für sinnvoll hielte: die Frau, die neue Therapeutin/der neue Therapeut und der frühere Therapeut. Der neue Therapeut müsse dabei klar auf der Seite der Frau stehen und mit ihr gemeinsam den früheren Therapeuten mit dem Schaden konfrontieren, den er angerichtet hat (Herr Dr. Nicola äußerte diese Vorstellungen mir gegenüber in einem persönlichen Gespräch.) Ich könnte mir vorstellen, daß diese Erfahrung besonders für Frauen, die schon als Kind mißbraucht wurden, wertvoll wäre. Diese Frauen haben in den meisten Fällen seinerzeit nämlich die Erfahrung gemacht, daß sich niemand auf ihre Seite stellte und daß auch die Mütter sie vor dem mißbrauchenden Vater weder schützten noch die Töchter ihm gegenüber verteidigten. Ich fürchte allerdings, daß der frühere Therapeut nur in seltenen Fällen bereit sein dürfte, sich einer solchen Konfrontation zu stellen.

Auf dem Weg der Verarbeitung des Mißbrauchs kann es für eine betroffene Frau auch sehr wichtig sein, den Therapeuten offiziell zur Verantwortung zu ziehen. Dies kann geschehen, indem die Vorfälle bei Berufsverbänden, Therapieverbänden, Ehrengerichten und gegebenenfalls Ärztekammern bekannt gemacht werden (Adressen siehe Anhang), und schließlich, indem juristische Schritte unternommen werden.

Dieser letzte Punkt verdient eine gesonderte Betrachtung. (Grundsätzliche Überlegungen zu der Frage, ob juristische Schritte überhaupt angebracht sind, finden sich im Kapitel »Strafe oder Hilfe und Verständnis für mißbrauchende Therapeuten«.)

Nach meiner Kenntnis der Dinge war die juristische Auseinandersetzung für diejenigen Frauen, die von dieser Möglichkeit Gebrauch machten, ein letztes Mittel, um für die Wiederherstellung ihrer Würde zu kämpfen. Sie sind davon überzeugt, daß die juristische Auseinandersetzung ihnen bei der Verarbeitung wesentlich geholfen hat. Vor allem war es ihnen wichtig, daß sie sich gewehrt haben, den Mißbrauch nicht hingenommen haben, dies unmißverständlich zum Ausdruck gebracht haben und in diesem Sinne nicht länger in der Rolle des hilflosen Opfers verharrt sind. Eine juristische Auseinandersetzung kann also hilfreich sein, ist es aber nicht in jedem Fall.

Eine Frau, die diesen Weg einschlägt, muß z. B. in der Lage sein, die vielfältigen Verletzungen und Demütigungen, die sie durch die juristische Auseinandersetzung zusätzlich zu erwarten hat, so zu bewältigen, daß der Nutzen insgesamt größer ist als der Schaden. Auch bedeutet eine juristische Auseinandersetzung, die sich in der Regel über einen längeren Zeitraum hinziehen wird, daß die Beziehung zwischen dem Therapeuten und seiner früheren Klientin auf einer anderen Ebene und auf andere Art in gewisser Weise fortgesetzt wird. Die juristische Auseinandersetzung kann ein sinnvolles Instrument der Abgrenzung sein, indem sie zum Ausdruck bringt, daß es Grenzen des Hinnehmbaren gibt, die nicht überschritten werden dürfen, ohne daß dies Konsequenzen zeitigt. Sie kann aber auch dafür stehen, daß die innere Abgrenzung nicht gelingt und – wahrscheinlich in Wiederholung früherer Erfahrungen – die Existenz einer destruktiven Beziehung immer noch akzeptabler erscheint als das endgültige Aufgeben der Beziehung. Ich meine aber, daß es Sache der betroffenen Frau ist, zu entscheiden, ob sie eine juristische Auseinandersetzung für hilfreich hält. Diese Entscheidung sollte man denn auch respektieren, selbst wenn sie der eigenen Überzeugung nicht entspricht.

Denjenigen Frauen, die erwägen, gegen ihren früheren Therapeuten juristisch vorzugehen, möchte ich dennoch ans Herz legen, ihre Entscheidungen genauestens zu prüfen. Die Belastungen, die auf sie zukommen, sind groß (vgl. Kapitel »Recht«), und wenn eine Frau nicht über genügend Kräfte und Reserven verfügt, kann das juristische Verfahren selbst zu einer traumatischen Erfahrung werden.

Meine Erfahrungen gehen in die Richtung, daß eine juristische Auseinandersetzung ein Mittel ist, von dem betroffene Frauen nur sehr vorsichtig Gebrauch machen. In den mir bekannten Fällen wurde dieser Schritt immer auch deshalb getan, weil der betreffende Therapeut sich jeder anderen Form der Auseinandersetzung hartnäckig entzog. Zusätzlich spielte ein Gefühl der Verantwortung eine Rolle: Wenigstens sollte es diesem Therapeuten unmöglich gemacht werden, zukünftig noch andere Frauen zu gefährden.

Es ist bitter, wurde mir aber häufig bestätigt: Bis die Wunden geheilt sind, vergeht viel Zeit, und es ist wohl nicht übertrieben, eher in Jahren als in Monaten zu rechnen. Trotzdem und entgegen dem immer wieder auftretenden Gefühl der Hoffnungslosigkeit ist es möglich, die Folgen des Mißbrauchs zu verarbeiten. Dies muß man sich in Zeiten, in denen einen der Mut verläßt, vor Augen halten. Ich jedenfalls habe Frauen kennengelernt, die heute sagen würden, daß es ihnen gelungen ist, zu sich selbst zurückzufinden.

b) Möglichkeiten der Verarbeitung des Mißbrauchs in einer Folgetherapie

von Dr. Marco Nicola, Psychiater und Psychotherapeut, Basel

1. Einführung

Ein Patient/eine Patientin darf vom Psychotherapeuten oder der Psychotherapeutin erwarten, daß die Psychotherapie nach den Regeln der Kunst durchgeführt wird.[1] Die Verantwortung für die Behandlung liegt ausschließlich beim Psychotherapeuten. Sein Handeln in der Therapie soll im Dienste der seelischen Entfaltungsmöglichkeiten der Patientin stehen, welche das Recht hat, sich in der Psychotherapie so zu benehmen, wie sie bewußt oder unbewußt will und kann. Der Therapeut hat die Aufgabe, Verhaltensweisen, Phantasien, Ideen und Gedanken der Patientin im Kontext ihrer Biographie zu sehen und diese mit ihr zu explorieren.

Die therapeutische Beziehung bleibt asymmetrisch: Wohl ist der Therapeut mit seiner Persönlichkeit, mit seinen Einfällen anwesend, die Aufmerksamkeit ist aber auf die Patientin gerichtet, die ihm ihre Sorgen, Schwierigkeiten, traumatischen Situationen, Enttäuschungen offenbart. Dieser Unterschied in der Beziehung, die eng mit den zugeschriebenen Rollen verbunden ist, bewirkt gleichzeitig ein Machtverhältnis. Wenn die Macht mit Respekt und Kritik ausgeübt wird, kann die Therapie Ursprung einer persönlichen Entfaltung für die Patientin sein. Wenn diese Machtausübung manipulierend wird, wenn sie angewendet wird, um die Patientin zu verwirren, um Bedürfnisse des Therapeuten zu stillen, ist sie Ursprung eines destruktiven Prozesses.

Erotische oder sexuelle Beziehungen in der Therapie sind Ausdruck dieser Zerstörung, die vom Therapeuten eingeleitet und aufrechterhalten wird. Die immense Tragik der sexuellen Beziehung in der Therapie liegt darin, daß gerade der Ort der Befreiung in einen Ort der Demütigung und Entwertung umgewandelt wird. Das Vertrauen in die zwischenmenschliche Beziehung wird in seinen Wurzeln tief erschüttert. Die Verantwortung für dieses Geschehen liegt ausschließlich auf der Seite des Therapeuten.

Psychodynamisch können wir seine Verhaltensweisen verstehen (so wie wir letzten Endes alles mit den psychodynamischen Hypothesen verstehen können), von der ethischen Dimension her trägt aber der Therapeut hier eine eigentliche Schuld.[2]

Die folgende Auseinandersetzung mit den speziellen Problemen, die in der nachfolgenden Therapie auftauchen, spiegelt meine eigene Erfahrung, einerseits als Therapeut[3] und andererseits als Mitglied einer Basler TherapeutInnengruppe, wider, die sich speziell dem Thema der sexuellen Beziehungen in Therapie und deren Prophylaxe gewidmet hat.[4]

Meine klinische Erfahrung mit diesem speziellen Problem ist begrenzt. Ich versuche die Angaben der Literatur zu integrieren,[5] stütze mich aber in der Besprechung auf die eigene Erfahrung.

2. Die besonderen Probleme der Anfangsphase

Ich beginne meine Darstellung mit der Anfangsphase der Behandlung, in einem zweiten Schritt werde ich sodann den Verlauf eines therapeutischen Prozesses schildern. Dabei werde ich den Akzent auf die Vertrauensbildung nach dem Trauma in der ersten Therapie legen.

2.1 Probleme von seiten der Patientin

Die Therapie, in der die Ausbeutung der Patientin stattfindet, wird von ihr abgebrochen. Die Gründe können verschieden sein: Letztlich allerdings realisiert sie mit viel Ambivalenz, daß die Beziehung nicht mehr stimmt. Nur in einem mir bekannten Fall wagte es die Patientin, dem Therapeuten in einem Schlußgespräch zu sagen, wie sehr sie sich ausgebeutet fühlte (ohne daß sie allerdings das Gefühl hatte, daß der Therapeut ihr Anliegen verstand); sonst fand eher ein Auslaufen der Therapie statt.

a) *Symptome*

Zur Zeit des Abbruchs entwickelt sich eine massive klinische Symptomatik, die die Patientin zwingt, Hilfe zu suchen (der Hausarzt wird in diesem Moment involviert). Eine schwere depressive Symptomatik mit sozialer Isolierung kann im Vordergrund stehen. Panikattacken mit phobischen Ängsten, eine Anorexie oder ein Medikamentenmißbrauch sind weitere ernste Symptome. Eine mehr oder weniger latente Suizidalität prägt das klinische Bild.

b) *Schuld- und Schamgefühle*

Die Patientinnen berichten sofort im ersten Gespräch über die erotische/sexuelle Beziehung: Profunde Scham- und Schuldgefühle charakterisieren ihr Erlebnis. Sie übernehmen die Verantwortung für die sexuelle Beziehung: »Ich habe ihn geliebt mit meinem ganzen Körper« oder »Ich wollte ihn verführen«.

Wie können wir diese Übernahme der Verantwortung durch die Patientin verstehen? Auf den ersten Blick steht sie in vollkommenem Gegensatz zu dem, was am Anfang gesagt wurde. Ich möchte zweierlei dazu anführen:

1. Die ruhige, klare Befragung bezüglich des Geschehens zeigt, daß der mißbrauchende Therapeut[6] eine Serie von Manipulations- und Verwirrungstechniken anwendet. Die Patientinnen berichten, daß die mißbrauchenden Therapeuten etwa folgendermaßen argumentieren: »Wenn du es willst, können wir uns umarmen oder küssen oder uns lieben.« Das Manipulierende besteht darin, daß der Therapeut suggeriert, er mache dieses Angebot lediglich der Patientin zuliebe oder einfach, weil sie es wünscht. Die Aufgabe in der nachfolgenden Therapie besteht auch darin, den manipulativen Charakter aufzuzeigen, der in solchen Äußerungen liegt. Gleichzeitig soll der Patientin versichert werden, daß sie in der nachfolgenden Therapie respektiert wird. Der Ansatz auf der bewußt-kognitiven Ebene kann Klarheit schaffen oder mithelfen, die Verwirrung, die in der ersten Therapie gestiftet wurde, teilweise zu überwinden.

2. Der verführerische Charakter einer bestimmten Verhaltensweise in der Therapie muß thematisiert werden.

Wenn wir bedenken, daß der Wunsch nach körperlichem Kontakt bzw. Sexualität in der Therapie oft in Zusammenhang mit schweren traumatischen Erlebnissen in der Kindheit steht (z. B. mit einem Inzest), dann entpuppt sich diese Verhaltensweise als ein Zurückkommen des verdrängten Traumas.

Die Chance der Wiederholung in einer korrekt durchgeführten Therapie besteht darin, daß aus der früheren traumatischen Situation eine neue entstehen kann, in der die Patientin lernt, den alten Teufelskreis zu unterbrechen.

Wenn der Therapeut aber seiner eigenen Bedürfnisse wegen die Wünsche der Patientin nicht auf deren Biographie zurückführt, wiederholt sich auf tragische Weise die frühere Traumatisierung.[7] Dadurch wird erneut eine wichtige Beziehung, hier die therapeutische, mit Mißbrauch und Vertrauensbruch gekoppelt.

c) *Mißtrauen*

Das Mißtrauen, das in der Folgetherapie im Vordergrund steht und die therapeutische Begegnung prägt, ist die Folge des Traumas, das die Vertrauensbildung entscheidend negativ beeinflußt und die Selbstentfaltung blockiert.[8]

Ein Therapeut, der mit mißbrauchten Frauen arbeitet, muß Mißtrauen und Angst seiner Patientin respektieren. Ich denke, daß es sinnvoll ist, ein Setting anzubieten, das der Patientin erlaubt, eine maximale Sicherheit zu spüren.

Beispiele:

– Am Anfang eine begrenzte Anzahl Sitzungen anbieten. Nach Ablauf der abgemachten Therapiestunden soll die Patientin entscheiden, ob sie weiter bei dem Therapeuten bleiben will oder ob sie den Therapeuten wechseln möchte.

– Es ist m. E. sinnvoll, die Frage zu besprechen, ob es nicht besser wäre, zu einer Therapeutin zu gehen. Damit meine ich nicht, daß Männer solche Therapien nicht auch übernehmen können. Tatsache ist allerdings, daß Therapeutinnen offener und sensibler für diese spezielle Problematik sind. Wenn ich mit männlichen Kollegen spreche, höre ich oft die Frage, ob es wirklich so schlimm sei für diese Patientinnen (eine Frage, die ich von Frauen nie gehört habe!).[9] Es gibt andererseits Patientinnen, die gezielt zu einem Therapeuten gehen, weil sie die Hoffnung haben, daß gerade ein Mann die Wunde lindern oder heilen kann, die von einem Mann verursacht wurde.

– Ich bin der Meinung, daß der Therapeut es der Patientin überlassen muß, ob sie den Namen des Kollegen nennen will oder nicht. Die Offenbarung des Namens ist mit vielen Ängsten verbunden: »Ist der frühere Therapeut ein Freund des jetzigen Therapeuten?«, »Wird der neue Therapeut das Geschehene weitererzählen?«, »Wird dadurch der erste Therapeut ruiniert, muß er seine Praxis aufgeben?«

Diese Fragen sind berechtigt. Um besonders in diesem Punkt Durchsichtigkeit im eigenen Tun anzubieten, schlage ich ein Gespräch zu dritt vor: D. h. mit dem früheren Therapeuten und der Patientin, natürlich nur, wenn diese einverstanden ist. Bis jetzt ist es noch zu keinem solchen Gespräch gekommen. Der Vorschlag zeigt, daß der nachfolgende Therapeut nicht bereit ist, an der Verschwörung des Schweigens teilzunehmen. Diese Haltung kann bei der Patientin Vertrauen fördern, weil ihr implizit mitgeteilt wird, daß der neue Therapeut sich hinter sie stellt.

Die psychotherapeutische Haltung muß die Entscheidungsfreiheit der Hilfesuchenden respektieren: In unserem speziellen Fall muß dies ein klares und deklariertes Anliegen des Therapeuten sein. Patientinnen, die solche traumatischen Erfahrungen mitbringen, wurden zuvor in der Therapie in Abhängigkeit gehalten und oft in ihrer Selbstwahrnehmung verunsichert. Indem sie selber Entscheidungen treffen, werden sie in ihrem Selbstvertrauen gestützt, und gleichzeitig erfahren sie, daß ihre Autonomie respektiert wird.

2.2 Probleme von seiten des Therapeuten

Wie in jeder Psychotherapie hat der Therapeut im angesprochenen Fall die Aufgabe, seine Gegenübertragung (d. h. die Gefühle, Gedanken, Phantasien, die in der Begegnung mit der Patientin bei ihm aufkommen) wahrzunehmen und ihnen die notwendige Aufmerksamkeit zu schenken. Die Therapien mit »Therapieopfern« unterscheiden sich diesbezüglich

174

nicht von anderen Therapien. Die Supervision bleibt das Hauptinstrument in der Auseinandersetzung mit der eigenen Reaktion, den Phantasien und Träumen, die sich beim Therapeuten während der Therapie entwickeln.[10]

Ich möchte auf drei mögliche Reaktionen seitens des Therapeuten hinweisen, die in verschiedenem Ausmaß zu beobachten sind, sobald er mit diesem Thema konfrontiert wird:

a) *Skepsis*

Jahrzehntelang wurden Therapeuten darin bestärkt, die Äußerungen der Patientinnen als »Phantasien« zu betrachten. Auch wenn die vermehrte Auseinandersetzung mit dem Inzest viele mit der Realität des Geschehens konfrontiert hat, kommt vor allem bei männlichen Therapeuten oft die Frage auf, ob die Beschreibung des Mißbrauchs in der Therapie nicht bloß Wunschdenken der Patientin sei.[11] Diese Skepsis ist seit den grundlegenden Publikationen des Bostoner Frauenteams nicht mehr angebracht.[12] Es ist vor allem das Verdienst von Frauen, die sich mit diesem Thema beschäftigt haben, daß das »Problem ohne Namen« enttabuisiert und dadurch in seinem richtigen Ausmaß sichtbar wurde.

b) *Wut*

Die Schilderung eines in der Therapie vorgekommenen Mißbrauchs läßt uns nicht gleichgültig. Die geschehene Ungerechtigkeit erzeugt auch Wut. Die große Gefahr besteht dann darin, daß der Therapeut sich zu sehr mit der Patientin identifiziert und sie dazu drängt, Schritte zu unternehmen, für die sie noch nicht reif ist. Dadurch könnte sie das Gefühl bekommen, in ihrer Autonomie wieder nicht respektiert zu werden. Nach meiner Erfahrung ist es vor allem die Wut, die in der Gegenübertragung spürbar ist. Die Opfer selber scheinen mir weit davon entfernt zu sein, eine Wut oder eine Empörung gegen den früheren Therapeuten zu fühlen: Hinter den Schuld- und Schamgefühlen verschwindet sie zumindest auf der bewußten Ebene.

In der nachfolgenden Therapie muß der Therapeut wissen, wie er mit seiner Wut umgehen kann, damit diese nicht ein Hindernis für die Therapie wird. Bevor wir auf dieses wichtige Thema zurückkommen, möchte ich kurz auf eine weitere mögliche Reaktion in der Gegenübertragung hinweisen.

175

c) *Scham*

Die Schamgefühle des Therapeuten können ein Echo der Scham der Patientin sein. Ich denke aber, daß die Hauptkomponente beim Therapeuten selber zu suchen ist. In welchem Sinne?

Er kann sich schämen, weil er in seiner beruflichen Identität betroffen ist. Er gehört einer Berufskategorie an, die Übergriffe schweigend duldet und zumindest bis jetzt nichts oder wenig unternommen hat, um Lösungen zu finden.

Das Schweigen der beruflichen Organisation steht im Gegensatz zum therapeutischen Ideal, das Offenheit und Durchsichtigkeit verlangt. Schamgefühle signalisieren diese ungelöste Spannung.

d) *Ein möglicher Umgang mit Wut und Scham*

Die Besinnung in der Supervisionsarbeit erlaubt dem Therapeuten, vor allem auf der persönlichen Ebene Klarheit über die unbewußten Aspekte zu gewinnen, die den therapeutischen Prozeß charakterisieren.

Wenn wir uns allerdings darauf beschränken, eine technisch optimale therapeutische Haltung zu gewährleisten, vergessen wir etwas Entscheidendes: Mit dem bloßen »Privatdenken« (nach dem Motto, »Es genügt, daß ich die gelernte Methode richtig anwende«) legitimieren wir schweigend den Mißbrauch anderer Therapeuten. Und damit werden wir – ob wir es wollen oder nicht – mitschuldig, vor allem wenn wir daran denken, daß ca. 80 % der mißbrauchenden Therapeuten, zum Teil aus unbewußter Motivation, wiederholt Patientinnen sexuell ausbeuten.

Welche Möglichkeiten stehen uns zur Verfügung, um aus dieser Passivität herauszukommen?

Wir müssen von der heutigen konkreten Situation ausgehen:[13] Das Thema des sexuellen Mißbrauchs in der Therapie ist in den offiziellen Kreisen weitgehend tabu. Eine erste Minimalforderung ist: Das Problem muß thematisiert werden. Neben der notwendigen Information sind Konzepte zu entwickeln, wie Fachgruppen den Mißbrauch prophylaktisch angehen können (Information/Besprechung des Themas in der Aus- und Fortbildung). Dazu wäre es wünschenswert, ethische Kommissionen zu gründen, die auch öffentlich vorgestellt werden und an die sich betroffene Patientinnen zur Beratung wenden könnten. Unter Wahrung des ärztlichen Geheimnisses sollte die ärztliche Kommission die Möglichkeit haben, die Täter vorzuladen und diese auch von ihrem Beruf zu suspendieren.[14]

3. Grundprobleme im Verlauf der Psychotherapie

3.1 Allgemeines

Grundsätzlich kann man eine Therapie von verschiedenen Gesichtspunkten aus beschreiben. Ich wähle eine bestimmte Betrachtungsweise: Damit will ich nicht sagen, daß eine andere Sicht nicht ebenfalls berechtigt wäre. Wie schon mehrmals erwähnt, ist das Thema Vertrauen und Vertrauensbildung in diesen Therapien von zentraler Bedeutung. Der therapeutische Prozeß mit den Opfern bewegt sich zwischen zwei Polen: Auf der einen Seite dem tiefen Mißtrauen dem Therapeuten gegenüber, auf der anderen Seite dem quälenden Wunsch akzeptiert zu werden. Diese Pendelbewegung in der therapeutischen Beziehung weist eine innere Dimension auf: Die Beziehung zu sich selber variiert nämlich zwischen Leere, innerer Wüste und Erlebnissen der Erfüllung und der inneren Wärme. Oft ist die Kontinuität positiven Erlebens nur brüchig. Es verschwinden dann sowohl das Selbstvertrauen wie das Vertrauen. Folge ist die innere Isolierung und die Sehnsucht nach einer Person, die dem eigenen Leben einen Sinn geben kann (Sehnsucht nach dem dominierenden anderen im Sinne von Arieti).

3.2 Die Biographie

Ich möchte diese psychodynamischen Gesichtspunkte am Beispiel einer Therapie, die noch nicht abgeschlossen ist, illustrieren:[15]

Die ca. 50jährige Patientin wuchs als erste von zwei Töchtern in einer patriarchalischen Familie auf. Ihre Schwester wurde ihr vorgezogen. Sie vermißte eine emotionelle, warme

177

Atmosphäre. Die Erziehung wurde den Kindermädchen überlassen. Bald hatte sie die Rolle des Sündenbocks inne und entwickelte sich zum Problemkind. Es ist fraglich, ob ein sexueller Abusus (ein Freund der Familie) stattgefunden hat. Als sie etwa zehn Jahre alt war, verließ die Mutter die Familie; sie floh mit einem anderen Mann. Jahrelang war die Rede von einer mysteriösen Krankheit der Mutter, die sie angeblich zwang, in einer Klinik zu bleiben. In Wahrheit begann sie ein neues Leben in einem anderen Land. Der Vater war derart verletzt, daß er den Töchtern verbot, Fragen über die Mutter zu stellen. Später war das Wort Mutter überhaupt in der Familie tabuisiert.

Obwohl die Patientin in der Schule erfolgreich war, wurde sie nach der Reifeprüfung nicht mehr vom Vater unterstützt, so daß sie ihr Jura-Studium aufgeben mußte. Mit 25 Jahren heiratete sie. Die Ehe war bald zerrüttet. Sie erlebte diese Beziehung als eine ständige Entwertung. Gerade während der Trennung von ihrem Mann begann sie die erste Psychotherapie. Auf ihre Sehnsucht nach einer väterlichen Figur, die sie so annehmen konnte, wie sie war, und die ihr seine Wärme zusicherte, reagierte der Therapeut mit Umarmungen. Nach sechs Jahren Therapie kam es zu geschlechtlicher Intimität. Bald danach schloß die Patientin von sich aus die Therapie ab. Das traumatische Erlebnis, und vor allem die Unmöglichkeit, mit dem Therapeuten darüber zu sprechen, brachte sie in einen Zustand der Verzweiflung.[16]

Das klinische Bild war durch Depressivität, innere Spannung und Leere charakterisiert. Sie beschrieb ihre Beziehungen als inexistent.

Immer wieder (als Tochter, als Frau, als Patientin) erlebte sie Enttäuschungen, für die sie sich schuldig fühlte. Die erlittene Demütigung in der Therapie ließ sie wie »eine zerbrochene Vase« zurück. Trotz Bedenken und Mißtrauen wollte sie doch eine neue Therapie anfangen, weil sie nicht bereit war, die »innere Wüste ihrer Existenz« zu akzeptieren.

Ich möchte hier die Träume der Patientin schildern, die einen Einblick in die Dynamik der therapeutischen Beziehung geben. Diese zeigen auch einen engeren Zusammenhang mit dem Mißbrauch in der ersten Therapie auf.[17]

3.3 Träume

a) *Der Initialtraum (zwei Monate nach Beginn der Therapie)*

Die Patientin geht nach einer Sitzung bei mir weg. Sie will einen älteren Therapeuten konsultieren. Sie befinden sich in seiner Praxis. Die Atmosphäre ist kalt. Sie legt sich auf die Couch und bittet den Analytiker, zu ihr unter die Decke zu kommen. Sie fühlt sich akzeptiert und geliebt. Bald aber ist es ihr unwohl, und sie denkt: »Nein, ich will etwas anderes. Wie kann ich ihm sagen, daß ich keinen Sex will?«

Der Traum weist einerseits deutlich auf die traumatische Situation hin. Die Patientin hat Angst, daß sie mißbraucht wird. Der Traum zeigt unzweideutig das Mißverhältnis zwischen dem Wunsch der Patientin und der Antwort des mißbrauchenden Therapeuten, der nicht versteht, daß die Einladung das Bedürfnis nach Nähe ausdrückt.[18]

Die Befürchtung ist aber auch in der zweiten Therapie gegenwärtig. Die Einfälle der Patientin zum Traum sprachen dafür, daß der ältere Therapeut doch ich war.

Der Initialtraum zeigt zudem die Schwierigkeiten der Patientin, sich abzugrenzen. (»Wie sage ich ihm, daß ich keinen Sex will?«)

Die Fähigkeit, »nein« zu sagen oder zu sich selber zu stehen, wird oft durch den Mißbrauch zerstört. Die manipulativen Techniken des mißbrauchenden Therapeuten stiften Verwirrung. Es wird den Patientinnen suggeriert, daß der Therapeut bereit ist, das zu tun, was die Patientin wünscht.[19]

b) *Dieser Traum folgte sechs Monate später*

Die Patientin sieht in einem Restaurant ihren ersten Therapeuten mit mir zusammen. Wir unterhalten uns, als wären wir alte Freunde. Sie versteckt sich zitternd, als wir beide das Restaurant verlassen. Sie hat das Gefühl, daß wir sie belächeln.

In einer Phase der Therapie, in der die Patientin sich allein und verlassen fühlte, thematisiert der Traum ihre innere Situation: Sie zittert und muß sich verstecken. Das innere Bild des alten und des neuen Therapeuten fließen ineinander, sie belächeln und entwerten sie gemeinsam. Das Therapeuten-Bild, stellvertretend für das Bild des Mannes, steht im Schat-

179

ten der früheren Erfahrungen mit dem Vater, mit dem Ex-Mann usw. Indem die Patientin sich versteckt, versucht sie, sich vor dem destruktiven Einfluß zu schützen.

Lange Zeit war die Patientin von Träumen verfolgt, die eine ähnliche Struktur aufweisen: Chirurgen, die sie operieren wollten, denen sie sich nicht entziehen konnte. Angst, Mißtrauen, Hilflosigkeit und Alleinsein charakterisieren die Atmosphäre dieser inneren Welt.

c) *Dreißig Monate nach Therapiebeginn*

Die Patientin träumt, daß ein sehr junger Formel-1-Pilot (ca. zehn, elf Jahre alt) bei einem Unfall sein Leben verliert. Viele Leute stürzen sich auf das Geschehen, um es aus der Nähe zu betrachten. Sie selber geht in Begleitung eines Mannes ans Meer. Auf den Wellen sieht sie einen großen, toten, blutenden Fisch mit aufgeschnittenem Bauch. Sie sagt nichts, um die anderen Anwesenden nicht zu beunruhigen. Langsam spürt sie einen inneren Frieden. Hand in Hand mit diesem ihr noch unbekannten Mann fühlt sie sich zunehmend ausgeglichen und sicher. Neu spürt sie, daß sie dieser Person gegenüber Vertrauen haben könnte.

Dieser Traum zeigt drei Grundsituationen: den Unfall mit dem Tod des Jungen, den toten Fisch und die Begegnung in der Schlußszene. Es sind hier verschiedene Interpretationsebenen anwendbar. Wenn wir den Traum von der Biographie der Patientin her betrachten, zeigt der Unfall das Ereignis des Verlassenwerdens durch die eigene Mutter, was zum Tod ihrer Identität führte: Sie ist ein Junge, weil sie ihre intellektuelle Seite überentwickelt, um die Aufmerksamkeit des Vaters auf sich zu lenken. Der Fisch, den sie betrachtet, ist sie selbst in ihrer schwerverletzten Weiblichkeit (der Schnitt im Bauch). Auf der bewußten Ebene hat die Patientin den Eindruck, ein Neutrum zu sein (weder Fisch noch Vogel). Bei der Wahrnehmung ihrer Verletzung taucht ein neues Gefühl einem Mann gegenüber auf: Sie kann ihm vertrauen. Der letzte Teil des Traumes eröffnet eine neue Perspektive, die gewiß noch unsicher ist. Doch wer der Mann auch ist, er ist nicht mehr der Verfolger, sondern eine vertrauenswürdige Person, mit der sie kommunizieren kann.

d) *Nach vier Jahren Therapie* träumt die Patientin von einer weiten schönen Waldlandschaft, die noch intakt ist. Die Patientin springt von einem Felsen zum anderen. In der Entfernung sieht sie eine Gruppe von jungen Alternativen. Unter ihren Füßen erblickt sie einen wilden Fluß. Sie hat Angst, darüber zu springen, und ihr ist schwindlig. Die Schönheit der Wälder, die ruhige Landschaft im Hintergrund geben ihr schließlich den Mut, den Sprung zu wagen.

Ich fasse hier den inneren Kern des Traumes zusammen, der sich um eine doppelte Achse dreht:

1. Die alte Thematik: Das Risiko, das die Patientin auf sich nehmen muß, steht für das Wagnis, das in der Öffnung liegt (Springen von Fels zu Fels). Jede Öffnung ist letztlich eine Mutprobe. Die Voraussetzung dafür ist das Vertrauen zu sich selbst. Frühere Träume zeigten, wie groß die Angst war: Der Entscheid zu springen wäre undenkbar gewesen.

2. Warum wagt sie es jetzt zu springen, obwohl sie Angst hat und ihr schwindlig ist? Weil sie durch die Betrachtung dieser ruhigen Landschaft eine innere Kraft spürt. Die üppige Vegetation in diesem Traum steht im Gegensatz zur früher oft geträumten Wüste. Möglicherweise gibt es hier die unbewußte Wahrnehmung einer inneren Region, aus der sie Kraft und Selbstvertrauen schöpfen kann. Die jungen Alternativen, die dort leben, symbolisieren den anderen Weg, welcher sich dem Destruktiven entgegensetzt. Diese Landschaft ist die zweite Achse des Traumes. Sie enthält die Botschaft, daß Keime des Vertrauens entstanden sind. Die alte Thematik des Mißtrauens ist immer noch vorhanden (Angst vor dem Springen). Sie wird durch die neue Wahrnehmung nicht zum Verschwinden gebracht (wie oft in der Psychotherapie). Der Traum kündigt aber an, daß die inneren Ressourcen (Wälder) die Überwindung der alten Mechanismen ermöglichen können.

Die Entwicklung, die diese Träume zeigen, spricht für eine Transformation des inneren Erlebens. Von der Entwertung und Zerstörung des eigenen Selbst zur Wahrnehmung der eigenen Kräfte.

Träume stehen allerdings nicht in einem unmittelbaren Zusammenhang mit einer Änderung auf der Verhaltensebene. Sie können jedoch kraft der inneren Überzeugung die Prozesse der Beziehungsveränderung ankündigen und beschleunigen.

Dieser kurze Einblick in den psychotherapeutischen Prozeß zeigt die Tragik einer verfehlten Antwort in der ersten Therapie.

Die »innere Wüste«, die durch ein Schicksal des Verlassenwerdens und der Entwertung mitbedingt wurde, kann nicht durch die sexuelle Liebe des Therapeuten überwunden werden. Diese »Liebe« führt zu einem inneren Tod, weil sie eine zusätzliche und maßgebende Enttäuschung darstellt. Die darauffolgende Therapie muß, ähnlich wie eine Therapie mit Inzestopfern, das Mißtrauen und die Entwertung in ihrem doppelten Aspekt (Selbstentwertung und Entwertung der anderen) zum Thema der Auseinandersetzung machen.

Die Überwindung der profunden Verletzung zeigt sich zuerst bruchstückhaft, später kraftvoller, indem das Vertrauen wiedergewonnen wird. Der Weg führt über das Erleben der eigenen Destruktivität in der Übertragung. Der Therapeut läßt sich dadurch nicht zerstören und erlaubt damit die Integration und Transformation der destruktiven Kräfte.

Als Therapeuten können wir die Vertrauensbildung auch fördern, indem wir in unseren Fachgremien die sexuellen Übergriffe offen besprechen und Strukturen schaffen, die es erlauben, sowohl Hilfe anzubieten als auch Maßnahmen anzuwenden.

Anmerkungen

1 Weil diese Thematik vor allem männliche Psychotherapeuten und weibliche Patientinnen betrifft, werde ich in der Folge zur Vereinfachung von Psychotherapeuten und Patientinnen sprechen.
2 Im Sinne von Martin Buber: M. Buber, Schuld und Schuldgefühle. Heidelberg 1958.
3 Ich kenne persönlich drei Patientinnen, die nach einem sexuellen Mißbrauch zu mir in Therapie kamen.
4 An dieser Stelle möchte ich den Kolleginnen und dem Kollegen der

Arbeitsgruppe meinen Dank für die Vertiefung dieser Thematik aussprechen: A. Herzog, T. Kaufmann, U. Miest, J. Pestalozzi, S. Schlatter, M. Schuppli, V. Stäheli, U. Walter und J. Wyler.

5 Ich nenne nachstehend die Hauptarbeiten, die ich in diesem Artikel berücksichtigt habe:
– K. Pope, J. Bouhoutsos: Sexual intimacy between therapists and patients. New York 1986.
– P. Rutter: Sex in the forbidden zone. London 1990 (Unwin Paperbacks).
Wichtige Anregungen für die Konzeptualisierung der zweiten Therapie entnahm ich dem Buch:
– Ch. Courtois: Healing the incest wound. New York 1988 (speziell: S. 214–243).
Literatur in deutscher Sprache:
– M. Ehlert: Sexueller Mißbrauch in der Psychotherapie: Report Psychologie. 16, Heft 11–12, 10–16, 1990.
– U. Wirtz: Seelenmord. Inzest und Therapie. Zürich 1989 (speziell: Kapitel 5: Therapeutische Sackgassen, S. 245–285).

6 P. Rutter, op. cit. S. 137–154. Andere Belege sind direkt aus den publizierten Berichten der Patientinnen zu entnehmen:
– Anonyma: Séduction sur le divan ou le malentendu amoureux. Paris 1989.
– J. Augerolles: Mon analyste et moi. Paris 1989.

7 Über die Verführung als Folge des Inzest, s. die Überlegungen in:
– J. Renvoize: Incest. A family pattern. London 1982 (speziell S. 106–109).

8 Selbstverständlich ist das Mißtrauen der Patientin vor allem dann berechtigt, wenn der nachfolgende Therapeut ihr keinen Glauben schenkt und die traumatische Erfahrung als »Phantasie« mißdeutet.

9 Neben der Bagatellisierungstendenz neigen andere männliche Therapeuten dazu, die Opfer zu mystifizieren: Es sei auf die Haltung von A. Carotenuto hingewiesen:
– A. Carotenuto (Hrsg.): Tagebuch einer heimlichen Symmetrie. Sabina Spielrein. Zwischen Jung und Freud. Freiburg 1986.
Zur Kritik dieser Haltung:
– S. Riechebächer: Neue Zürcher Zeitung. Nr. 1 (3./4. Jan.), 1987, S. 37.

10 Die Supervision sollte auch ein offenes Gespräch über die eigenen sexuellen Phantasien, die aufkommen können, gewährleisten. Die Praxis zeigt allerdings, daß diese wichtigen Aspekte selten zur Sprache kommen.

11 Als eine Patientin den Therapeuten fragte, was andere sagen würden, wenn sie erfahren würden, was sie zusammen in der Therapie tun, antwortete der Therapeut lächelnd: »Sie werden sagen, es sind Phantasien einer Neurotikerin.«

12 – N. Gartrell, J. Hermann, S. Olarte, M. Feldstein, R. Localio: Psych-

iatrist-patient sexual contact: Results of a national survey. I: Prevalence. Am J Psychiatry 143: 1126–1131, 1986.
– J. L. Hermann, N. Gartrell, S. Olarte, M. Feldstein, R. Localio: Psychiatrist-patient sexual contact: Results of a national survey. II: Psychiatrists' Attitudes. Am J Psychiatry 144: 164–169, 1987.
– N. Gartrell, J. Hermann, S. Olarte, M. Feldstein, R. Localio: Reporting practices of psychiatrists who knew of sexual misconduct by colleagues. Am J Orthopsychiat 57: 287–295, 1987.
Einen Literaturüberblick gibt die Arbeit:
– C. Reimer, U. Argast: Zur Problematik intimer Beziehungen während psychotherapeutischer Behandlung. Schweizerische Ärztezeitung 71: 1508–1514, 1990.

13 Ich kann die juristischen Aspekte hier nur am Rande streifen: Meines Wissens hat in der Schweiz nie ein Strafprozeß wegen sexuellen Mißbrauchs in einer ambulanten Psychotherapie stattgefunden. Im bisher gültigen Strafgesetzbuch fehlt eine klare Voraussetzung für die Strafbarkeit dieses Mißbrauchs. Zur Zeit ist eine Revision des Sexual-Strafgesetzbuchs im Gang. Der Nationalrat akzeptierte u. a. am 11. 12. 1990 eine Ergänzung, wonach in Art. 188 des StGB (geschlechtliche Handlungen mit Abhängigen) Abhängigkeitsverhältnis, Erziehungs-, Betreuungs- und Arbeitsverhältnisse genannt werden. Unter Betreuungsverhältnis wird auch der Mißbrauch in der ambulanten Psychotherapie fallen.
Diese Formulierung schafft, wenn sie nach dem parlamentarischen Weg beibehalten wird, die Voraussetzung für die Strafbarkeit des Mißbrauchs in der Psychotherapie.
Ich möchte Frau A. Fankhauser, Nationalrätin BL, herzlich für ihre Unterstützung in der Kommission für das Anliegen unserer Basler Gruppe danken.
Der zivilrechtliche Weg stellt schon jetzt eine Möglichkeit dar, zumindest eine finanzielle Entschädigung zu erhalten.

14 Ich will nicht zum »crucifice« aufrufen: Sicher ist es sinnvoll, auch Therapeuten in einer Krise Strukturen anzubieten, die es ihnen erlauben, mit dem privaten und beruflichen Streß umzugehen. Wir müssen aber auch dazu stehen, daß manchen Therapeuten die Berufsausübung untersagt werden muß.

15 Ich möchte der Patientin danken, die mir erlaubte, einige Ausschnitte aus ihrer Therapie zu publizieren. Sie wollte damit den anderen betroffenen Frauen ein Zeichen der Solidarität geben.

16 Als die Patientin ihn fragte, wie er sich gefühlt habe, antwortete er: »Sie sind die Patientin, ich der Therapeut: Sie müssen erzählen, wie es für Sie war.«

17 Die Auswahl der Träume will die Folgen dieses Mißbrauchs illustrieren, sie kann der Komplexität der ganzen Psychodynamik nicht gerecht werden.

Hier möchte ich Herrn Professor Dr. G. Benedetti danken: Die Supervision bei ihm ermöglichte die Vertiefung der psychotherapeutischen Arbeit und den Einblick in die Transformationsprozesse, die sich in den Träumen ankündigten.

18 Dieses Bedürfnis kann natürlich als sexuelles Verlangen erlebt werden. Es sei nochmals darauf hingewiesen, daß die Schaffung einer erotischen Atmosphäre von seiten des Therapeuten den Hauptmechanismus der sexuellen Ausbeutung in der Therapie darstellt.

19 Ähnlich wie Inzestväter, die behaupten: »Meine Tochter wollte es ja.«

Sexueller Mißbrauch in der Psychotherapie – Rechtslage

Von Barbara Schüller, Rechtsanwältin, Freiburg i. Br.

1. Möglichkeiten juristischer Gegenwehr

Wenn eine Frau nach einem sexuellen Mißbrauch in der Therapie sich dazu entschlossen hat, sich zu wehren, stellt sie sich die Frage: Was soll ich tun? Soll ich den Täter anzeigen? Was hab ich dann davon? Kostet mich das was? Besteht eine Wahrscheinlichkeit, daß der Täter verurteilt wird? Wie läuft so ein Verfahren überhaupt? Muß ich vor Gericht oder Staatsanwaltschaft auftreten? Was kann mir dabei passieren?

Im folgenden werde ich versuchen, diese sowie weitere Fragen nachvollziehbar und praxisnah zu beantworten.

a) Strafanzeige und Strafantrag

Will die betroffene Frau den Täter anzeigen, muß eine Strafanzeige gegenüber der Polizei oder der Staatsanwaltschaft abgegeben werden. Dies kann sowohl schriftlich als auch mündlich erfolgen. Es ist empfehlenswert, vor der Erstattung der Strafanzeige sich Rechtsrat bei einer Anwältin einzuholen, damit nicht wiedergutzumachende Fehler vermieden werden können. Am besten sollte die Anzeige von der Anwältin entworfen und eingereicht werden, denn damit ist garantiert, daß zumindest formale Fehler vermieden werden. Eine Pflicht hierzu besteht jedoch nicht.

Die Strafanzeige bewirkt, daß die Strafverfolgungsbehörde (Staatsanwaltschaft) Kenntnis vom Vorliegen einer Straftat erhält. Sobald sie Kenntnis erhalten hat, *muß* sie einschreiten. Das heißt, die Staatsanwaltschaft muß ab Erstattung der Strafanzeige Ermittlungen einleiten.

Für die Erstattung der Strafanzeige sind zunächst keine Fristen zu beachten. Es ist jedoch aus mehreren Gründen ratsam, nicht allzu lange zu warten: Zum einen ist das Geschehen einschließlich seiner Details besser in Erinnerung. Zum anderen wird ein langer Zeitraum zwischen Tat und Strafanzeige leider oft gegen die Frau ausgelegt nach dem Motto: Sie mußte wohl lange überlegen, ob er überhaupt gegen ihren Willen gehandelt hat. Damit soll ausdrücklich nicht gesagt sein, daß nach einem längeren Zeitablauf (z. B. mehr als drei Monate) von der Erstattung einer Strafanzeige abgeraten wird; oftmals ist die betroffene Frau erst nach einem längeren Zeitraum überhaupt in der Lage, über die Tat zu reden und sich zu wehren.

Die betroffene Frau hat ebenfalls die Möglichkeit, zusätzlich zur Erstattung der Strafanzeige einen Strafantrag zu stellen. Strafanzeige und Strafantrag haben zunächst dieselben Konsequenzen: nämlich daß die Strafverfolgungsorgane einschreiten müssen. Es ist aus folgendem Grund ratsam, auch einen Strafantrag zu stellen: Einige Delikte sind reine Antragsdelikte, d. h., es müssen Ermittlungen eingeleitet werden, wenn ein solcher Strafantrag gestellt wurde. Zu diesen Delikten zählt u. a. die Beleidigung, die Verletzung von Privatgeheimnissen oder die Körperverletzung. Liegt jedoch kein Strafantrag vor, müssen Ermittlungen nur eingeleitet werden, wenn ein »besonderes öffentliches Interesse an der Strafverfolgung besteht«.

Bei der Stellung des Strafantrages ist folgendes zu beachten: Er kann nur binnen drei Monaten ab Tat gestellt werden. Er ist ebenso wie die Strafanzeige bei Polizei oder Staatsanwaltschaft zu stellen.

b) Strafbarkeit des Täters?

Auf den ersten Blick stehen der mißbrauchten Frau anscheinend viele Normen des Strafgesetzbuches (StGB) zur Seite. Bei diesen Vorschriften handelt es sich um den sexuellen Mißbrauch Widerstandsunfähiger (§ 179 StGB), den sexuellen Mißbrauch von Schutzbefohlenen (§ 174 StGB), den sexuellen Mißbrauch unter Ausnutzung einer Amtsstellung (§ 174b StGB), die Vergewaltigung (§ 177 StGB), die sexuelle Nötigung (§ 178 StGB), die Beleidigung (§ 185 StGB) sowie die Körperverletzung (§ 223 StGB).

Das Ergebnis sei jetzt schon vorweggenommen: Es gibt keine Strafnorm, die das spezielle Verhältnis Therapeut/Klientin besonders schützt. Im Gegenteil: Gesetzgebung und Rechtsprechung schützen wie auch bei allen anderen Sexualdelikten den Täter. Um dies zu verdeutlichen, möchte ich auf die Besonderheiten der aufgeführten Tatbestände aufmerksam machen:

Sexueller Mißbrauch Widerstandsunfähiger

Ein Therapeut macht sich nach dieser Norm strafbar, wenn er die Widerstandsunfähigkeit einer Frau mißbräuchlich ausnutzt, um sexuelle Handlungen an der Frau vorzunehmen oder an sich vornehmen zu lassen.

Die erste Frage, die sich hier stellt, ist folgende: Wann ist eine Frau zum Widerstand unfähig? Es muß unterschieden werden zwischen körperlicher und seelischer Widerstandsunfähigkeit. Körperlich widerstandsunfähig ist, wer querschnittsgelähmt oder gefesselt ist. Seelisch widerstandsunfähig ist, wer »wegen einer krankhaften seelischen Störung, wegen einer tiefgreifenden Bewußtseinsstörung oder wegen Schwachsinns oder einer schweren anderen seelischen Abartigkeit zum Widerstand unfähig ist«.

Hieran fehlt es z. B., wenn eine Frau nach früherem sexuellen Mißbrauch sich gegen Männer nicht wehren kann, weil sie quasi in all ihrem Handeln gelähmt ist.

Geschützt werden sollen nur diejenigen Frauen, die dermaßen psychisch krank sind, daß sie praktisch gar nichts mehr von der Außenwelt mitbekommen. Es ist gerade nicht Zweck der Vorschrift, Menschen, die an einer psychischen oder physischen Störung leiden, durch die sie zu sexueller Selbstbestimmung außerstande sind, zu sexueller Enthaltsamkeit zu verurteilen, indem jeder geschlechtliche Kontakt zwischen ihnen und anderen unter Strafe gestellt wird.

Diese an sich vernünftige Überlegung wurde in einem Fall in Kleve ad absurdum geführt: Dort stand unbestritten fest, daß die Klientin den Therapeuten wiederholt auf dessen Wunsch geküßt und umarmt hat, daß der Therapeut mehrfach die Klientin an ihren Brüsten und zwischen den Ober-

schenkeln gestreichelt hat sowie in den meisten Therapiestunden (!) sein entblößtes Glied durch Herunterdrücken
ihres Kopfes in ihren Mund eingeführt und sich oral befrie-
digt hat. Auch stand fest, daß die Klientin aufgrund individu-
eller Besonderheiten als suggestiv beeinflußbar eingeschätzt
wurde. Schließlich stand fest, daß der Therapeut hypnotische
Beeinflussungen vorgenommen hatte, um die Frau zu mißbrauchen. Dennoch wurde entschieden, daß keine Widerstandsunfähigkeit vorliegt: Zwar, so das Gericht, könne angenommen werden, daß erhebliche nötigende Faktoren,
suggestive Beeinflußbarkeit und eine besondere Hingabe
der Klientin dem Therapeuten gegenüber die Intensität der
Bindung verstärkt habe. Daß dadurch ihre Widerstandsfä-
higkeit völlig gebrochen wurde und sie einen ausreichenden
Widerstandswillen nicht mehr hätte bilden, äußern oder be-
tätigen können, schloß der Sachverständige jedoch aus.

Die zweite Frage, die sich hier stellt, lautet: Wann nutzt der
Täter eine Widerstandsunfähigkeit aus? Dies ist nach der
Rechtsprechung der Fall, wenn sich der Täter die Widerstandsunfähigkeit bewußt zunutze macht und sein Verhalten
als Mißbrauch des Opfers erscheint. Auch hier soll an einem
Fall demonstriert werden, wie der Täter und nicht das Opfer
geschützt wird:

Ein Erzieher verliebte sich nach eigenen Angaben in ein
14jähriges, hochgradig schwachsinniges und autistisches
Mädchen, das in seiner affektiven Entwicklung lediglich den
Stand eines einjährigen Kindes erreicht hatte, und übte
mehrfach den Geschlechtsverkehr mit ihm aus. Er glaubte
nach eigenen Angaben, daß sie die Zuneigung brauchte, von
ihm annahm und erwiderte. Das Gericht führte zur aufge-
worfenen Frage des Ausnutzens der Widerstandsunfähigkeit aus: Diese innere Haltung des Angeklagten, aber auch
die Behutsamkeit seines sexuellen Vorgehens lassen den
Vorwurf entfallen, er habe das Mädchen zur Befriedigung
seiner sexuellen Wünsche mißbraucht. Da auch Therapeuten
sich zur Verteidigung häufig darauf berufen, sexuelle Handlungen seien therapeutisch erfolgversprechend, ist dieser
Fall auch auf den sexuellen Mißbrauch durch Therapeuten
übertragbar.

Zusammenfassend ist zu sagen, daß die Strafnorm *Sexueller Mißbrauch Widerstandsunfähiger* im Verhältnis Therapeut/Klientin aus den geschilderten Gründen in der Regel keine Anwendung findet.

Sexueller Mißbrauch von Schutzbefohlenen

Durch diese Strafnorm sind nur nicht volljährige Personen geschützt. Da ferner der Therapeut kein Schutzbefohlener ist, ist die Norm in keinem Fall im Verhältnis Therapeut/Klientin anwendbar.

Sexueller Mißbrauch unter Ausnutzung einer Amtsstellung

Diese Strafnorm ist im Verhältnis Therapeut/Klientin überhaupt nicht anwendbar; denn der Therapeut ist kein Amtsträger, der zur Mitwirkung an einem Strafverfahren berufen ist.

Vergewaltigung und sexuelle Nötigung

Diese beiden Strafnormen werden gemeinsam genannt, weil sie beide als Voraussetzung haben, daß der Täter mit Gewalt oder durch Drohung mit gegenwärtiger Gefahr für Leib oder Leben handelt.

Gewalt wird von den Juristen definiert als der physisch vermittelte Zwang zur Überwindung eines geleisteten oder erwarteten Widerstandes. Die angewandte Gewalt muß ferner das Mittel zur Überwindung des Widerstandes sein.

Dies hat zur Folge, daß Zudringlichkeiten jeglicher Art dann keine sexuellen Nötigungen sind, wenn zusätzlich keine Gewalt angewandt wird. Jede sogenannte aufgedrängte Zärtlichkeit spielt sich im rechtsfreien Raum ab. Dies ist vom Gesetzgeber ausdrücklich gewollt; denn er definiert sexuelle Handlungen im Sinne des StGB nur als solche, die von »einiger Erheblichkeit« sind. Wenn eine sexuelle Nötigung oder Vergewaltigung juristisch angenommen werden soll, muß, wie gesagt, zusätzlich die Gewalt vorliegen.

Therapeuten mißbrauchen aber gerade oft nicht mit Gewalt, wie es das StGB vorsieht. Sie mißbrauchen vielmehr oft das Vertrauen, das sie als Therapeuten genießen, und bewirken damit bei den betroffenen Frauen schlimmste Folgen

191

psychischer Art. Diese Form des Mißbrauchs wird ausdrücklich vom Gesetzgeber nicht geahndet.

So ging das Gericht auch in dem oben geschilderten Fall aus Kleve davon aus, daß keine sexuelle Nötigung des Therapeuten vorlag: denn dem Vorbringen der Klientin ließe sich nicht entnehmen, daß es zu den sexuellen Handlungen durch Gewaltanwendung, d. h. unter Bruch eines körperlichen Widerstandes, gekommen sei.

Diese Auslegung ist für die mißbrauchten Frauen ein Schlag ins Gesicht. Denn die sexuellen Handlungen als solche stellen eine Gewalt dar. In sehr vielen Fällen sind Frauen absolut unfähig, sich gegen Übergriffe zu wehren. Gerade für Frauen, die in ihrer Kindheit bereits mißbraucht wurden, stellt ein auch noch so »harmloser« Übergriff eine brutale Gewalt dar: nämlich den Machtmißbrauch, unter dem sie schon als Kinder gelitten haben und der gerade bestimmte Verhaltensweisen wie Schweigen und Unfähigkeit, sich zu wehren, bewirkte. Ein solcher Übergriff ist auch deshalb schon an sich gewaltsam, weil er eine Retraumatisierung bereits erlebter Ereignisse bewirken kann, was jeder ausgebildete Therapeut weiß und was er bei einem sexuellen Übergriff bewußt in Kauf nimmt.

Zusammenfassend ist festzuhalten, daß Therapeuten in der Regel nicht wegen Vergewaltigung oder sexueller Nötigung belangt werden können, da keine Gewalt in Sinne der Juristen vorliegt.

Körperverletzung

Zwei Formen der Körperverletzung sind denkbar: Optisch sichtbare Blessuren nach einer Gewalteinwirkung und optisch nicht sichtbare seelische Verletzungen. Beide Formen der Körperverletzungen müssen durch Gutachten nachgewiesen werden. Dies bedeutet, daß die betroffenen Frauen sich ärztlich untersuchen lassen müssen. Ohne ein solches Gutachten ist eine Verurteilung wegen Körperverletzung nicht denkbar.

Im Falle der seelischen Verletzungen kommt eine weitere Schwierigkeit hinzu: Es muß nachgewiesen werden, daß der sexuelle Mißbrauch des Therapeuten ursächlich ist für die seelischen Verletzungen der Frau. Gerade dieser Punkt ist ein »Leckerbissen« für die Verteidiger von mißbrauchenden Therapeuten: Denn welche Frau begibt sich in therapeutische Behandlung, wenn sie keine psychischen Probleme hat?

Hinzu kommt auch, daß oftmals weder Richter noch Staatsanwälte Kenntnisse über die Folgen eines Mißbrauchs haben und sich diese auch nicht vorstellen können. Deshalb wird die betroffene Frau in einem Verfahren gegen den mißbrauchenden Therapeuten keine andere Möglichkeit haben, als ihre Zustimmung abzugeben zur Erstellung eines Gutachtens zur Frage der Ursache der (neu hinzugekommenen) seelischen Schäden.

Beleidigung

Als letzte in Betracht kommende Strafnorm gibt es die Beleidigung. Nun könnte frau der Auffassung sein, daß jede sexuelle Handlung für die mißbrauchte Frau auch eine Beleidigung darstellt, da der mißbrauchende Therapeut eindeutig die Ehre der Frau mißachtet. Weit gefehlt! Sexuelle Handlungen stellen nach den Buchstaben des Gesetzes nur dann eine Beleidigung dar, wenn »besondere Umstände« einen selbständigen beleidigenden Charakter erkennen lassen. Das bedeutet, daß ein über die Ehrverletzung hinausgehender Angriff auf die Geschlechtsehre vorliegen muß. Mit anderen Worten: Dem Täter muß nachgewiesen werden, daß er die Geschlechtsehre verletzen wollte. Dieser Nachweis ist normalerweise sehr schwierig, da der mißbrauchende Therapeut in der Regel entweder die Tat leugnet oder sich darauf beruft, seine Handlung sei therapeutisch sinnvoll gewesen.

In meinen Augen gewinnt diese Vorschrift jedoch zunehmend Bedeutung in dem Verhältnis mißbrauchender Therapeut/Klientin, da gerade in diesem Bereich die sogenannten »besonderen Umstände« auf der Hand liegen. Denn es ist offensichtlich, daß der mißbrauchende Therapeut das therapiebedingte Vertrauensverhältnis zu seiner Befriedigung mißbraucht.

c) Beweislage

Bei einem sexuellen Mißbrauch gibt es im Normalfall nur zwei Menschen, die wissen, was passiert ist: der mißbrauchende Therapeut und die Klientin. Da der Therapeut wohl die Tat leugnet, gibt es nur eine Zeugin: nämlich die Klientin. Bei Sexualdelikten ist es im Gegensatz zu anderen Delikten üblich, daß die Glaubwürdigkeit der Zeugin durch ein Glaubwürdigkeitsgutachten bewiesen werden muß. Mir ist kein Fall bekannt, wo das Opfer eines Diebstahls oder eines Betruges seine Glaubwürdigkeit durch ein Glaubwürdigkeitsgutachten hätte beweisen müssen.

Zu einem solchen Glaubwürdigkeitsgutachten kann die Frau nicht gezwungen werden. Sie muß hierzu ihre Einwilligung geben.

2. Durchführung des Strafverfahrens

a) Wenn die Staatsanwaltschaft die Täterschaft des mißbrauchenden Therapeuten als erwiesen ansieht, kann sie eine Anklageschrift bei Gericht einreichen. Vor Gericht muß die Klientin dann als Zeugin auftreten. Sieht das Gericht nach der Aussage der Zeugin und nach den Gutachten die Täterschaft des Therapeuten als erwiesen an, kann der Täter zu einer Geld- oder Freiheitsstrafe sowie zu einem (zeitlich befristeten) Berufsverbot verurteilt werden. In Freiburg wurde Ende 1980 ein Therapeut wegen Vergewaltigung seiner Klientin zu einer Freiheitsstrafe sowie zu einem Berufsverbot verurteilt. Das Besondere an dem Fall war, daß die Verurteilung erfolgte, obwohl der Therapeut vor der Vergewaltigung ein einverständliches Verhältnis mit der Frau hatte.

b) Die Staatsanwaltschaft hat auch die Möglichkeit, das Verfahren vor der Anklageerhebung einzustellen. Dies kann mit verschiedenen Begründungen geschehen:

Entweder kann es eingestellt werden wegen »Geringfügigkeit« des Verschuldens des Täters. Wann von »Geringfügigkeit« gesprochen werden kann, entzieht sich nachprüfbaren objektiven Kriterien. Die Entscheidung hierüber liegt allein im Ermessen des jeweiligen Staatsanwalts. Ein Rechtsmittel gegen seine Entscheidung gibt es nicht.

Oder das Verfahren kann eingestellt werden, wenn der Täter bestimmte Auflagen erfüllt, wie zum Beispiel die Zahlung eines Schmerzensgeldes an die betroffene Frau. Diese Art der Einstellung ist nur möglich, wenn sich der Täter hiermit einverstanden erklärt. Dies geschieht erfahrungsgemäß recht selten, da der Therapeut hierbei quasi ein Schuldeingeständnis abgibt.

Das Verfahren kann auch eingestellt werden wegen mangelndem Tatverdacht. Dies bedeutet, daß die Staatsanwaltschaft davon überzeugt ist, daß der Vorfall entweder nicht stattgefunden hat oder daß der Vorfall juristisch nicht zu ahnden ist.

Schließlich kann das Verfahren mit der Begründung eingestellt werden, an der Verfolgung des Täters bestünde kein »öffentliches Interesse«.

Dieses liegt vor, »wenn der Rechtsfrieden über den Lebenskreis des Verletzten hinaus gestört und die Strafverfolgung ein gegenwärtiges Anliegen der Allgemeinheit ist«. Unabhängig davon, daß der sexuelle Mißbrauch in der Therapie langsam, aber sicher aus dem Tabubereich herauskommt und damit ein gegenwärtiges Anliegen der Allgemeinheit darstellt, stellt die Staatsanwaltschaft das Verfahren gerne nach dieser Vorschrift ein.

In Freiburg lief ein Ermittlungsverfahren gegen einen Therapeuten. Ihm wurde vorgeworfen, er habe die Klientin ohne deren Einverständnis an sich gedrückt und sie gestreichelt. Dann habe er sie an den Brüsten und zwischen den Beinen angefaßt. Anschließend habe er ihre Hände auf seinen erigierten Penis gelegt. Die Staatsanwaltschaft stellte dieses Verfahren u. a. ein, weil die Handlungen des Therapeuten nicht besonders gravierend seien und deshalb kein öffentliches Interesse an der Strafverfolgung vorläge.

Diese Vorgehensweise stößt auch deshalb auf Kritik, weil in den Richtlinien für Staatsanwälte zu lesen ist, ein öffentliches Interesse müsse bei einer rohen Tat oder bei niedrigen Beweggründen des Täters oder bei erheblichen Verletzungen des Opfers angenommen werden. Da bei der Klientin nach der Tat eine schwerwiegende Retraumatisierung eines früheren Mißbrauchs mit hochgradiger Suizidgefahr auftrat, frage ich mich, was in den Augen des Staatsanwaltes noch alles hätte passieren müssen, damit auch er von dem Vorliegen von erheblichen Verletzungen und somit vom Vorliegen eines öffentlichen Interesses überzeugt wäre.

Die Staatsanwaltschaft kann eine solche Vorgehensweise wählen bei sogenannten Privatklagedelikten wie z. B. Körperverletzung und Beleidigung.

c) Wenn der Therapeut durch das Gericht verurteilt wird, muß er die gesamten Kosten des Verfahrens tragen. Er muß in diesem Fall auch die Kosten der Anwältin der Klientin zahlen, wenn diese anwaltliche Hilfe in Anspruch genommen hatte.

Wenn das Verfahren eingestellt wird, trägt die Staatskasse die Kosten des Verfahrens. Die Klientin muß ihre eigenen Anwaltskosten jedoch selber tragen. Für die Gutachtenskosten kann sie nicht herangezogen werden. Hatte die Frau keine Anwältin eingeschaltet, kommen also gar keine Kosten auf sie zu.

3. Das Privatklageverfahren

Die Staatsanwaltschaft kann das Verfahren wegen mangelndem öffentlichen Interesse einstellen und auf den Privatklageweg verweisen. Dies ist nur möglich, wenn dem Therapeuten z. B. eine Körperverletzung oder eine Beleidigung vorgeworfen wird. Die Verweisung auf den Privatklageweg bedeutet, daß nicht mehr der Staat gegen den Täter vorgeht, sondern daß nun die Klientin die Möglichkeit hat, gegen den Täter strafrechtlich vorzugehen. Das heißt, sie selbst (oder ihre Anwältin) kann eine Anklageschrift schreiben und Sachverständigengutachten einholen. Dies schließt ein, daß die Klientin auch ein Glaubwürdigkeitsgutachten für sich selbst in Auftrag geben müßte. Spätestens jetzt wird sichtbar, daß diese Vorgehensweise für die Frau oft unzumutbar ist.

Hinzu kommt, daß sie jetzt selbst die Kosten des Verfahrens und somit auch die Kosten für die teuren Gutachten vorstrecken muß. Wird der Therapeut verurteilt, muß er alle entstandenen Kosten tragen. Wird er nicht verurteilt, muß die Klientin alle Kosten des Verfahrens tragen, auch die Kosten für den Anwalt des Therapeuten.

Eine solche Vorgehensweise ist sehr nervenaufreibend, weil die Klientin das Verfahren selbstverantwortlich führt und keinerlei Unterstützung durch den Staat erfährt. Außerdem ist die Privatklage mit einem hohen finanziellen Risiko (mehrere tausend Mark) verbunden. Denn wenn der mißbrauchende Therapeut nicht verurteilt wird, muß die Frau die Gerichtskosten, die Gutachterkosten, den Anwalt des Therapeuten sowie gegebenenfalls die eigenen Anwaltskosten tragen.

Sehr gering verdienende Frauen haben die Möglichkeit, Prozeßkostenhilfe in Anspruch zu nehmen. Hierfür müssen zwei Voraussetzungen vorliegen:

Zum einen darf die Frau nicht in der Lage sein, die Prozeßkosten aufzubringen. Dies ist der Fall, wenn sie bis zu 850,– DM (oder leicht darüber) monatlich verdient und niemandem Unterhalt leistet. Zahlt sie einer Person, z. B. einem Kind, Unterhalt, liegt die Verdienstgrenze bei 1300,– DM; leistet sie zwei Personen Unterhalt, liegt die Grenze bei 1575,– DM.

Zum anderen muß die Privatklage »Aussicht auf Erfolg« haben, das heißt, die Frau muß schon vor dem eigentlichen Verfahren darlegen, daß die Klage voraussichtlich zu einer Verurteilung führt.

Da der Antrag auf Bewilligung von Prozeßkostenhilfe bereits vor der eigentlichen Klage gestellt werden kann, kann die betroffene Frau ihre Klage von der Bewilligung der Prozeßkostenhilfe abhängig machen und braucht somit kein Kostenrisiko eingehen.

4. Klage auf Schmerzensgeld

Unabhängig von dem bisher Gesagten kann die Frau den mißbrauchenden Therapeuten auf die Zahlung eines Schmerzensgeldes verklagen. Der Therapeut soll in diesem *zivilrechtlichen* Verfahren nicht wegen seiner Tat vom Staat bestraft werden; vielmehr soll er wegen der Verletzungen, die er der mißbrauchten Frau zugefügt hat, einen Geldbetrag an die Frau zahlen.

Das Oberlandesgericht Düsseldorf sprach in einem Aufsehen erregenden Urteil einer Frau, die von ihrem Therapeuten sexuell mißbraucht worden war, ein Schmerzensgeld in Höhe von 10000,– DM zu. Die Begründung war folgende: Wenn ein Therapeut eine sexuelle Beziehung zu einer Patientin aufnimmt, verstößt er gegen das sogenannte Abstinenzgebot und begeht einen Behandlungsfehler. Wenn durch diesen Behandlungsfehler die Frau psychisch und physisch krank wird, muß der Therapeut ihr Schmerzensgeld zahlen. Das Abstinenzgebot besagt, daß der Therapeut, solange die Therapie dauert, jeden privaten Kontakt zu der Klientin meiden *muß*.

Auch bei dieser Vorgehensweise muß die Frau beweisen, daß ein ursächlicher Zusammenhang zwischen dem Mißbrauch durch den Therapeuten und ihren Verletzungen besteht. Dieser Beweis kann nur durch die Einholung eines Sachverständigengutachtens geführt werden. Ein Glaubwürdigkeitsgutachten muß bei diesem Verfahren nicht beigebracht werden.

Wenn eine Frau sich entschließt, ihren Therapeuten auf Schmerzensgeld zu verklagen, geht sie in jedem Fall ein nicht geringes finanzielles Risiko ein. Wenn sie den Prozeß verliert, muß sie alle entstandenen Kosten tragen. Hierbei handelt es sich um die Gerichtskosten, die Gutachtenskosten, die Kosten des gegnerischen Anwalts sowie gegebenenfalls die eigenen Anwaltskosten.

Wenn sie den Prozeß gewinnt, hat sie Anspruch auf Zahlung des eingeklagten Schmerzensgeldes, und der unterliegende Therapeut muß alle Kosten des Verfahrens tragen.

Wenn eine Frau rechtsschutzversichert ist, kann sie bei ihrer Versicherung den Antrag stellen, daß diese die gesamten Kosten des Verfahrens übernimmt. Wenn diesem Antrag entsprochen wird, hat die Frau die Möglichkeit, sich voll dem Verfahren zu widmen, ohne Angst haben zu müssen, daß irgendwelche Kosten auf sie zukommen.

Wenn eine Frau ein lediglich sehr geringes Einkommen bezieht, besteht die Möglichkeit der Gewährung von Prozeßkostenhilfe. Alles, was oben unter Ziffer 3 letzter Absatz gesagt wurde, gilt hier entsprechend.

5. Anspruch auf Rückzahlung der Therapiekosten?

Muß der Therapeut die bezahlten Therapiekosten zurückerstatten, wenn ein Mißbrauch nachgewiesen ist? Im Normalfall ist die Frage zu verneinen, da der Honoraranspruch des Therapeuten aufgrund des Therapievertrages besteht und selbst im Falle des Mißbrauchs nicht untergeht.

Eine Rückzahlung des Honorars kommt dann in Betracht, wenn überhaupt kein wirksamer Behandlungsvertrag zustande gekommen ist. Dies ist der Fall, wenn der Therapeut nicht die zur Ausübung der Psychotherapie erforderliche Genehmigung hatte. In diesem Falle kann der vollständige, also seit Therapiebeginn gezahlte Betrag zurückverlangt werden.

Wichtig ist, daß die Klientin nicht wissen darf, daß der Therapeut die notwendige Genehmigung nicht hatte. Dieses Nicht-Wissen muß im Prozeßfall der Therapeut beweisen, was ihm erfahrungsgemäß sehr schwer fallen dürfte.

6. Kann der mißbrauchende Therapeut etwas gegen die Frau unternehmen, die ihn angezeigt hat?

Diese Frage stellt sich wohl für jede Frau, die sich dazu entschlossen hat, ihren Therapeuten anzuzeigen. Sie muß eindeutig bejaht werden. Da sich der Täter wohl in den meisten Fällen auf den Standpunkt stellt, er werde von der Frau aus welchen Gründen auch immer falsch belastet, muß die Frau immer damit rechnen, daß sie selbst vom Täter angezeigt wird; und zwar wegen übler Nachrede oder Verleumdung. Gegen die Frau wird dann auch ein Ermittlungsverfahren eingeleitet. Das bedeutet, daß nun auch die Frau Beschuldigte ist. Dieses Verfahren gegen die Frau ist von sofort an nicht mehr von dem Verfahren gegen den Therapeuten zu trennen: Denn wenn der Therapeut verurteilt wird, wird das Verfahren gegen die Frau eingestellt. Wenn der Therapeut freigesprochen wird, kann nicht ausgeschlossen werden, daß die Frau wegen übler Nachrede oder Verleumdung verurteilt wird.

Der Therapeut hat bei seiner Verteidigung ferner das Recht, über den psychischen Zustand seiner Klientin Aussagen zu machen und Angaben über ihm Anvertrautes zu geben. Seine Schweigepflicht ist zu seinen Gunsten zu seiner Verteidigung gelockert. Das hat in aller Regel zur Folge, daß der Therapeut alles erzählt, was die Frau schlechtmachen könnte und was sie in ihrer Glaubwürdigkeit mindert. Auch wird der Therapeut den psychischen Zustand der Klientin ausführlichst schildern und diesen Zustand dafür verantwortlich machen, daß die Klientin ihn natürlich völlig zu Unrecht angezeigt hat.

Zusammenfassend ist zu sagen: Wenn eine Frau ihren Therapeuten wegen sexuellen Mißbrauchs in der Therapie anzeigt oder ihn auf Zahlung eines Schmerzensgeldes verklagt, muß sie wissen, daß der Therapeut auch sie anzeigen kann. Die Frau muß auch wissen, daß das Verfahren sich über viele Monate hinziehen kann. Ein finanzielles Risiko geht die Frau nur im Falle der Privatklage oder der Schmerzensgeldklage ein. Dieses Risiko kann ihr durch eine Rechtsschutzversicherung oder durch die Prozeßkostenhilfe abgenommen werden. Nicht abgenommen werden kann der Frau hingegen die nervliche Belastung, die sich zwangsläufig durch die Einschaltung des Rechtsweges und die zu erwartende Verteidigung des Therapeuten ergibt. Diese nervliche Belastung kann aber auf der anderen Seite dadurch ausgeglichen werden, daß die mißbrauchte Frau gerade durch die Einschaltung des Rechtsweges aus einer passiven Haltung herauskommt und den Mißbrauch nicht schweigend hinnimmt, denn dies bringt mit Sicherheit ebenfalls eine große nervliche und psychische Belastung mit sich.

Die Positionen der Berufsverbände

Von Dr. Irmgard Vogt, Soziologin und Psychologin,
Frankfurt am Main

Es ist kein einfaches Unterfangen, die Positionen der einschlägigen (Berufs-)Verbände im Hinblick auf Grenzverletzungen und sexuellen Mißbrauch in der Therapie angemessen, d. h. objektiv darzustellen. Aber was meint man denn,
wenn man Objektivität in dieser Diskussion einfordert? Was
von meinem Standpunkt aus gesehen objektiv ist, erscheint
anderen als übertrieben (Wetter 1991), reißerisch-skandalös
(Breuer 1991), schädlich für den gesamten Berufsstand usw.
Die Bewertung des Sachverhalts geht demnach von Anfang
an in die Darstellung mit ein, und diese wechselt mit den Personen bzw. Institutionen. Es gibt, so will es scheinen, keine
wertneutrale Position, von der aus der Sachverhalt objektiv
darzustellen wäre, weil dieser selbst eine wertneutrale Betrachtung nicht zuläßt. Grenzverletzungen und sexueller
Mißbrauch in der Therapie sind aus meiner Sicht betrachtet
keine Kavaliersdelikte, zu denen man beliebig Stellung nehmen kann; es handelt sich vielmehr um gravierende Verletzungen der Rechte der PatientInnen und KlientInnen, die mit
Sanktionen geahndet werden müssen.

Die Berufsordnung für Psychologen des Berufsverbands
Deutscher Psychologen (BDP) von 1985 geht allem Anschein
nach etwa von derselben Bewertung aus, wie folgende Pas-
sage deutlich macht: »Der heilkundlich tätige Psychologe
darf keine persönliche Bindung zu seinem Patienten eingehen, z. B. sind sexuelle Beziehungen zu Patienten unzuläs-
sig.« Mit der Bewertung des Sachverhalts soll es aber auch
sein Bewenden haben, denn über Sanktionen, die dann einsetzen, wenn die Berufsordnung verletzt wird, sagt diese
nichts.

Der BDP hat demnach Richtlinien für eine Berufsordnung
erlassen, die an die Selbstverpflichtung der Mitglieder appel-
liert, die aber den Verband selbst nicht in die Pflicht nehmen.

So sieht das wohl auch der Verband selbst, der sich bislang immer nur dann an der Auseinandersetzung um die Bewertung von sexuellem Mißbrauch in der Therapie beteiligt hat, wenn das unvermeidlich war. Diese Lethargie ist um so verwunderlicher, weil gerade dieses Thema im amerikanischen psychologischen Dachverband (American Psychological Association) seit den 70er Jahren intensiv diskutiert wird und 1979 zu ersten entscheidenden Änderungen der ethischen Richtlinien des Verbandes geführt hat (für die weitere Diskussion und Dokumentation vgl. American Psychologist 1979–1991). Anders als das sonst der Fall ist, hat das amerikanische Beispiel also nicht Schule gemacht.

In Deutschland hat man vielmehr über sexuellen Mißbrauch in Therapien bemerkenswert lange geschwiegen. Darüber kann auch die oft sehr theoretisch anmutende Diskussion über das Abstinenzgebot in der Psychoanalyse nicht hinwegtäuschen. Die ersten Publikationen zum Thema, die an Deutlichkeit nichts zu wünschen übriglassen, sind in den späten 80er Jahren erschienen (vgl. u. a. Spielrein Bd. I 1986, Anonyma 1988, Cremerius 1986, 1988, Wirtz 1989). Die einschlägigen Verbände, z. B. der BDP, die Deutsche Psychoanalytische Gesellschaft (DPG), die Deutsche Psychoanalytische Vereinigung (DPV), die Gesellschaft für wissenschaftliche Gesprächsführung (GwG) usw., reagierten nicht auf diese Publikationen. Jedenfalls setzte keine lebhafte Diskussion des Themas ein, wenn man von den Anstrengungen der Deutschen Gesellschaft für Verhaltenstherapie (DGVT) absieht (vgl. die Veröffentlichungen in der Zeitschrift *Verhaltenstherapie und Psychosoziale Praxis*, Vogt 1989, 1990). Es sind gerade auch die Aktivitäten der Arbeitsgemeinschaft Frauen in der psychosozialen Versorgung der DGVT, die dafür gesorgt haben, daß sich die Verbände mit dem Thema auseinandersetzen müssen. Auf dem von ihnen organisierten Hearing »Sexuelle Übergriffe in der Therapie – Kunstfehler oder Kavaliersdelikt?« (vgl. Dokumentation Hearing) im Januar 1991 hatten eine Reihe von Verbänden Gelegenheit, öffentlich Stellung zu nehmen und ihre Position zu erläutern. Die folgenden Ausführungen beziehen sich auf die schriftlichen und mündlichen Stellungnahmen der Verbände zu diesem Hearing.

Zur Vorbereitung des Hearings wurde an rund 50 deutsche Therapie- und Berufsverbände ein kurzer Fragebogen verschickt. Aus den Antworten von 24 Verbänden läßt sich in gewissem Umfang ablesen, für wie gewichtig sie das Thema Grenzüberschreitungen und sexueller Mißbrauch in der Therapie halten.

Sehr verallgemeinernd kann man zunächst einmal feststellen, daß die Mehrzahl der Verbände, die den Fragebogen beantwortet haben, die Beziehung zwischen TherapeutIn und KlientIn/PatientIn nicht so sehr als funktionelles oder instrumentelles System verstehen, sondern als psychodynamisches: demnach sollen Übertragung und Gegenübertragung die Interaktionen zwischen den Therapierenden und den KlientInnen/PatientInnen strukturieren. Über die verschiedenen Therapieschulen hinweg hat sich also das psychodynamische Modell bei der Betrachtung der therapeutischen Beziehung durchgesetzt. Wie die folgenden Ausführungen zeigen, hat das aber wenig Konsequenzen für die praktische Arbeit.

Die Fragen 1 und 2 des Fragebogens beziehen sich auf die Ausbildung von TherapeutInnen und die Behandlung der Themen Sexualität sowie sexuelle Übergriffe in der Therapie. Die Antworten verleiten zu dem Schluß, daß sowohl die sexuellen Bedürfnisse und Probleme der TherapeutInnen in ausreichendem Maße in der Ausbildung behandelt werden wie auch das Thema sexuelle Übergriffe in der Therapie. 20 Verbände geben an, daß beide Komplexe »eingehend« in der Ausbildung bearbeitet werden. Aber was heißt »eingehend«?

Die psychoanalytischen Verbände verweisen darauf, daß die Ausbildungskandidaten sich in einer Lehranalyse befinden, innerhalb derer eine Auseinandersetzung mit der eigenen Sexualität stattfinde. Die Frage muß erlaubt sein, ob diese Art der Bearbeitung der eigenen Sexualität ausreicht oder ob sie ergänzt werden müßte um über die eigene Geschichte hinausgehende Ansätze einer geschlechterspezifischen Betrachtungsweise der Sexualität und weiter einer Analyse der Herrschafts- und Machtverhältnisse in der Gesellschaft, das u. a. seine Basis hat im Geschlechterverhältnis (vgl. Benjamin 1990).

Curricula zu den Themen Sexualität und sexueller Mißbrauch in der Therapie liegen offenbar nicht vor, jedenfalls werden von 23 Verbänden keine mitgeteilt. Von keinem Verband wird das Therapeut-Patient-Sex-Syndrom als eigenes Krankheitsbild erwähnt; kein Verband verweist auf Kriseninterventionen und Hilfen sowohl für die KlientInnen/PatientInnen als auch für die Therapierenden, wenn sexuelle Entgleisungen drohen.

Die Selbstverständlichkeit, mit der fast alle Verbände die ersten beiden Fragen mit einem glatten Ja beantworten, darf über die Lücken in der Ausbildung nicht hinwegtäuschen. Wäre es so, wie die Verbände sagen, so könnte man mit gutem Grund erwarten, daß bereits eine Reihe von Publikationen zu diesen Themen vorliegen. Das Fehlen einschlägiger Studien und Untersuchungen belegt eindrucksvoll, auf welch dünnem Eis sich die Verbände bewegen, wenn sie behaupten, die Themen Sexualität und sexuelle Übergriffe in der Therapie würden in der Ausbildung hinreichend behandelt.

Die Fragen 3, 4 und 5 beziehen sich ganz direkt auf den Einsatz sexueller Handlungen als Teil der Behandlung und die Begründungen für oder gegen entsprechende Verfahren. Alle 24 Verbände verwahren sich kurz und bündig gegen sexuelle Handlungen als Teil der Behandlung. Sie begründen ihre Position u. a. mit dem Verweis auf die Ethik-Richtlinien, auf das Abstinenzgebot, auf ihre Methoden und Techniken, die solchen Einlassungen entgegenstehen usw. Allerdings verweist nur ein Verband auf den »inzestuösen« Charakter einer sexuellen Beziehung zwischen TherapeutIn und PatientIn (Norddeutsches Institut für bioenergetische Analyse e. V.), alle anderen schweigen sich in diesem Punkt aus. Das ist bemerkenswert, gerade weil die Verbände von einem psychodynamischen Verständnis der therapeutischen Beziehung ausgehen.

Auf die Frage 6, ob sie »bisher Kenntnis über sexuelle Kontakte zwischen TherapeutInnen/BeraterInnen und Ratsuchenden innerhalb des Verbandes« haben, antworten 19 Verbände mit »Nein« und nur fünf mit »Ja«. Lediglich ein Verband, dem zwar auch kein einziger Fall eines sexuellen Übergriffs in der Therapie bekannt zu sein scheint, meint: *» Wir wissen aber, daß dieses Thema zu Recht in der Öffentlichkeit* *diskutiert wird« (Institut für Psychoanalyse und Psychotherapie Freiburg).*

Unvoreingenommene LeserInnen fragen sich natürlich an dieser Stelle, warum das Thema »mit Recht in der Öffentlichkeit diskutiert« werden soll, wenn keine einschlägigen Fälle bekannt sind. Man wird kaum annehmen können, daß der Verband diesen Vorschlag zu Prophylaxezwecken einbringt. Es ist wohl eher so, daß durchaus eine ganze Anzahl von Fällen »indirekt« bekannt sind, wie es an anderer Stelle so schön vage heißt. Heißt das dann auch, daß man sich um diese Fälle nicht kümmern muß, daß sie den Verband nicht bekümmern müssen?

Die Antworten auf den Fragebogen lassen den Schluß zu, daß die Politik der Verbände auf Lethargie angelegt ist: man weiß nichts von sexuellem Mißbrauch in der Therapie, man hat davon auf offizieller Ebene nie etwas gehört und man hat schon gar nichts gesehen. Wenn dann doch »etwas gewesen ist«, dann ist das Ehrengericht des BDP zuständig, das schließlich auch zur Aufarbeitung entsprechender Fälle eingesetzt ist. Vom Schutz der PatientInnen kann auf Verbandsebene nicht die Rede sein, vielmehr vom Schutz der TherapeutInnen. Die Untätigkeit der Verbände kommt nämlich nur letzteren zugute, insofern sie sich für den Mißbrauch ihrer Macht und den Mißbrauch der von ihnen Abhängigen nicht verantworten müssen (vgl. dazu auch Vogt 1991).

Das Ehrengericht des BDP ist im übrigen eine stumpfe Waffe bei Grenzüberschreitungen und sexuellem Mißbrauch in der Therapie. Nach Wetter (1991, vgl. auch Ehlert 1990) sind in den letzten fünf Jahren beim BDP lediglich fünf Ehrengerichtsverfahren wegen sexueller Übergriffe eröffnet worden, und nur in einem Fall kam es zu einer Verurteilung, d. h. dem Ausschluß aus dem Verband (ähnlich niedrig liegen auch die Zahlen bei den Ärztekammern, vgl. Odenbach 1991). Diese Sanktion ist nicht gleichzusetzen mit einem Berufsverbot; allerdings wird die Wahl des Arbeitsplatzes auf diesem Wege etwas eingeschränkt. Will ein Beschuldigter diese Einschränkungen nicht hinnehmen, dann kann er sich dem Verfahren jederzeit entziehen durch Austritt aus dem BDP. Sanktionen, die über den Ausschluß aus dem Verband hinausgehen, verfolgt der BDP nicht. Es gibt auch keine Hinweise darauf, daß der BDP in nächster Zeit seine Politik in dieser Frage ändern wird.

Allerdings bereitet der BDP eine Umfrage unter klinischen PsychologInnen vor (vgl. Wetter 1991), von der er sich repräsentative Daten über Grenzverletzungen und sexuellen Mißbrauch in der Therapie für Deutschland verspricht. Hinter der Ankündigung dieser Studie steht wohl die Absicht, die Politik des Verbandes zu rechtfertigen. Man wird daher nach Abschluß der Studie prüfen müssen, wie man bei der Vorbereitung der Untersuchung vorgegangen ist und welche Antworten die jeweiligen Fragen den Befragten nahelegen. Mit Fragebogenuntersuchungen, das ist ja bestens belegt, lassen sich immer auch die Ergebnisse produzieren, die gewünscht werden, und das stets unter Wahrung des Scheins der Objektivität. Der BDP wird also mit einer kritischen Prüfung seiner Studie rechnen müssen.

Ohnehin spricht alles dafür, daß der BDP nur unter massivem Druck von Therapieverbänden seine Politik in diesen Fragen ändern wird. Es kommt also darauf an, welche Positionen z. B. die DGVT, die GwG, die psychoanalytischen Verbände sowie andere Therapieverbände in dieser Hinsicht einnehmen und wieviel Druck sie auf den BDP auszuüben bereit sind, damit die Weichen anders gestellt werden. Einige Verbände (DGPT – Deutsche Gesellschaft für Psychoanalyse, Psychotherapie, Psychosomatik und Tiefenpsychologie, DGVT, DVG – Deutsche Vereinigung der Gestalttherapeuten, GwG, KFS – Bundesweite Konferenz der Fachbereichsleitung der Fachbereiche für Sozialwesen sowie Frau Wohlatz für Feministische Therapeutinnen) haben dazu auf dem bereits erwähnten Hearing in Bonn Stellungnahmen abgegeben (vgl. Dokumentation Hearing), auf die hier Bezug genommen wird.

Die Mehrzahl der Verbände ist, wie es scheint, etwas unversehens mit den Problemen von Grenzverletzungen und sexuellem Mißbrauch in der Therapie konfrontiert worden. Sie alle, also etwa die DVG, die GwG und die KFS, stehen noch am Anfang einer eingehenden Auseinandersetzung mit diesen Themen. Aufgeschreckt durch Pressemitteilungen

verschiedenster Art und die Einladung der Arbeitsgemeinschaft Frauen in der psychosozialen Versorgung der DGVT,
berät man in allen Vereinen neue ethische Richtlinien (das
gilt auch für die DGVT) und die Einrichtung von Ehrengerichten, die auf deren Einhaltung achten sollen. Als Vorbild
dient dabei das Ehrengericht des BDP, das jedoch durchaus
auch kritisch gesehen wird. Andere Modelle eines Ehrenge-
richts sind denkbar und werden diskutiert (vgl. Fliegel in Dokumentation Hearing). Immerhin waren sich einige Verbände auf dem Hearing 1991 darüber einig, daß den
KlientInnen und PatientInnen der Zugang zu einer
Beschwerdeinstanz leichter gemacht werden muß, als das
heute beim Ehrengericht des BDP der Fall ist.

Die DGVT und die Feministischen Therapeutinnen erwägen darüber hinaus, Kommissionen einzurichten, die den
eingereichten Klagen sowohl von KlientInnen und Patient-
Innen wie von Kollegen und Kolleginnen aktiv nachgehen
müssen. Am Ende einer Klage, sollte sie sich als stichhaltig
herausstellen, steht in diesem Modell ein Berufsverbot, das
sich sowohl auf Institutionen wie auf freie Praxen erstrecken
muß. Wie ein solcher aktiver Schutz der Rechte der KlientInnen und PatientInnen konkretisiert werden kann, muß noch
abgeklärt werden. Da solche Maximalforderungen jedoch
noch in weiter Ferne liegen, wird man sich mit näherliegen-
den Hilfs- und Abwehrmaßnahmen beschäftigen müssen.
Dazu gehört u. a. die Vermittlung juristischer Hilfen, wenn
Klagen eingehen.

In diesen Kontext gehören aber auch eine ganze Reihe weiterer Hilfsmaßnahmen, von denen hier nur die wichtigen
aufgezählt werden können. An erster Stelle steht eine infor-
mative und intensive Aufklärung der Klientel über Psychotherapie ganz allgemein, die bislang nicht stattgefunden hat.
Fast alle Verbände planen die Herausgabe von Merkblättern
für Klientinnen und Klienten, die sie über ihre Rechte aufklä-
ren und über die Grenzen von Psychotherapien. Werden
diese Rechte verletzt, dann geht es zunächst darum, den Betroffenen in der akuten Notlage zu helfen. Insbesondere denjenigen, die in Therapien sexuell mißbraucht worden sind,
soll schnelle Hilfe zuteil werden. Erwogen werden telefoni-

sche Hilfsangebote (bei der DGVT und den Feministischen Therapeutinnen), regionale Vernetzungen von Notrufstellen und die Erarbeitung von Positivlisten, die Prüfung von Kostenübernahmen und Überbrückungsmaßnahmen, der Auf- und Ausbau von Selbsthilfenetzwerken usw.

Dazu kommt gezielte Öffentlichkeitsarbeit, denn es geht eben nicht nur darum, die Klientel über ihre Rechte aufzuklären, sondern auch die Therapeuten und Therapeutinnen über ihre Pflichten. Noch immer geistert nämlich die Meinung durch die Profession, es sei das »verliebte Weib« (Freud), das es auf die »planmäßige . . . Verführung« (Jung) des Therapeuten abgesehen habe und dem dieser schließlich zum Opfer falle (alle Zitate nach Cremerius 1986, 24). Diese Meinung ist nicht nur verkehrt, sie verkennt vielmehr in fundamentaler Weise die Machtverhältnisse in der Therapie: Es sind die Therapierenden, die die Macht auf ihrer Seite haben, nicht diejenigen, die sich um Hilfe in einer schwierigen oder kritischen Lebenslage bemühen. Grenzverletzungen (Rutter 1991) oder sexuelle Übergriffe stellen Formen von Machtmißbrauch dar, die zu Lasten der Therapierenden gehen, nicht der Hilfesuchenden. Es gehört also zu den Pflichten der TherapeutInnen, einen vorsichtigen und behutsamen Umgang mit ihrer Macht zu erlernen im Interesse ihrer Klientel. Und es gehört zu den Pflichten der therapeutischen Gemeinschaft, also der Verbände, darauf zu achten, daß einzelne Therapeuten und Therapeutinnen ihre Macht nicht mißbrauchen. Das Ende der Komplizenschaft unter den Therapierenden ist angesagt.

Literatur

Anonyma: Verführung auf der Couch. Freiburg 1988
Benjamin, J. Die Fesseln der Liebe. Frankfurt 1990
Breuer, B.: Leserbrief. In: Report Psychologie, Februar 1991, S. 28–29
Cremerius, J.: Vorwort. In: Spielrein, S: Sämtliche Werke, Bd. I, Freiburg 1986. S. 9–28
Cremerius, J.: Aus gegebenem Anlaß. Abstinenz-Maxime und Realität. In: Anonyma, Freiburg 1988. S. 166–190
Dokumentation des Hearings: »Sexuelle Übergriffe in der Therapie –

Kunstfehler oder Kavaliersdelikt?«, Hg. Arbeitsgemeinschaft Frauen in der psychosozialen Versorgung der DGVT, Tübingen 1991

Ehlert, M.: »Sexueller Mißbrauch in der Psychotherapie.« In: Report Psychologie, November 1990, S. 10–17

Odenbach, E.: In: Dokumentation Hearing, Tübingen 1991

Rutter, P.: Verbotene Nähe. Wie Männer mit Macht das Vertrauen von Frauen mißbrauchen. Düsseldorf 1991

Spielrein, S.: Tagebuch einer heimlichen Symmetrie, Sämtliche Schriften, Bd. I. Freiburg 1986

Vogt, I.: »Liebe und Sex in der Therapie.« In: Verhaltenstherapie und Psychosoziale Praxis 21, 1989. S. 39–48

Vogt, I.: »Neues zu ›Sex in der Therapie‹.« In: Verhaltenstherapie und Psychosoziale Praxis 22, 1990. S. 104–105

Vogt, I.: Frauen, Gewalterfahrungen und Beratung/Therapie. Eine Einstellungsuntersuchung. Abschlußbericht. Frankfurt 1991

Wetter, U.: In: Dokumentation Hearing, Tübingen 1991

Wirtz, U.: Seelenmord. Inzest und Therapie. Zürich 1989

Strafe oder Verständnis und Hilfe für mißbrauchende Therapeuten?

Immer wieder habe ich in Gesprächen die Meinung gehört, es sei nötig, ein Klima zu schaffen, in dem ein Therapeut sich ohne Angst vor Sanktionen mit sexuellen Übergriffen in der Therapie auseinandersetzen könne. Mindestens genau so oft wurde aber auch die Auffassung vertreten, daß es an der Zeit sei, sexuellen Mißbrauch in der Therapie unter Strafe zu stellen.

Ich glaube, es ist gerade in dieser Frage wichtig, zu einer sachlich angemessenen Grundlage der Beurteilung zu finden, und da das Thema bisher in Forschung, Lehre und Therapieausbildung wenig Beachtung gefunden hat, muß man wohl davon ausgehen, daß es an Wissen häufig fehlt. Es fehlt z. B. an Wissen darüber, wie schwerwiegend die Folgen einer sexuellen Beziehung zwischen Therapeut und Klientin für die betroffenen Frauen oft sind.

Ich möchte vorschlagen, die Schwere der Folgeschäden als den Maßstab anzusehen, an dem die Antwort auf die oben aufgeworfene Frage gemessen werden sollte.

Die mir bekannten Untersuchungen stimmen darin überein, daß eine sexuelle Beziehung zwischen Therapeut und Klientin für die Frauen in der Regel negative, nicht selten sogar katastrophale Auswirkungen hat, die denen einer Vergewaltigung oder des sexuellen Mißbrauchs von Kindern vergleichbar sind.

Da dies viel zu wenig bekannt ist, existiert in bezug auf den sexuellen Mißbrauch in der Therapie bisher kein klares Unrechtsbewußtsein, wie es beispielsweise für eine Vergewaltigung allgemein vorhanden ist. Auch das Recht, sei es nun das Strafrecht oder das Zivilrecht, ist ja nicht unabhängig vom Stand gesellschaftlichen Bewußtseins und gesellschaftlicher Entwicklungen. Ich verstehe das Strafrecht auch als Ausdruck konkreter und für bindend erklärter ethischer Nor-

211

men, die von der Allgemeinheit entweder bereits anerkannt und akzeptiert sind oder für die sich ein allgemeines Unrechtsbewußtsein erst noch entwickeln muß.

In diesem Sinne und ins Verhältnis gesetzt zu den schwerwiegenden Folgen für die betroffenen Frauen erscheint es mir als angemessen, den sexuellen Mißbrauch in der Psychotherapie als Straftatbestand in das geltende Recht aufzunehmen.

Gelöst ist das Problem damit freilich nicht.

So ist etwa die Frage nicht beantwortet, inwieweit durch Androhung einer Strafe Mißbrauch tatsächlich verhindert werden kann. Dies spricht aber nicht gegen eine Wertung des Mißbrauchs als Straftat und gilt auch für andere Delikte, z. B. für Vergewaltigung. Im Falle einer Vergewaltigung kann ich mir kaum vorstellen, daß irgend jemand unter Hinweis auf dieses Argument dafür plädieren würde, eine Vergewaltigung nicht als Straftat zu bewerten.

Das Dilemma besteht darin, einerseits zu wissen, daß Strafe eine Straftat nur bedingt verhindern kann und an den Ursachen für das strafbare Verhalten sowieso nichts ändert, andererseits aber vor der Notwendigkeit zu stehen, ethische Maßstäbe nicht nur setzen, sondern zum Schutz der Betroffenen auch durchsetzen zu müssen. In den Vereinigten Staaten übrigens ist sexueller Mißbrauch in der Therapie in einigen Bundesstaaten bereits eine strafbare Handlung, und auch in der Schweiz gibt es eine entsprechende Initiative.

Auch wenn die sexuelle Beziehung eines Therapeuten zu seiner Klientin zukünftig als Straftat bewertet würde, würde dies sicherlich nicht bedeuten, daß jede betroffene Frau Strafanzeige erstattet. Ich habe bereits verschiedentlich darauf hingewiesen, daß die mir bekannten Frauen eher ein Interesse an der persönlichen Auseinandersetzung mit dem Therapeuten hatten, mit diesem Wunsch aber auf Ablehnung stießen. Wenn ich es dennoch für wichtig halte, das Strafrecht dahingehend zu ergänzen, daß ein Therapeut sich mit der Aufnahme einer sexuellen Beziehung zu einer Klientin strafbar macht, dann deshalb, weil es Fälle gibt, in denen eine Strafanzeige m. E. die einzig richtige Reaktion auf das Verhalten des Therapeuten darstellt, weil es sich de facto um wiederholte und fortgesetzte Vergewaltigung handelt. Außerdem wird nur so den betreffenden Frauen die Möglichkeit gegeben, den Weg der Strafverfolgung erfolgversprechend zu beschreiten. Auch in Fällen, in denen Therapeuten wiederholt sexuelle Beziehungen mit Klientinnen eingehen – und diese Fälle sind ja leider gar nicht selten – halte ich die Möglichkeit einer strafrechtlichen Verfolgung für angemessen. In manchen Fällen muß man einen Therapeuten an der Ausübung seines Berufes hindern. Man wird ja auch zu verhindern wissen, daß ausgerechnet ein Alkoholiker, der zum Dienst immer wieder betrunken erscheint, als Chirurg tätig ist.

Mir ist aufgefallen, daß besonders Männer dafür plädieren, von einer Strafverfolgung oder auch nur einer zivilrechtlichen Auseinandersetzung abzusehen. Vielleicht liegt das daran, daß Männer, denen die Erfahrung, Opfer eines sexuellen Übergriffes zu sein, im allgemeinen abgeht, sich einfach nicht vorstellen können, wie vernichtend die Kombination von (männlicher) Sexualität und physischer oder psychischer Gewalt sein kann. Sosehr die Sexualität einerseits Quelle der Glückserfahrung sein kann, so sehr kann sie andererseits im physischen wie im psychischen Sinne zerstören. Vielleicht plädieren viele Männer auch für Milde, weil sie insgeheim fürchten, sie könnten selber einmal in die Lage des Beschuldigten geraten und für diesen Fall nicht nach allzu strengen Maßstäben beurteilt werden möchten. Rutter meint, es sei wesentlich auch uneingestandener Neid, der Männer so häufig dazu veranlaßt, eine eher entschuldigende Haltung einzunehmen (Rutter, 1990, a.a.O., S. 10), da der Reiz des Verbotenen für nahezu alle Männer eine große Verlockung darstelle.

Ich plädiere nicht dafür, immer und in jedem Fall das Strafrecht zu bemühen. Es mag im Einzelfall durchaus andere Möglichkeiten geben, mit dem Fehlverhalten eines Therapeuten umzugehen. Ich plädiere aber dafür, einer durch ihren Therapeuten schwer geschädigten Frau die Möglichkeit zu geben, selber darüber zu entscheiden, ob sie es für nötig hält, ihn auf diesem Wege zur Verantwortung zu ziehen.

Im Falle des Zivilrechts liegen die Dinge sowieso anders.

Hier geht es um handfeste Angelegenheiten, also z. B. darum, ein Honorar für eine »Behandlung«, die Schaden angerichtet hat, zurückzufordern oder ein angemessenes Schmerzensgeld einzuklagen. Daß dies berechtigt ist, läßt sich ebenfalls nur mit der Schwere der Folgeschäden begründen. Wenn man aber bedenkt, daß z. B. eine Ohrfeige als Körperverletzung gewertet wird und ein »Täter«, wie ich neulich in einer Tageszeitung las, sogar in einem solchen Fall zur Zahlung eines Schmerzengeldes verurteilt wurde, wird vielleicht deutlich, daß ein Schmerzensgeld eigentlich das mindeste an Wiedergutmachung sein sollte.

Ich halte es für wichtig, Schwarzweißmalerei zu vermeiden und Spielräume für eine differenzierte Beurteilung des Einzelfalles zu lassen. Für mich ist es ein Unterschied, ob ein Therapeut in eine sexuelle Beziehung hineingeschlittert ist, dies als Versagen erkennt und von sich aus Angebote zur Klärung und Wiedergutmachung macht (vgl. Kapitel »Der mißbrauchende Therapeut«), oder ob es sich um jemanden handelt, der zum wiederholten Mal mißbraucht und/oder keinerlei Einsicht in die Destruktivität seines Verhaltens zeigt. (Interessant ist in diesem Zusammenhang, daß in den Vereinigten Staaten inzwischen Rehabilitationskonzepte für mißbrauchende Psychotherapeuten entwickelt worden sind. Vgl. Hierzu: Ehlert, M., 1990, Sexueller Mißbrauch in der Psychotherapie. Fragen an Mitglieder und Vorstand des BDP, S. 14. Die gekürzte Fassung dieses Artikels, in der der entsprechende Hinweis aber nicht enthalten ist, erschien unter dem bereits genannten Titel: Ehlert, M., 1990c.)

Verständnis, Mitleid, Strafe – für mich schließen sich diese Begriffe nicht unbedingt aus. Ich halte es z. B. für denkbar, daß eine Frau, die als Kind mißbraucht wurde, von ihrem Vater sagt: Er war ein unglücklicher, zerstörter Mensch, er tut mir leid – und dennoch der Meinung ist, daß Inzest eine Straftat ist, für die der Täter zur Verantwortung gezogen werden und die zu wiederholen er gehindert werden muß.

Wenn es zutreffen sollte, daß ein mißbrauchender Therapeut im Mißbrauch an seiner Klientin wiederholt, was ihm selber an Demütigung und Mißbrauch von Abhängigkeit in der Kindheit angetan wurde; wenn es weiter zutrifft, daß ein solcher Therapeut sich hoffnungslos in seine eigenen neurotischen Muster verstrickt hat, ist Verständnis durchaus angebracht. Ich kann sogar der Meinung sein, daß es sich um eine jener tragischen Verstrickungen handelt, bei denen man sich davor hüten sollte zu behaupten, man selber könne unter keinen Umständen je in eine vergleichbare Situation geraten. Entschuldigen muß ich darum nichts.

Wir brauchen tatsächlich ein offenes Klima für die Auseinandersetzung mit diesem Problem. Ein Therapeut, der sich gefährdet fühlt, ist darauf dringend angewiesen. Wir brauchen ein Klima, in dem niemand mehr totschweigen muß, daß er sich von einer Klientin erotisch angezogen fühlt. Wir brauchen ein Klima, in dem jede erdenkliche Hilfe angeboten wird, um zu verhindern, daß sich aus solchen Gefühlen ein Mißbrauch der therapeutischen Beziehung entwickelt. Wir brauchen ein Klima, in dem akzeptiert und anerkannt wird, wenn ein Therapeut von sich aus bereit ist, sich der Auseinandersetzung mit seinem Fehlverhalten zu stellen. Es kann nicht um Stigmatisierung oder Strafe als Prinzip gehen. Wohl aber darum, das Problem des sexuellen Mißbrauchs in der Therapie in seiner ganzen Tragweite zu erfassen, eine klare Grenze zu ziehen und deutlich zu machen, daß diese Grenze nicht überschritten werden darf, ohne daß die Grenzüberschreitung Konsequenzen haben wird.

Wie können Frauen sich vor sexuellem Mißbrauch in der Therapie schützen?

In gewisser Weise enthält die Überschrift dieses Kapitels ein Paradoxon. Schützen kann man sich vor einer Gefahr, wenn man sie kennt, und erkennen kann man sie nur, wenn man die Situation kontrolliert, also dafür sorgt, daß man den Überblick nicht verliert, im Blick hat, was geschieht, das Geschehen zutreffend analysiert und die sich aus diesem Verständnis ergebenden Konsequenzen dann auch zieht. All dies ist in einer Psychotherapie aber nicht Aufgabe der Klientin. Ganz im Gegenteil wird sie aufgefordert, sich zu öffnen, Widerstände aufzugeben und Abwehrmechanismen außer Kraft zu setzen. Wenn eine Therapie sich gut anläßt, entwickelt die Klientin Vertrauen, und dieses Vertrauen ist das gerade Gegenteil kontrollierenden Verhaltens.

Der wesentliche Grund dafür, daß es für eine Frau sehr schwierig ist, sich vor einem Mißbrauch in der Therapie zu schützen, liegt also in der therapeutischen Situation selbst.

Trotzdem glaube ich, daß es einige Dinge gibt, auf die man achten kann, und daß die Sensibilisierung für bestimmte typische Anzeichen einen gewissen Schutz darstellt.

Zunächst einmal muß man, wie gesagt, die Gefahr, vor der man sich schützen will, überhaupt kennen. »Das Risiko Therapie« heißt ein 1989 erschienenes Buch (Giese, E., und D. Kleiber [Hrsg.]: Das Risiko Therapie. Weinheim; Basel: Beltz 1989), das auf mehr als 200 Seiten die problematischen Aspekte psychotherapeutischer Behandlung diskutiert. Eine Therapie ist nun einmal nicht automatisch eine Garantie für zunehmendes seelisches Wohlbefinden. Im günstigen Fall bewirkt sie Verbesserungen (die oft bescheidener und weniger spektakulär ausfallen, als man sich das wünscht), im ungünstigen Fall schadet sie mehr oder weniger gravierend. Nicht jede(r) ist sich darüber im klaren, wie gewaltig die Kräfte sind, die im Verlauf einer Psychotherapie freigesetzt werden können, und nicht jedem(r) ist ausreichend bewußt, daß diese Kräfte nicht nur Gutes bewirken, sondern auch eine außerordentlich zerstörerische Wirkung entfalten können. Zerstörerisch wirken sie z. B. dann, wenn eine Therapie in irgendeiner Weise entgleist.

Wer eine Psychotherapie machen möchte, sollte sich zu seinem eigenen Schutz die Mühe machen, sich mit den möglichen Risiken auseinanderzusetzen. An entsprechender Literatur herrscht kein Mangel (siehe Literaturverzeichnis).

Das Risiko des sexuellen Mißbrauchs wird in der diesbezüglichen Literatur allerdings äußerst selten angesprochen, obwohl es so gering nicht ist. Dabei kann es für Frauen, die eine Psychotherapie beginnen wollen, sehr wichtig sein, sich mit diesem Problem auseinandergesetzt zu haben. Eine Frau, die dies getan hat, wird für das Risiko sensibilisiert sein und aufgrund ihrer Kenntnis des Problems typische Anzeichen eher erkennen. Sie wird auch wissen, wie schwerwiegend die Folgen sein können, wenn sie sich auf eine sexuelle Beziehung mit ihrem Therapeuten einläßt, und dieses Wissen wird – so hoffe ich wenigstens – die Hemmschwelle erhöhen.

Besonders deutlich stellt sich die Frage, wie man sich vor sexuellem Mißbrauch in der Therapie schützen kann, für diejenigen Frauen, die von sich wissen, daß sie bereits in der Vergangenheit sexuell mißbraucht wurden. Ich vertrete nicht die Auffassung, daß Frauen wegen des Risikos des Mißbrauchs, das bei einem männlichen Therapeuten generell wesentlich höher ist als bei einer Frau, deshalb grundsätzlich lieber zu einer Therapeutin gehen sollten. Ganz im Gegenteil kann es je nach Lage der Dinge von besonderer Wichtigkeit sein, gerade bei einem Mann eine Therapie zu machen. Der Grad der Gefährdung durch einen männlichen Therapeuten ist natürlich nur ein statistischer Durchschnittswert. Für den einzelnen Therapeuten gilt diese Gefährdung in der Mehrzahl aller Fälle nicht. Ich möchte auf keinen Fall den Eindruck erwecken, als wollte ich implizit zum Ausdruck bringen, daß alle Therapeuten potentielle Mißbraucher sind. Aber ungefähr jeder zehnte ist es leider doch, und im Vorfeld des Mißbrauchs ist es nicht ohne weiteres auszumachen, ob man auf eines dieser schwarzen Schafe getroffen ist oder nicht.

Vor allem denjenigen Frauen, die bereits in der Vergangenheit mißbraucht worden sind, möchte ich deshalb empfehlen, diese Frage – Mann oder Frau als TherapeutIn – sehr genau abzuwägen.

Auch wenn eine Frau sich dafür entschieden hat, zu einem Therapeuten zu gehen, gibt es Dinge, deren Beachtung ihr einen gewissen Schutz geben können. So halte ich es etwa für sinnvoll, beim Erstgespräch einige Informationen in aller Deutlichkeit zu erfragen. Man sollte z. B. in Erfahrung bringen, welche Qualifikation der Therapeut genau hat. Es praktiziert mancher, der nur über eine recht unzulängliche Ausbildung verfügt. Zwar ist es eine Illusion zu glauben, daß eine fundierte Ausbildung garantiert, daß es nicht zum Mißbrauch kommt; aber daß eine mangelhafte Ausbildung in jedem Fall eine schlechte Voraussetzung für das Gelingen einer Therapie ist, bedarf wohl keiner weiteren Erläuterung.

Wichtig scheint mir die Frage, ob der Therapeut Supervision in Anspruch nimmt oder nicht. Die Antwort auf diese Frage sagt durchaus etwas darüber aus, wie groß die Bereitschaft dieses Therapeuten ist, sich selber und sein Verhalten in Frage zu stellen. Dies kann nur von Vorteil sein. Ich erinnere an die Arbeit von Retsch (1990), aus der hervorgeht, daß Therapeuten, die keine Supervision in Anspruch nehmen, eine sexuelle Beziehung zu einer Klientin häufiger für ethisch vertretbar halten als diejenigen, die Supervision haben.

Da es nicht wenige Therapeuten gibt, die es für ethisch vertretbar halten, ganz allgemein oder doch zumindest in bestimmten Fällen mit einer Klientin zu schlafen (vgl. Retsch, 1990, a.a.O., S. 50: Die entsprechende Frage wird von insgesamt 9,4 % der befragten VerhaltenstherapeutInnen dahingehend beantwortet), ist es sinnvoll, direkt nach der Einstellung des Therapeuten zu fragen. Eine klare Antwort auf diese Frage definiert von vornherein Grenzen, deren Überschreitung später eher auffällt, als wenn sie nie ausdrücklich benannt worden wären. Findet der Therapeut Argumente, die eine erotische Beziehung rechtfertigen, sollte man so schnell wie möglich das Weite suchen.

Da Therapeuten, die die Abhängigkeit einer Klientin mißbrauchen, Menschen mit deutlichen narzißtischen Defiziten zu sein scheinen, ist es sicher auch sinnvoll, im Erstgespräch auf alles, was in diese Richtung weisen könnte, sehr genau zu achten. Wenn ein Therapeut z. B. gleich nach der ersten Besprechung einen neuen Termin vereinbaren will und als gegeben voraussetzt, daß seine Gesprächspartnerin ohne jeden Zweifel bereit ist, ihn als Therapeuten zu wählen, ist Skepsis angebracht. Die Entscheidung, bei wem man schließlich eine Therapie beginnt, ist schwerwiegend; man benötigt dafür einen entsprechenden Spielraum, den ein Therapeut einräumen können muß. Einem Therapeuten, der narzißtische Größenphantasien hat, wird es voraussichtlich schwerfallen, zuzugestehen, daß ein anderer Therapeut seiner Gesprächspartnerin kompetenter oder sympathischer erscheint.

Die Entscheidung, bei wem man letztlich die Therapie beginnt, sollte gründlich bedacht und nicht allzu impulsiv getroffen werden. Auf keinen Fall sollte man sich für einen bestimmten Therapeuten entscheiden, weil man ihn nicht enttäuschen will und meint, sich einer durch ihn bereits vorweggenommenen Entscheidung nicht entziehen zu können. Gerade das Erstgespräch sollte man auf sich wirken lassen und es sorgfältig auf Unstimmigkeiten hin abklopfen.

Wenn im Verlaufe einer Therapie das Gefühl aufkommen sollte, daß sich irgend etwas in eine falsche Richtung bewegt; wenn der Verdacht entsteht, es könne zu einer Entwicklung kommen, die schließlich in eine sexuelle Beziehung mündet, sollte man diese Gefühle sehr ernst nehmen. Es gibt ja bestimmte, relativ typische Abläufe des Geschehens. Die mir bekannten Frauen hatten nicht selten schon recht früh den Eindruck, daß irgend etwas nicht stimmte. Aber sie haben ihren Gefühlen nicht recht vertraut und statt dessen nur zu leicht Interpretationen angenommen, die aufkommende Ängste als neurotisch und irrational abtaten. Manche Frau war gewarnt und hätte den Mißbrauch verhindern können, wenn sie ihre Gefühle ernst genommen hätte. In einer solchen Situation könnte es eine Hilfe sein, Literatur zum Thema Mißbrauch in der Therapie in die Hand zu nehmen und zu vergleichen: Finde ich die Gefühle, Verhaltensweisen und Erfahrungen, die dort beschrieben sind, wieder? Entsprechen sie dem, was ich erlebe? Der Vergleich der Erfahrungen kann manchmal ganz schnell zu einer zutreffenden Einschätzung der Situation führen und damit Handlungsspielräume eröffnen, die nicht gegeben sind, wenn man die Gefahr nicht oder zu spät erkennt.

Das Problem liegt allerdings auch darin, daß eine Frau, die sich in ihren Therapeuten verliebt hat oder zumindest stark an ihn gebunden ist, es in gewisser Weise nicht zur Kenntnis nehmen will, wenn sich ein Mißbrauch ankündigt. Dies zu erkennen wird nämlich nicht selten bedeuten, daß sie die Therapie abbrechen muß, und das ist in Anbetracht der bestehenden Bindung ein Schritt, der sehr schwer fallen kann und allen Gefühlen zuwiderläuft. Trotzdem glaube ich, daß die aufmerksame Beobachtung der eigenen Gefühle – eben auch ambivalenter Gefühle – und die Bereitschaft, die Botschaft der Gefühle oder auch die des Körpers ernst zu nehmen, einen gewissen Schutz darstellen kann. Eine Frau z. B., die vor jeder Therapiestunde Durchfall bekommt oder der nach jeder Therapiestunde übel ist, mag sich zwar einreden wollen, daß sie keinen Anlaß zur Sorge hat, aber ihr Körper teilt ihr hartnäckig mit, daß sie Angst hat. Der erste Schritt wäre, das dem Symptom zugrundeliegende Gefühl bewußt zur Kenntnis zu nehmen; der zweite, dieses Problem in der Therapie direkt anzusprechen. Der Spielraum für Übergriffe ist um so größer, je größer die Grauzone ungeklärter Empfindungen gehalten wird. Sobald das Thema offen auf dem Tisch liegt, müssen Antworten gegeben werden, mit denen gleichzeitig Grenzen definiert werden. Das direkte Ansprechen des Problems zielt darauf, eine Klärung der das Handeln bestimmenden Maßstäbe herbeizuführen und auch eigenen ambivalenten Gefühlen gegenüber eine klare Position zu beziehen.

Wenn einmal ein Unbehagen aufgekommen ist, muß man zumindest vorübergehend die Position des bedingungslosen Vertrauens aufgeben, kritische Fragen stellen, auf klaren Antworten beharren und das Vertrauen durch genaue Beobachtung der tatsächlichen Gegebenheiten ersetzen. Denn daß ein Therapeut auf entsprechende Fragen hin mitteilt, er habe nichts Erotisches im Sinn, heißt natürlich noch lange nicht, daß diese Auskunft der Wahrheit entspricht. Die Sprache des Körpers – Mimik, Gestik, Blicke, Haltung, Klang der Stimme etc. – gibt oft genauere Auskunft über die gefühlsmäßige Verfassung eines Menschen als das, was er sagt. Also sollte man versuchen, sich ein Bild davon zu machen, ob Körpersprache und das, was jemand sagt, zueinander passen oder im Widerspruch zueinander stehen.

Wenn sich Unbehagen und Zweifel hartnäckig halten, obwohl man ausdrücklich über alles miteinander gesprochen hat; wenn man den Eindruck nicht los wird, daß unterschwellig eine andere Wahrheit gilt als offiziell; wenn man das Gefühl hat, das etwas im Begriff ist zu entgleisen – dann, so glaube ich, ist es besser zu gehen, selbst wenn es im Einzelfall einmal heißen könnte, daß man einem Therapeuten Unrecht tut. Eine Fehleinschätzung der Situation seitens der Klientin mag für den Therapeuten schmerzlich sein, aber er wird einen Abschied, den er für unnötig hält, aller Voraussicht nach überstehen, ohne daß für ihn daraus ein Schaden entstünde.

Ein praktischer Ratschlag schließlich zum Schluß, der zynisch erscheinen mag, sich als vorbeugende Maßnahme jedoch als sehr sinnvoll und hilfreich erweisen kann:

Es spricht einiges dafür, vor dem Beginn einer Psychotherapie eine Rechtsschutzversicherung abzuschließen. Man steht dann nämlich, sollte es tatsächlich zum Mißbrauch gekommen sein, anschließend nicht vor dem Problem, daß man seine Rechte (z. B. die Rückforderung des Honorars – und davon kann abhängen, ob Geld für eine Folgetherapie vorhanden ist) nicht einklagen kann, weil das finanzielle Risiko eines Prozesses zu hoch und deshalb nicht tragbar ist.

Möglichkeiten für betroffene Frauen, Hilfe zu finden

In den meisten Fällen wird sich eine Frau, die von ihrem Therapeuten mißbraucht wurde, mit ihrem Problem sehr allein gelassen fühlen und nicht wissen, an wen sie sich wenden könnte, um die dringend benötigte Hilfe zu finden. Entsprechende Beratungsstellen gibt es in Deutschland bisher nicht, während in den Vereinigten Staaten Einrichtungen, die sich der spezifischen Problematik sachkundig annehmen, bereits seit einiger Zeit existieren (vgl. Wirtz, 1989, S. 256).

Dabei zeigt die Erfahrung, wie wichtig es ist, daß eine Frau, die – vielleicht noch im Anfangsstadium einer sich mißbräuchlich gestaltenden therapeutischen Beziehung – ihrem Unbehagen folgt und Rat suchen möchte, auch weiß, an wen sie sich wenden kann. Bei den in diesem Buch genannten Fällen, in denen Frauen nach einer Beratung mit Fachleuten die Therapie abbrechen und dadurch (noch) größeren Schaden verhindern konnten, hatten beide Frauen das Glück, Personen ihres Vertrauens zu kennen, die gleichzeitig das Geschehen fachlich kompetent beurteilen konnten. Dies ist aber eher die Ausnahme als die Regel. Die Idee, im Rahmen einer zukünftigen Verknüpfung der Arbeit von bisher isolierten Initiativen und Einzelpersonen auf die Einrichtung einer solchen überregionalen Beratungsstelle hinzuwirken, liegt daher auf der Hand.

Bis es aber entsprechende Einrichtungen gibt, muß jede Frau für sich herausfinden, wo in der Nähe ihres Wohnortes Menschen zu finden sind, die weiterhelfen können. Ich nenne im folgenden diejenigen Stellen, die hierfür in Frage kommen könnten.

Die Gruppe »Wildwasser e. V., Arbeitsgemeinschaft gegen sexuellen Mißbrauch an Mädchen«, die in vielen größeren Städten der ehemaligen Bundesrepublik vertreten ist, beschäftigt sich allgemein mit dem Thema des sexuellen

Mißbrauchs. In einzelnen Städten, z. B. in Freiburg, hat sich »Wildwasser« auch des Themas »Sexueller Mißbrauch in der Therapie« angenommen. »Wildwasser« ist hier Anlaufstelle für betroffene Frauen, kann Kontakt herstellen zu anderen Betroffenen und kennt auch diejenigen Therapeutinnen, die Erfahrung in der Arbeit mit sexuell mißbrauchten Frauen haben.

Frauenberatungsstellen und Frauengesundheitszentren können ebenfalls Anlaufstelle sein, da auch hier das Thema immer öfter diskutiert und bearbeitet wird. Die Düsseldorfer Frauenberatungsstelle beispielsweise plant die Einrichtung eines Unterstützungsfonds, aus dem für betroffene Frauen ein kleiner Teil der Kosten für eine Folgetherapie erstattet werden könnte.

Auch Frauengleichstellungsstellen in größeren Städten können Anlaufpunkte sein. Die Frauen, die in diesen Einrichtungen arbeiten, haben oft einen guten Überblick über Gruppen und Initiativen, die für weitere Hilfe in Frage kämen und sind u. U. auch bereit, Veranstaltungen zum Thema zu unterstützen oder selber entsprechende Initiativen aufzugreifen. In Freiburg beispielsweise veranstaltete die Stelle zur Gleichberechtigung der Frau im Frühjahr 1991 eine Frauen-Gesundheitswoche, bei der das Thema mit einem Vortrag und einem Gesprächskreis zur Diskussion gestellt wurde.

Ansprechpartner sind auch örtliche Gliederungen von Berufsverbänden, z. B. des BDP (Berufsverband Deutscher Psychologen). In manchen Fällen hat der BDP erfreulicherweise erhebliche Hilfe und Unterstützung geleistet.

Auf übergeordneter Ebene können betroffene Frauen sich an das Ehrengericht des BDP wenden (Adresse s. Anhang) und – sofern ihr früherer Therapeut Mitglied des BDP ist – ihren Fall dort zur Verhandlung bringen. Manche Frauen, die diesen Weg gegangen sind, fühlten sich hier allerdings schlecht vertreten.

In Abhängigkeit von der Einstellung und der Politik anderer Berufs- und Therapieverbände kann es sinnvoll sein, sich an die entsprechenden Verbände zu wenden (Adressen s. Anhang). In einigen Fällen wird man wenig Unterstützung finden, in anderen Fällen kann man auf Hilfe rechnen.

Die Arbeitsgruppe »Frauen in der psychosozialen Versorgung« in der Deutschen Gesellschaft für Verhaltenstherapie beispielsweise ist zum Thema des Mißbrauchs in Therapien sehr aktiv.

Selbsthilfegruppen bestehen meines Wissens bei uns zur Zeit nicht. Lediglich in Hamburg gab es eine Gruppe, die eine Zeitlang erfolgreich gearbeitet hat, inzwischen aber nicht mehr existiert, und in Frankfurt fand im Frühjahr 1991 ein Treffen betroffener Frauen statt. Die Entstehung eines Kommunikations- und Arbeitszusammenhangs für all diejeni gen, die betroffen sind oder sich mit dem Thema befassen, steckt erst in den Anfängen. Solche Zusammenhänge herzustellen halte ich für ein wichtiges Ziel, dem auch dieses Buch u. a. dienen soll. In der Summe ist es nicht so wenig, wie es auf den ersten Blick scheint, was mittlerweile an Initiativen, Projekten, Publikationen etc. zum Thema zusammengekommen ist. Wenn es gelingen sollte, einen entsprechenden Arbeitszusammenhang herzustellen, wären z. B. folgende Aktivitäten sinnvoll:

– Dokumentation der Fachliteratur
– Dokumentation bekannt gewordener Fälle
– Dokumentation juristischer Auseinandersetzungen
– Koordination der Arbeit der verschiedenen Initiativen
– Organisation überregionaler Treffen betroffener Frauen
– Organisationen von Vorträgen, Seminaren etc., die eine tiefergehende inhaltliche Auseinandersetzung mit dem Thema ermöglichen.

Ich könnte mir auch vorstellen, daß es sinnvoll wäre, eine Interessenvertretung betroffener Frauen zu schaffen, die als Bindeglied zwischen entsprechenden Aktivitäten von Berufs- und Therapieverbänden einerseits und betroffenen Frauen andererseits fungieren könnte. Bei dem von der »Arbeitsgemeinschaft Frauen und psychosoziale Versorgung« der Deutschen Gesellschaft für Verhaltenstherapie initiierten Hearing zum Thema Ende Januar 1991 z. B. waren meines Wissens betroffene Frauen nicht vertreten. Ich halte es aber für wichtig, daß nicht nur *über* betroffene Frauen geredet wird, sondern ein ernst zu nehmender Austausch zwischen Fachleuten und Betroffenen (die in gewisser Weise ja die eigentlichen »Expertinnen« sind) zustande kommt. Es könnte sonst allzuleicht passieren, daß Fachleute über ein Problem diskutieren, das sie im Kern nicht (immer) verstanden haben, statt in erster Linie einmal daran interessiert zu sein und gelten zu lassen, was die Betroffenen selbst als Quintessenz ihrer Erfahrung ansehen.

Sollte es gelingen, Arbeitszusammenhänge wie die hier skizzierten zu schaffen, ergäben sich natürlich auch ganz andere Möglichkeiten der Öffentlichkeitsarbeit. Ich glaube, für betroffene Frauen könnte es eine Hilfe sein, sich für ihr Thema auf eine Art zu engagieren, die über die Wahrnehmung der unmittelbar eigenen Interessen hinausgeht. Diesen Weg zu gehen – sich also z. B. in der Öffentlichkeitsarbeit zu engagieren – könnte bedeuten, daß eine ursprünglich äußerst negative und zerstörerische Erfahrung in eine sinnvolle und positive Tätigkeit umgewandelt werden kann.

Abschließend möchte ich exemplarisch zwei Initiativen vorstellen, an deren Aktivitäten sich zeigen läßt, wie ich mir eine sinnvolle Öffentlichkeitsarbeit vorstellen kann.

1. Die Hamburger Arbeits- und Selbsthilfegruppe »Mißbrauch psychotherapeutischer Macht«

Die Hamburger Gruppe »Mißbrauch psychotherapeutischer Macht« wurde im September 1987 gegründet. Sie ging aus einer Veranstaltung des Feministischen Frauentherapiezentrums Hamburg e. V. und der Dollen Deerns e. V. zum Thema »Sexueller Mißbrauch von Mädchen« hervor: Bei dieser Veranstaltung war auch das Problem des sexuellen Mißbrauchs in der Therapie zur Sprache gekommen; mehrere hiervon betroffene Frauen meldeten sich zu Wort und berichteten von ihren Erfahrungen. Dies veranlaßte die Frauen vom feministischen Therapiezentrum, zu einer eigens diesem Thema gewidmeten Diskussion einzuladen, zu der zwanzig interessierte Frauen erschienen, von denen fünf unmittelbar betroffen waren. Nach diesem Abend entstand die Gruppe, die von nun an regelmäßig Anzeigen in den Veranstaltungskalendern von Hamburger Tageszeitungen schaltete, um auf ihre Arbeit aufmerksam zu machen. Es meldeten sich auch weitere betroffene Frauen, jedoch erschienen viele nur ein einziges Mal (vgl. Kapitel »Das große Schweigen. Von der Unfähigkeit, sich zur Wehr zu setzen«). Die meisten von ihnen sprachen bei dieser Gelegenheit erstmals von ihren Erfahrungen. »Den Frauen«, berichtet ein Mitglied der Gruppe, »fällt es ungeheuer schwer, über ihre Erfahrungen zu sprechen. Die Namen der Therapeuten werden meist geheimgehalten, da die Preisgabe des Namens als »Verrat« empfunden wird und die Therapeuten zudem unter Hinweis auf ihre Existenz und ihre Familie häufig massiven Druck ausüben. Bei den meisten Frauen, die sich bei uns meldeten, wiederholte sich in der Therapie ein bereits in der Kindheit erlebter Mißbrauch.«

Über die Selbsthilfeorganisation »KISS« erhielt die Gruppe finanzielle Unterstützung und konnte so ihre Arbeit fortführen. So wurde z. B. ein Schreiben an alle Hamburger Frauenberatungsstellen verfaßt, in dem u. a. auch alle der Gruppe bekannten Therapeuten, die eine Klientin mißbraucht hatten, genannt wurden, um zu verhindern, daß diese Therapeuten in Zukunft weitere Frauen gefährden oder schädigen könnten.

In den Jahren 1988 und 1989 nahm die Gruppe, deren Mitglieder sich inzwischen auch theoretisch sachkundig gemacht hatten, mit eigenen Veranstaltungen an der Hamburger Frauenwoche teil.

Eine der Frauen, die in der Gruppe mitarbeitete, entschloß sich dazu, im Rahmen ihres Psychologiestudiums die Diplomarbeit zum Thema des Machtmißbrauchs in der Psychotherapie zu schreiben. In dieser Arbeit wird die Hamburger Gruppe mit ihren Aktivitäten und Erfahrungen ausführlich vorgestellt. (Schweitzer, B. [1989]: Grenzverletzungen, Machtmißbrauch und sexuelle Ausbeutung in Therapien. Diplomarbeit. Universität Hamburg, August 1989, unveröffentlicht.) Inzwischen hat die Gruppe ihre Arbeit eingestellt, da es nicht gelang, genügend Frauen für die Weiterführung der Arbeit zu gewinnen – eine Erfahrung, die man bei Überlegungen bezüglich des Aufbaus eines Netzes von Selbsthilfeinitiativen im einzelnen analysieren und berücksichtigen müßte.

2. Die Freiburger »Arbeitsgemeinschaft gegen sexuellen Mißbrauch in der Psychotherapie«

Im Juni 1990 wurde in Freiburg die »Arbeitsgemeinschaft gegen sexuellen Mißbrauch in der Therapie« gegründet. Anlaß war ein konkreter, kurz zuvor bekanntgewordener Fall. Erklärtes Ziel der Arbeit war es, dazu beizutragen, in der Öffentlichkeit ein Bewußtsein für das Problem zu schaffen.

Der Arbeitsgemeinschaft gehörten neben interessierten Einzelpersonen Vertreterinnen der Gruppe »Wildwasser« und Frauen einer studentischen Arbeitsgemeinschaft am Psychologischen Institut der Universität Freiburg an. Man einigte sich darauf, eine Podiumsdiskussion zum Thema vorzubereiten, die im Herbst 1990 dann auch stattfand. Da sich die lokale Presse an dem Thema interessiert zeigte, konnten zwei größere Artikel die Öffentlichkeit im Vorfeld auf die Existenz des Problems hinweisen. Damit war der Anfang eines Sensibilisierungsprozesses gemacht. Es gelang der Arbeitsgemeinschaft, einen beachtlichen Kreis von Mitveranstaltern für die Podiumsdiskussion zu gewinnen, nämlich:

- den Berufsverband Deutscher Psychologen, Bezirksverband Freiburg
- die Stelle zur Gleichberechtigung der Frau, Stadt Freiburg
- Das Forum Frau in der Regionalen Arbeitsstelle für Evangelische Erwachsenenbildung
- Wildwasser e. V.
- AG Kritische Psychologie am Psychologischen Institut der Universität Freiburg
- Feministisches Referat des Unabhängigen AstA, Universität Freiburg.

Inhaltlich waren durch die auf dem Podium vertretenen Personen folgende Bereiche abgedeckt: Ergebnisse empirischer Untersuchungen – Zur Psychodynamik des sexuellen Mißbrauchs in der Therapie – Folgen des Mißbrauchs für die betroffenen Frauen – Zur Politik der Berufsverbände – Die Stellung des BDP zum Problem des sexuellen Mißbrauchs in der Therapie – Rechtliche Aspekte des Problems.

Hier wurde der erfolgreiche Versuch gemacht, die verschiedenen Aspekte des Themas anzusprechen und einen Einblick in die Vielschichtigkeit der Problematik zu geben. Bemerkens- und begrüßenswert fand ich insbesondere, daß der BDP die Vizepräsidentin des Bundespräsidiums des BDP als offizielle Vertreterin des Verbandes auf das Podium schickte und damit deutlich zum Ausdruck brachte, welchen Stellenwert er dem Problem beimißt.

Der Andrang zu dieser Veranstaltung war erstaunlich: Mehr als 600 Zuhörerinnen und Zuhörer fanden sich ein, und weitere Interessenten mußten nach Hause gehen, weil der Saal aus allen Nähten platzte. Als (erwünschter) Nebeneffekt ergab sich, daß das Thema noch einmal verstärkt in den Medien aufgegriffen wurde. So entstanden z. B. im Zusammenhang mit der Podiumsdiskussion fünf Radiosendungen und zwei ausführliche Zeitungs- bzw. Zeitschriftenartikel, die sich mit der Problematik auseinandersetzten. Ein Mitglied der Arbeitsgemeinschaft bot schließlich bei der im Frühjahr 1991 von der Stelle zur Gleichberechtigung der Frau (Stadt Freiburg) durchgeführten Frauengesundheitswoche einen Vortrag sowie einen Gesprächskreis zum Thema an.

Was kann der einzelne Therapeut/ die einzelne Therapeutin tun, um Mißbrauch zu verhindern?

Da das Thema des sexuellen Mißbrauchs in der Therapie in Forschung, Lehre, Aus- und Weiterbildung bisher kaum eine Rolle spielt und eine öffentliche und offene Auseinandersetzung weitgehend fehlt, muß man leider davon ausgehen, daß viele Therapeuten auf das Problem nicht oder schlecht vorbereitet sind und ihnen grundlegende Kenntnisse fehlen.

Wie aber soll ein Therapeut in der Lage sein zu verhindern, daß er sich in einer entsprechenden Situation selber fehlverhält, wenn er sich des Problems weder ausreichend bewußt noch entsprechend sachkundig ist? So wäre die allererste und grundlegende Voraussetzung dafür, die Klientin und sich selber schützen zu können, daß der einzelne Therapeut sich so gründlich wie möglich informiert und mit dem Thema auseinandersetzt. Erst dann kann er die Gefahr angemessen beurteilen, erst dann wird ihm vielleicht bewußt werden, wie groß der Schaden ist, den er anrichten kann. Ein Therapeut, der weiß, daß sexueller Mißbrauch unter Umständen das Leben seiner Klientin gefährdet, wird die Grenze so schnell und unbedenklich vielleicht doch nicht überschreiten. Ich erinnere an die Untersuchung von Retsch (1990; vgl. Kapitel »Zahlen, Fakten, Tatbestände«): Immerhin 9,4 % der befragten VerhaltenstherapeutInnen hielten es für ethisch vertretbar, eine sexuelle Beziehung mit einer Klientin/einem Klienten einzugehen. Vielleicht hat es der eine oder andere Therapeut mit seiner ethischen Einstellung bezüglich Liebe und Sexualität in der Therapie auch deshalb nicht gar so genau genommen, weil er die Tragweite des Problems aufgrund seiner mangelnden Kenntnisse nicht richtig einschätzen konnte. Auf dem Hintergrund umfassender und sachlicher Information wird daher vielleicht mancher Therapeut seine Haltung zu dieser Frage überprüfen und zu einer anderen Einstellung finden.

Was tut not? »Zuerst einmal«, meint Cremerius (1988, S. 186): »Erkenne die Lage, d. h. wie der Röntgenologe sich immer der Gefahren im Aktionsfeld bewußt zu bleiben, d. h. aber auch, psychohygienische Überlegungen anzustellen: Wieviel Analysestunden am Tag kann ich, lebendig und kreativ, durchführen, welchen Ausgleich brauche ich, welches Gegengewicht, und heißt ferner, habe ich eine sachgerechte professionelle Einstellung, d. h. die Gelassenheit des Arztes, der weiß, daß er weder retten noch heilen, noch glücklich machen kann, wenn die *Natur* nicht mithilft?«

Es kommt, und darin herrscht Übereinstimmung, ganz wesentlich auch darauf an, sich mit der eigenen Lebenssituation auseinanderzusetzen. Natürlich geraten auch Therapeuten in Krisen und erleben unglückliche Lieben, Trennungen und Scheidungen (vielleicht sogar überdurchschnittlich häufig, falls es zutrifft, daß Therapeuten »ja nicht zu den unkompliziertesten Menschen gehören« – Reimer, 1990, S. 304) –, das läßt sich nicht vermeiden. Vermeiden läßt sich aber, sofern die Bereitschaft vorhanden ist, sich mit der eigenen Lebenssituation überhaupt auseinanderzusetzen, daß diese Konflikte zu Lasten der Klientin gehen, indem diese geben und ersetzen soll, was an anderer Stelle im Leben fehlt.

Ein Therapeut, der sich dessen bewußt ist, daß eine nicht zufriedenstellende persönliche Lebenssituation die Gefahr des Mißbrauchs grundsätzlich erhöht, wird mit dieser Situation eher sorgsam und verantwortlich umgehen können als jemand, der sich dieses Zusammenhanges nicht oder nur unzureichend bewußt ist.

Daß auch eigene unverarbeitete Konflikte die Gefahr des Mißbrauchs erhöhen können, liegt auf der Hand. Deshalb fordert Reimer (1990, S. 303): »Was erfolgen sollte, ist eine wirksame Auseinandersetzung des Therapeuten mit Selbst-Aspekten, die er möglicherweise nicht mag, vielleicht nicht einmal genau kennt, weil sie in seiner Selbsterfahrung unterdrückt wurden – von ihm, dem Lehrtherapeuten oder beiden. Um welche Themen könnte es sich dabei handeln? Z. B. um Haß, um das Schicksal der eigenen Sexualität und vor allem um ungelöste Abhängigkeiten, die eine eindeutige Distanz zur Patientin erschweren können.« Diese Einsicht bedeutet aber, daß auf seiten des Therapeuten die Bereitschaft gegeben sein muß, von der Möglichkeit weiterer Selbsterfahrung Gebrauch zu machen, wenn sich dies als notwendig erweist. Einem Therapeuten, der sich in Überschätzung seiner tatsächlichen Möglichkeiten insgeheim als Retter fühlt, dürfte das Eingeständnis, daß z. B. eine Reanalyse sinnvoll wäre, aber ebenso schwerfallen wie beispielsweise jemandem, der die Welt allzu naiv in gesunde Therapeuten und gestörte KlientInnen einteilt und deshalb seine möglicherweise vorhandenen eigenen neurotischen Muster nicht zur Kenntnis nehmen, geschweige denn verändern kann.

Schließlich – aber das ergibt sich aus dem oben Gesagten – sollte der Therapeut auch bereit und fähig sein, sich immer wieder von neuem zu fragen, was der Maßstab seines Handelns ist: Geht es bei dem, was er tut, um das Interesse und das Wohl der Klientin, oder ist sein Handeln auf die Befriedigung eigener Bedürfnisse ausgerichtet?

Da der Beruf des Psychotherapeuten mit hohen Risken und Gefährdungen verbunden ist, würde ich es eigentlich für eine Selbstverständlichkeit halten, daß jemand, der in diesem Beruf arbeitet, Supervision in Anspruch nimmt. Dem mag entgegenstehen, »daß die Einsicht in die Notwendigkeit weiterer Supervision oder gar Selbsterfahrung . . . für manche Therapeuten mit abgeschlossener Ausbildung eine narzißtische Kränkung darzustellen (scheint), so als würde man ihre Mündigkeit und Kompetenz bezweifeln« (Reimer, 1990, S. 303). Hier schließt sich der Kreislauf von Narzißmus und Mißbrauch: Ein Therapeut mit einer narzißtischen Problematik wird sich durch die Forderung nach Supervision, erneuter Selbsterfahrung und Weiterbildung gekränkt fühlen, entzieht sich demzufolge und ist daher mehr als andere zum Mißbrauch prädestiniert.

Wichtig wäre schließlich die Bereitschaft, sich zum Thema weiterzubilden. Allerdings sind entsprechende Angebote bisher recht selten.

Man sieht: Wenn das Risiko des Mißbrauchs vermindert und der Mißbrauch selber verhindert werden soll, setzt das auf seiten des Therapeuten neben einem hohen Maß an kritischer Auseinandersetzung mit dem eigenen Verhalten und den persönlichen Problemen und Lebensumständen vor allem die Einsicht in das Vorhandensein eigener Grenzen voraus, denn »das erscheint mir als die größte Gefahr: sich nach Abschluß der Ausbildung in eine einsame Situation zu begeben, in der man meint, Probleme mit Patienten souverän meistern zu müssen« (Reimer, 1990, S. 304). Gerade in einer Situation aber, in der ein Therapeut bemerkt, daß ihm die nötige Distanz einer Klientin gegenüber verlorengegangen ist, daß er sich erotisch stark von ihr angezogen fühlt und diese Gefühle außer Kontrolle zu geraten drohen, ist er dringend auf Hilfe angewiesen. Reimer schlägt deshalb vor, daß sich die Fachgesellschaften überlegen sollten, »ob sie ihren Mitgliedern Hilfe in Therapiekrisen anbieten, ohne daß Strafe bzw. sonstige unangenehme schädigende Konsequenzen befürchtet werden müssen« (1990, S. 304).

Was die Notwendigkeit sanktionierender Konsequenzen betrifft, so verläuft für mich die Grenze eindeutig zwischen dem inneren Konflikt und dem Agieren in der Realität. In Gedanken haben viele von uns sicher schon einmal einen Menschen, der uns sehr verletzt hat, umgebracht. Getan haben es die wenigsten. Der Gedanke ist nicht strafbar. Die Tat hingegen sehr wohl, und deshalb glaube ich, daß es, wenn die Grenze tatsächlich überschritten worden ist, nicht ohne unangenehme Konsequenzen für den Therapeuten abgehen kann.

Welches Ausmaß diese Konsequenzen annehmen sollten, sollte jedoch ganz entscheidend vom weiteren Verhalten des Therapeuten abhängen: Zum Beispiel von seiner Bereitschaft, sich mit dem Mißbrauch auseinanderzusetzen und persönliche Konsequenzen zu ziehen.

Typischerweise sind mißbrauchende Therapeuten gerade hierzu aber meistens nicht in der Lage (vgl. Kapitel: Der mißbrauchende Therapeut). Es gibt, meint Rutter, auch Männer, die so lange mißbrauchen werden, wie sie hierzu Gelegenheit haben, weil ihre Fähigkeit zu Einfühlung und Mitleid so früh zerstört worden ist, daß sie nie wieder entstehen wird. Diese Männer könne man nur durch äußeren Zwang davon abhalten, andere auszubeuten (Rutter, 1990, S. 194).

234

Hier wären wir denn auch hinsichtlich der Frage, was der einzelne Therapeut beitragen kann, um Mißbrauch zu verhindern, bei einem weiteren Komplex, den Rutter betont: Er fordert zum offenen Umgang mit dem Problem auf, statt die »männlichen Stammesgeheimnisse« zu wahren, indem über destruktives männliches Verhalten geschwiegen und es dadurch indirekt unterstützt wird. Es fordert seine Kollegen dazu auf, die heimliche Solidarität mit mißbrauchenden Therapeuten aufzukündigen und die Täter wissen zu lassen, daß ihr Verhalten nicht länger toleriert wird und Konsequenzen haben wird (Rutter, 1990, S. 203 ff.).

Eine andere Möglichkeit, auf einer allgemeinen Ebene dazu beizutragen, mißbräuchliches Verhalten von Therapeuten zu vermeiden, könnte darin bestehen, sich in Berufs- und Therapieverbänden, Arbeitsgemeinschaften, Ausbildungsinstitutionen etc. für dieses Thema zu engagieren. Dieses Engagement könnte z. B. heißen, sich dafür einzusetzen, daß einheitliche ethische Richtlinien formuliert werden, die allgemein als verbindlich angesehen werden, Gesetzesinitiativen bezüglich einer Ergänzung des Strafrechts zustande kommen, Weiterbildung angeboten wird, das Thema in Verbandspublikationen aufgegriffen wird, Stellen eingerichtet werden, die Hilfe für gefährdete Therapeuten anbieten etc. So könnte im Rahmen eines solchen Engagements auch die schwierige Frage aufgegriffen werden, wie es sich mit einer sexuellen Beziehung zu einer ehemaligen Klientin verhält. Es kann ja keine Frage sein, daß es sich auch dann um Mißbrauch handelt, wenn eine Therapie offiziell abgeschlossen wird, nur um gleich anschließend eine sexuelle Beziehung zu beginnen. Wer hiervon spricht, wenn er eine sexuelle Beziehung zu einer ehemaligen Klientin für vertretbar hält, redet dem Mißbrauch das Wort. Aus diesem Grunde ist es wichtig, daß ethische Richtlinien formuliert werden, die die Möglichkeit einer sexuellen Beziehung zu einer ehemaligen Klientin differenziert und klar beurteilen. Es macht sicherlich einen Unterschied, ob eine therapeutische Beziehung unmittelbar in eine sexuelle umgewandelt wird und Machtgefälle, Abhängigkeiten und Asymmetrie unverändert bleiben, oder ob es nach Jahren zu einer Wiederbegegnung kommt und dann eine Liebesbeziehung beginnt. Es gibt zu dieser Frage u. a. die Auffassung, daß die psychische Konstellation einer Vater-Tochter-Beziehung, wenn sie sich im Rahmen der Übertragung in der Therapie einmal etabliert hat, für immer gegeben sein wird. Ich teile diese Auffassung nicht in dieser Schärfe, glaube jedoch, daß die Standpunkte zu dieser Frage sehr differenziert sein sollten.

Ich möchte aber noch einmal auf die oben skizzierte Situation zurückkommen, in der ein Therapeut bemerkt, daß er sich von einer Klientin angezogen fühlt und ihm diese Situation zu entgleiten droht. Die Gefühle des Therapeuten sind vermutlich ambivalent, denn auch ein Therapeut, der starke erotische Anziehung fühlt und das kaum bezähmbare Verlangen hat, dieser Anziehung nachzugeben, wird irgendwo im hintersten Winkel seiner Seele wissen, daß er die Grenze zur sexuellen Aktion nicht überschreiten darf. Ich glaube, zweierlei wäre in dieser Lage wirklich wichtig: Die Phantasien sind da, es hat keinen Sinn, sie wegzudrängen; man sollte sie sich eingestehen. Erst dann läßt sich ein Verhältnis zu ihnen gewinnen, das Handlungsspielraum eröffnet. Und: Man muß mit jemandem reden. Solange man schweigt, bewegt man sich in einer gefährlichen Grauzone. Die Neigung, diesen Bereich nicht zu verlassen, wird verlockend sein, denn so schlägt man zwei Fliegen mit einer Klappe und wird der Ambivalenz der eigenen Gefühle gerecht: Einerseits kann man die Phantasien ausufern lassen; insofern wird man dem Verlangen gerecht. Andererseits kann man aber ein gutes Gewissen behalten, denn schließlich hat man nichts getan, was man nicht hätte tun dürfen; insofern tut man seinen ethischen Maßstäben Genüge. Dabei übersieht man allerdings nur zu gerne, daß die wuchernde Phantasie die Grenzen zunehmend auflöst und sie nach und nach so durchlässig macht, daß irgendwann der eine entscheidende Schritt hin zur sexuellen Aktion so klein wird, daß man kaum noch registriert, daß hier aus großer Quantität eine neue – und zerstörerische – Qualität wurde. Diesen Prozeß des allmählichen Hinübergleitens von der Phantasie in die reale Aktion gilt es zu unterbrechen. Die Chance, die Ambivalenz der eigenen Gefühle und damit die Gefährdung zu überwinden und zu einer eindeutigen Orientierung im Handeln zurückzufinden, ist ungleich größer, wenn man über seine Gefühle spricht. Das Reden stellt Distanz her. Wenn man jemand anderem erklären muß, was mit einem los ist, kann man sich nicht so viel vormachen, als wenn man es mit sich alleine ausmacht. Über die eigenen Gefühle sprechen bedeutet, sie dem Urteil eines anderen zugänglich zu machen. Es bedeutet auch, daß man sich Rechenschaft ablegt. Es bedeutet, aus dem Sog der Wünsche und des Begehrens einen Schritt herauszutreten; dieser Schritt ist der erste Schritt zur Überwindung der Gefahr.

Ziel der Auseinandersetzung mit den sexuellen Phantasien sollte natürlich sein, die verlorengegangene Distanz wiederherzustellen. Rutter meint, wenn dies möglich sei, brauchte die Klientin von den Gefühlen des Therapeuten niemals etwas zu erfahren (S. 198). Ich habe Zweifel daran, daß es sinnvoll ist, diese Gefühle verbergen zu wollen. Wenn sie so stark sind, daß wirkliche Gefahr besteht, sind sie auch spürbar. Man sollte die Sensibilität der Frauen nicht unterschätzen. Für die Klientin kann es sehr verwirrend sein, wenn sie genau fühlt, daß da etwas ist, der Therapeut es aber abstreitet. Ich würde es für sinnvoller halten, solche Gefühle in gewissem Umfang offenzulegen. Unerläßlich wird dies ohnehin, wenn es dem Therapeuten nicht gelingt, die nötige Distanz wiederherzustellen. Dann *muß* er mitteilen, was ihn bewegt, und damit die Möglichkeit schaffen, »ohne Übergriffe und Mißbrauch eine Situation zu beenden, die therapeutisch nicht mehr nutzbar ist« (Blaise, M., 1990, a.a.O., S. 362).

Die Beendigung der Therapie mag für die Klientin sehr schmerzhaft sein; jedoch drückt sich in dieser Entscheidung der Respekt vor ihrer Person aus, und das wird sie fühlen. Sie wird dem Therapeuten – wenn nicht sofort, dann doch zu einem späteren Zeitpunkt – danken, daß er auf ihre Situation Rücksicht genommen hat, statt ihre Abhängigkeit auszunutzen, und sie wird, über den Schmerz der Trennung hinweg, irgendwann erkennen, daß sich gerade im Verzicht auf eine sexuelle Annäherung Zuneigung und Sorge um ihr Wohlergehen ausdrückten. Sie wird die Hoffnungen, die sie an diesen bestimmten Mann geknüpft hatte, zwar aufgeben müssen, aber sie wird mit der Gewißheit gehen können, nicht ausgebeutet worden zu sein. Und das ist, – ganz besonders für die Frauen, die bereits in der Kindheit sexuell mißbraucht worden sind – eine Erfahrung, deren Wert nicht hoch genug eingeschätzt werden kann. Es ist eine Erfahrung, die das Vertrauen nicht zerstört und deshalb Raum für Hoffnung läßt.

Anhang

Adressen von Berufs- und Therapieverbänden

1. Deutschland (Gebiet der ehemaligen Bundesrepublik)

Berufsverband Deutscher Psychologen
Heilsbachstr. 22, 5300 Bonn, Tel. 02 28/64 10 56–56

Berufsverband Deutscher Psychologen
Schieds- und Ehrengericht
Vorsitzender der 1. Kammer Prof. Dr. Teichmann
Haus Recht und Wirtschaft, Universität, 6500 Mainz

Deutsche Gesellschaft für Verhaltenstherapie (DGVT)
Belthlestr. 15, 7400 Tübingen, Tel. 0 70 71/4 12 11

Gesellschaft für wissenschaftliche
Gesprächspsychotherapie (GwG)
Richard-Wagner-Str. 12, 5000 Köln 1, Tel. 02 21/23 79 17

Deutsche Psychoanalytische Gesellschaft (DPG)
Nußbaumstr. 7, 8000 München 2

Deutsche Psychoanalytische Vereinigung (DPV)
Sulzaer Straße 3, 1000 Berlin 33

Deutsche Gesellschaft für Psychoanalyse, Psychotherapie,
Psychosomatik und Tiefenpsychologie (DGPPP)
Alte Rabenstr. 24, 2000 Hamburg 13, Tel. 0 40/44 39 57

Alfred-Adler-Institut für Individual-Psychologie (DGIP)
Schützenstr. 52, 4000 Düsseldorf, Tel. 02 11/35 77 73

Deutsche Vereinigung für Gestalttherapie
Oberweg 54, 6000 Frankfurt 1, Tel. 0 69/5 97 59 90

Münchner Gesellschaft für bioenergetische Analyse e. V.
Mitglied des Internationalen Instituts für
bioenergetische Analyse in New York
Adelgundenstr. 11, RGB IV, 8000 München 22,
Tel. 0 89/2 28 39 81

Deutsche Gesellschaft für biodynamische Psychologie
c/o H. Schütz (1. Vorsitzende)
Kleiner Kielort 9, 2000 Hamburg

Deutsche Gesellschaft für Psychologie e. V.
(Verband der Psychologie-Hochschullehrer)
Präsident Prof. Dr. G. Lüer
Institut für Psychologie
Goßlerstr. 14, 3400 Göttingen, Tel. 05 51/39-36 19

Bundesärztekammer
Herbert-Lewin-Str. 1, 5000 Köln 41, Tel. 02 21/40 04-0

2. Schweiz

Schweizer Psychotherapeuten-Verband (SPV-ASP)
Postfach 31, 4011 Basel, Tel. 0 61-22 90 84 (8.30–12.00 Uhr)

Psychoanalytische Gesellschaft
Mühlebachstr. 45, 8008 Zürich, Tel. 01-2 52 81 41

C. G. Jung-Institut
Hornweg 28, 8700 Küsnacht, Tel. 01–9 10 53 23

Jungsche Psych. Stiftung
Dolderstr. 107, 8032 Zürich, Tel. 01–2 52 03 44

Ethikkommissionen der Mediziner:
Die zuständige Ethikkommission ist über das Sekretariat der
jeweiligen kantonalen medizinischen Gesellschaft zu erreichen, deren Sitz in der Regel die Hauptstadt des entsprechenden Kantons ist. (Zum Beispiel: Ärztegesellschaft des Kantons Zürich, Universitätsstraße 25, 8006 Zürich, Tel.
01-2 52 83 93)

Stellungnahmen von Ärztekammern und Berufsverbänden

1. Aus der SCHWEIZ liegt folgende Stellungnahme der Ärztegesellschaft des Kantons Zürich vor:
ÄRZTEGESELLSCHAFT DES KANTONS ZÜRICH
Telefon 01 252 83 93
(8–10 u. 15–17 Uhr)
8006 Zürich, Universitätsstraße 25, Postscheck 80-5129-1

MITTEILUNGEN Nr. III/1990

Redaktion: Dr. med. Alfred Hunziker (ah), Präsident, Dr. med. Ernst Zehnder (ez), Mitglied des Vorstandsausschusses, Dr. jur. H. Rittmeyer (ri), Sekretär
Mai 1990

Stellungnahme des Vorstandes zu sexuellen Handlungen in der Psychotherapie
(ri) In einer an den Ombudsmann der Ärztegesellschaft gelangten Beschwerde wirft eine Patientin ihrem ärztlichen Psychotherapeuten vor, während ihrer über Jahre dauernden Behandlung mit ihr sexuelle Beziehungen unterhalten zu haben. Die sexuellen Handlungen hätten jeweils während den Therapiestunden stattgefunden und seien nach Abschluß der Behandlung aufgegeben worden. Der Vorstand der Ärztegesellschaft des Kantons Zürich sieht sich heute genötigt, ein derartiges ärztliches Verhalten *ausdrücklich als standeswidrig* zu bezeichnen und zu verurteilen.

Sexuelle Handlungen mit Patienten gestützt auf angebliche Heilmethoden als therapiebedingt und -notwendig zu rechtfertigen, widerspricht heute anerkannten Regeln in der Psychotherapie. Abzulehnen ist aber auch jede Ausrede des Therapeuten, die Initiative zu geschlechtlichen Kontakten sei von der Patientin ausgegangen. Diese steht in einem Abhängigkeits- und Vertrauensverhältnis zum Psychotherapeuten, das dieser in besonderem Maß zu respektieren hat. Durch die Aufnahme geschlechtlicher Beziehungen – sei dies auch

241

»nur« durch Nachgeben auf Wünsche der Patientin – mißbraucht er in jedem Fall seine Machtstellung zur Befriedigung eigener sexueller Wünsche. Der Arzt verletzt damit die Persönlichkeit der Patientin und erweist sich des ihm entgegengebrachten Vertrauens als unwürdig. Solches Verhalten verstößt gegen Artikel 1 und 3 der Standesordnung unserer Gesellschaft. Sofern ein Schaden und der entsprechende Kausalzusammenhang nachgewiesen sind, haftet der Arzt auch für Schadenersatz und möglicherweise Genugtuung.

2. Am 29. 1. 91 fand auf Initiative der Arbeitsgemeinschaft Frauen und psychosoziale Versorgung (Arbeitsgemeinschaft in der Deutschen Gesellschaft für Verhaltenstherapie) ein Hearing der Berufs- und Therapieverbände zum Thema »Sexueller Mißbrauch in der Therapie – Kunstfehler oder Kavaliersdelikt?« statt. Die Arbeitsgemeinschaft hat zu diesem Hearing eine Publikation herausgegeben. Darin finden sich Stellungnahmen verschiedener Berufs- und Therapieverbände.

Die Publikation ist zu beziehen über:
DGVT-Arbeitsgemeinschaft Frauen in der psychosozialen Versorgung,
Belthlestr. 15, 7400 Tübingen

Ebenfalls in dieser Publikation findet sich die Stellungnahme eines Vertreters der BUNDESÄRZTEKAMMER.

Arbeitsgemeinschaften, die sich mit dem Thema befassen

Deutsche Gesellschaft für Verhaltenstherapie, Arbeitsgemeinschaft Frauen in der psychosozialen Versorgung, Belthlestr. 14, 7400 Tübingen, Tel. 0 70 71/4 12 11

Arbeitsgemeinschaft gegen sexuellen Mißbrauch in der Psychotherapie in Freiburg: Die AG ist z. Zt. nicht aktiv, jedoch kann die Arbeit wieder aufleben. Kontakt über die Autorin.

In Basel:
Gruppe zur Prophylaxe des sexuellen Mißbrauchs in der Psychotherapie, c/o Annegret Herzog und Dr. Marco Nicola, Largitzenstr. 74, 4056 Basel, Tel. 0 61/43 94 46.

Selbsthilfegruppen

Bisher existieren nach meiner Kenntnis keine Selbsthilfegruppen.

In HAMBURG gab es eine solche Gruppe, die aber inzwischen nicht mehr arbeitet.

Über die Arbeit dieser Selbsthilfegruppe wurde im Rahmen einer Diplomarbeit berichtet: Schweitzer, Bärbel: Grenzverletzungen, Machtmißbrauch und sexuelle Ausbeutung in Therapien. Universität Hamburg, August 1989.

In FREIBURG gibt es eine Initiative zur Gründung einer Selbsthilfegruppe. Kontakt: Wildwasser e. V., Schwarzwaldstr. 107, 7800 Freiburg, Tel. 07 61/3 33 39.

In FRANKFURT gibt es ebenfalls eine Initiative zur Gründung einer Selbsthilfegruppe. Kontakt: Dr. Irmgard Vogt, Marbachweg 305, 6000 Frankfurt 1, Tel. 0 69/5 60 11 77.

Einrichtung eines Hilfsfonds für betroffene Frauen

Die Frauenberatungsstelle in Düsseldorf plant die Einrichtung eines Hilfsfonds, aus dem beispielsweise Beiträge für die Finanzierung der Folgetherapien an betroffene Frauen gezahlt werden sollen/können. Kontakt: Frauen in Not, Akkerstr. 144, 4000 Düsseldorf.

Zu weiteren Erwägungen bzgl. Kostenübernahme und Überbrückungsmaßnahmen für betroffene Frauen siehe: Dokumentation zum Hearing »Sexuelle Übergriffe in der Therapie – Kunstfehler oder Kavaliersdelikt?«, Tübingen 1991.

Geplante wissenschaftliche Untersuchungen

Die folgenden Darstellungen geplanter wissenschaftlicher Untersuchungen (mit Kontaktadressen) stammen von den jeweils für die Untersuchung verantwortlich Zeichnenden.
1. Martin Ehlert, Dipl.-Psych.
Projekt: Psychodynamik und Folgen des sexuellen Mißbrauchs in der Therapie

2. Arbeitsgemeinschaft Psychotherapieforschung beim Institut für Psychotraumatologie, Sternwaldstraße 4, 7800 Freiburg

Projekt: Erforschung sexueller Kontakte in Psychotherapie und Psychiatrie

3. Kore Verlag, Traute Hensch: Der Kore-Verlag plant eine Untersuchung über die Folgen des Mißbrauchs in der Therapie für die betroffenen Frauen sowie den Aufbau eines Netzes von Selbsthilfegruppen. Kontakt: Kore-Verlag, Traute Hensch, Dreikönigstraße 6, 7800 Freiburg, Tel. 07 61/70 20 34.

4. Der Berufsverband Deutscher Psychologen (BDP) bereitet eine Umfrage unter klinischen PsychologInnen vor. Siehe hierzu: Wetter, U. in: Dokumentation Hearing, Tübingen 1991.

Projekt Nr. 1

Martin Ehlert
Diplom-Psychologe
Unterlindau 73
6000 Frankfurt am Main 1
Telefon 0 69 – 72 73 92

Psychodynamik und Folgen des sexuellen Mißbrauchs in der
Therapie:
Sexuelle Beziehungen zwischen Psychotherapeuten und
Patientinnen werden zu Recht als sexueller Mißbrauch bezeichnet. Allerdings bleibt dieser Zusammenhang ohne eine
detaillierte Untersuchung der *Psychodynamik* ebenso unver-
ständlich wie die in aller Regel gravierenden psychosozialen
Folgen für die betroffenen Patientinnen. In meiner Untersuchung geht es mir deshalb nicht nur darum, Art und Umfang
dieser Folgen möglichst exakt zu erfassen und die entstandenen Symptome aufzuführen, sondern in erster Linie darum,
die innerpsychische Entwicklung, die hinter den vorgefun-
denen Folgen und Symptomen steht, zu beschreiben und zu
verstehen. Neben einer Fragebogenerhebung, die die wesentlichen quantitativen Aspekte erfassen und meinen Ergebnissen eine etwas breitere Basis verschaffen soll, stehen sogenannte *Tiefeninterviews* im Zentrum meiner Arbeit. Dabei
handelt es sich um ausführliche Gespräche mit betroffenen
Patientinnen, in denen es darum geht, unter Einbeziehung
des lebensgeschichtlichen Hintergrundes das Geschehene
zu reflektieren und den Auswirkungen dieser Erfahrung auf
deren gesamten Lebensbereich nachzugehen. Von besonderem Interesse ist für mich dabei auch die Frage der Auswirkungen auf eventuell folgende Therapien.
An Kontaktaufnahme von betroffenen Patientinnen, aber
auch von interessierten KollegInnen bin ich sehr interessiert.
Meine Adresse ist: Dipl.-Psych. Martin Ehlert, Psychotherapeutische Praxengemeinschaft, Unterlindau 72, 6000 Frankfurt a. M. 1; Telefon: 0 69 – 72 73 92 (Anrufbeantworter, ich
rufe zurück).

Projekt Nr. 2

Projekt zur Erforschung sexueller Kontakte
in Psychotherapie und Psychiatrie
durch die
Arbeitsgemeinschaft Psychotherapieforschung
beim
Institut für Psychotraumatologie, Freiburg
Sternwaldstraße 4
7800 Freiburg
Tel.: 07 61/7 49 94

Eine Arbeitsgruppe von PsychoanalytikerInnen, PsychologInnen und JuristInnen erforscht z. Zt. in Zusammenarbeit mit der Universität Freiburg die Bedingungen und Folgen sexuellen Mißbrauchs im Rahmen psychotherapeutischer Beziehungen. Schwerpunkte der Untersuchung sind Sozialpsychologie und Psychodynamik des sexuellen Mißbrauchs auf seiten der TherapeutInnen sowie vor allem die Evaluation der Schäden, die derartige Traumata bei den Betroffenen hinterlassen. Diese werden in einer wissenschaftlich fundierten empirischen Untersuchung u. a. mit Hilfe halbstrukturierter Fragebögen für Betroffene und parallel dazu für ZweittherapeutInnen erfaßt mit folgenden Zielsetzungen:

1. Um den Widerständen, mit denen Öffentlichkeit und Fachkreise auf diese Thematik reagieren, mit belegbarem wissenschaftlichem Material begegnen zu können, so z. B. der Verleugnung von Verbreitung und schwerwiegenden Folgen.

2. Neben der notwendigen Aufklärungsarbeit in Öffentlichkeit und Fachkreisen sollen die Untersuchungsergebnisse dazu beitragen, vorbeugende Maßnahmen und effektive Hilfen zur Verarbeitung des Traumas zu entwickeln.

3. Auf der juristischen Ebene hoffen wir, mit der Untersuchung eine Basis für Gesetzesänderungen im ehren-, zivil- und strafrechtlichen Bereich zu schaffen und vor allem, den Betroffenen die gewöhnlich retraumatisieren-

den Prozeduren zu ersparen, die mit einer individuellen Schadensbegutachtung verbunden sein können.

Betroffene PatientInnen bzw. KlientInnen und KollegInnen, die an einer Zusammenarbeit interessiert sind, können sich wegen näherer Information oder Beratung gern an die o. g. Anschrift wenden:

z. Hd. Frau Dr. Monika Becker-Fischer.

Alle Zuschriften zu diesem Projekt behandeln wir selbstverständlich i. R. unserer beruflichen Verschwiegenheitspflicht als PsychotherapeutInnen.

Ausführliche Radiosendungen

Süddeutscher Rundfunk, Neckarstr. 230, 7000 Stuttgart
Dienstagredaktion 9. 10. 1990: Tatort Therapie (90 Minuten)
Eine Sendung von Rosvita Krausz

Hessischer Rundfunk, 2. Programm, 19. 10. 1990:
Wenn Therapeuten das Abstinenzgebot mißachten
Eine Sendung von Rosvita Krausz

Radio Dreyeckland, Adlerstr. 10a, 7800 Freiburg
5. 12. 1990, Thema: Sexueller Mißbrauch in der Therapie
Eine Sendung von Susanne Heynen und Alexandra Wörner

Radio Dreyeckland, 5. 2. 1991
Thema: Sexueller Mißbrauch in der Therapie. Interview mit einer betroffenen Frau.
Eine Sendung von Susanne Heynen und Alexandra Wörner

Fernsehsendungen

WDR, Aktuelle Stunde, 3. 12. 1990: Sexueller Mißbrauch in der Therapie. Video-Kassette über WDR-Filmhaus, Redaktion Aktuelle Stunde, Appellhofplatz, 5000 Köln 1

ZDF, Gesundheitsmagazin Praxis
4. April 1991: Sexueller Mißbrauch in der Therapie

ZDF, Studio 1, 29. Mai 1991: Mißbrauchte Gefühle – Sex in der Therapie

Literatur

Ich verweise auf die umfassende Bibliographie von:
Ehlert, M. (1990), Bibliographie zum Thema »Sexuelle Beziehungen zwischen Psychotherapeuten und ihren Patienten«, Wiesbaden (unveröffentlicht) 1990 und möchte an dieser Stelle Herrn Ehlert meinen Dank dafür aussprechen, daß er mir diese Bibliographie zur Verfügung stellte.

Mein besonderer Dank gilt auch Frau Antina Retsch, die mir ihre Diplomarbeit zur Verfügung stellte: Retsch, A. (1990): Liebe, Erotik und Sexualität in der Therapie. Eine anonyme Befragung von Verhaltenstherapeutinnen und Verhaltenstherapeuten. Diplomarbeit am Institut für Psychologie der Technischen Universität Braunschweig (unveröffentlicht), Oktober 1990

Kritische Auseinandersetzung mit Psychotherapie und ihren Risiken

Giese, E. und D. Kleiber (Hrsg.) (1989): Das Risiko Therapie. Weinheim, Basel: Beltz 1989

Giese, E. und D. Kleiber (Hrsg.) (1990): Im Labyrinth der Therapie. Erfahrungsberichte. Weinheim, Basel: Beltz 1990

Hemminger, H. J. (1987): Psychotherapie – Wege zum Glück? Zur Orientierung auf dem Psychomarkt. München: Evangelischer Presseverlag 1987

Kovel, J. (1984): Kritischer Leitfaden der Psychotherapie. Frankfurt a. M., New York: Campus 1984

Moser, T. (1984): Kompaß der Seele. Ein Leitfaden für Psychotherapiepatienten. Frankfurt a. M.: Suhrkamp 1984

Einführende Arbeiten zum Thema »Sexueller Mißbrauch in der Psychotherapie«

Blaise, M. (1990): »Du hast es doch gewollt!« Zum Problem ambivalenter Gefühle von Frauen, die sexuellen Übergriffen durch ihren Psychotherapeuten ausgesetzt sind. In: Verhaltenstherapie & Psychosoziale Praxis, 3/90, S. 361–366

Ehlert, M. (1990): Sexueller Mißbrauch in der Psychotherapie. In: Report Psychology, Nov. 1990, S. 10–16

Hirsch, M. (1987): Sexuelle Beziehungen zwischen Therapeut und Patient. In: Hirsch, M.: Realer Inzest. Psychodynamik des sexuellen Mißbrauchs in der Familie. Berlin, Heidelberg: Springer 1987, S. 168–176

Moser, T. (1989): Die Katastrophe der verlorenen Väterlichkeit. Zu einer Episode aus der »Verführung auf der Couch« von Anonyma. In: Körpertherapeutische Phantasien. Psychoanalytische Fallgeschichten neu betrachtet. Frankfurt a. M.: Suhrkamp 1989

ders. (1990): Irrungen und Wirrungen auf der Couch. Eine Analyse im Liebesrausch. Über Verführung auf der Couch von Anonyma. In: Das zerstrittene Selbst. Frankfurt a. M.: Suhrkamp 1990

Pope, K. und J. Bouhoutsos (1986): Sexual Intimacy between therapists and patients. New York: Praeger 1986

Reimer, Ch. (1990): Abhängigkeit in der Psychotherapie. In: Praxis der Psychotherapie und Psychosomatik 35, S. 294–305

Rutter, P. (1990): Verbotener Sex. Wenn Therapeuten und Helfer das Abstinenz-Gebot mißachten. In: Psychologie heute, Mai 1990, S. 44–47

Rutter, P. (1991): Verbotene Nähe. Wie Männer mit Macht das Vertrauen von Frauen mißbrauchen. Düsseldorf: Econ 1991*

* Die Zitate aus Rutter in »Tatort Couch« wurden von der Autorin aus der englischsprachigen Originalausgabe übernommen und übersetzt, da die deutsche Übersetzung zur Zeit der Manuskriptabfassung noch nicht vorlag.

Vogt, I. (1989): Liebe und Sex in der Therapie. In: Verhaltenstherapie & Psychosoziale Praxis, Heft 1, 1989, S. 39–48

Wirtz, U. (1989): Therapeutische Sackgassen. Sexueller Mißbrauch in der Therapie. In: Seelenmord. Inzest und Therapie, S. 245–284. Zürich: Kreuz 1989

Auseinandersetzung mit historischen Fällen

Carotenuto, A. (1986): Tagebuch einer heimlichen Symmetrie. Sabina Spielrein zwischen Jung und Freud. Freiburg i. Br.: Kore Verlag 1986

Chesler, P. (1972): Frauen – das verrückte Geschlecht? Reinbek: Rowohlt 1986

Cremerius, J. (1987): Sabina Spielrein – ein frühes Opfer der psychoanalytischen Berufspolitik. Zur Vorgeschichte der »Psychoanalytischen Bewegung«. In: Forum Psychoanalyse 3:2 (1987), S. 127–142

ders. (1988): Abstinenz–Maxime u. Realität. In: Anonyma, Freiburg i. Br.: Kore Verlag 1988

Moser, T. (1990): Verrat in inniger Umschlingung. Eine Gefühlskatastrophe aus der Frühzeit der Psychoanalyse. In: Das zerstrittene Selbst. Frankfurt a. M.: Suhrkamp 1990

Wirtz, U. (1989): Therapeutische Sackgassen. Sexueller Mißbrauch in der Therapie. In: Seelenmord. Inzest und Therapie. Zürich: Kreuz 1989

Empirische Untersuchungen/Umfrageergebnisse

a) Vereinigte Staaten

Bouhoutsos, J. u. a. (1983): Sexual intimacy between psychotherapists and patients. In: Professional Psychology: Research and Practice 14, S. 185–196

251

Gartrell, N. u. a. (1986): Psychiatrist-Patient Sexual Contact: Results of a national survey, I: Preva Lence. In: American Journal Psychiatry 143, S. 1126–1131

Holroyd, J. C. und A. M. Brodsky (1977): Psychologists attitudes and practices regarding erotic and non-erotic physical contact with patients. In: American Psychologist 32, S. 843–849

Kardener, S. H., M. Fuller, J. Mensh (1973): A survey of physicians' attitudes and practices regarding erotic and non-erotic contact with patients. In: American Journal Psychiatry 130, S. 1077–1081

Pope, K., H. Levenson, L. Schover (1979): Sexual intimacy in psychology training: Results and implications of a national survey. In: American Psychologist 34, S. 682–689

Pope, K., B. G. Tabachnick, P. Keith-Spiegel (1987): Ethics of Practice. The Beliefs and Behaviors of Psychologists as Therapists. In: American Psychologist 42, S. 993–1006

Umfangreiches Material zum Thema bietet: Pope, K. und J. Bouhoutsos (1986): Sexual intimacy between therapists and patients. New York: Praeger 1986

b) Niederlande

Aghassy, G. und M. Noot (1987): Seksuele contacten binnen psychotherapeutische relaties. In: Psycho-therapie (Niederlande) Nr. 6, November 1987

c) Bundesrepublik Deutschland

Arnold, E. (1990): Liebe, Sexualität und Erotik zwischen Therapeuten und Klientinnen. Eine anonyme Fragebogenerhebung bei zertifizierten Verhaltenstherapeuten und -therapeutinnen. Vortrag, gehalten beim »workshop Sexualität« am 2./3. Februar 1991 in Bochum (Weiterbildungsangebot der DGVT) (unveröffentlicht)

Retsch, Antina (1990): Liebe, Erotik und Sexualität in der

Therapie. Eine anonyme Befragung von Verhaltenstherapeutinnen und Verhaltenstherapeuten. Diplomarbeit am Institut für Psychologie der Technischen Universität Braunschweig (unveröffentlicht), Oktober 1990

Sex auf der Couch. Umfrage. Petra 90:9 (1990) S. 185 f.

Vogt, I. (1990): Neues zum »Sex in der Therapie«. In: Verhaltenstherapie & Psychosoziale Praxis, Heft 1 (1990), S. 104–105

Zur Psychodynamik

Apfel, R. und B. Simon (1985): Patient-therapist sexual contact. 1. Psychodynamic perspectives on the causes and results. In: Psychotherapy & Psychosomatic 43, S. 57–62

Blaise, M. (1990): »Du hast es doch gewollt!« Zum Problem ambivalenter Gefühle von Frauen, die sexuellen Übergriffen durch ihren Psychotherapeuten ausgesetzt sind. In: Verhaltenstherapie & Psychosoziale Praxis, Heft 3 1990, S. 361–366

Holzman, B. L. (1984): Who's the therapist here? Dynamics underlying therapist-client sexual relations. Smith College Studies in Social Work 54, S. 204–224

Marmor, J. (1976): Some psychodynamic aspects of the seduction of patients in psychotherapy. In: American Journal Psychoanalysis 36, S. 319–323

Rutter, P. (1991): Verbotene Nähe. Wie Männer mit Macht das Vertrauen von Frauen mißbrauchen. Düsseldorf: Econ 1991*

Smith, S. (1984): The sexually abused patient and the abusing therapist. A. study in sadomasochistic relationships. In: Psychoanalytic Psychology 2:1 (1984) S. 89–98

* vgl. Anmerkung S. 250

Folgen für betroffene Frauen

Bates, C. und A. Brodsky (1990): Eine verhängnisvolle Affaire oder: Sex in the Therapy Hour. Paderborn: Junfermann 1990

Ehlert, M. (1990): Sexueller Mißbrauch in der Psychotherapie. In: Report Psychologie, November 1990, S. 10–16

Feldman-Summers, S. und G. Jones (1984): Psychological impacts of sexual contact between therapists or other health care practitioners and their clients. In: Journal of Consulting and Clinical Psychology 52, S. 1054–1061

Pope, K. S. (1988): How clients are harmed by sexual contact with mental health professionals: The syndrome and its prevalence. In: Journal of Counseling and Development 67, S. 222–226

Rutter, P. (1991): Verbotene Nähe. Düsseldorf: Econ 1991*

Schoener, G. u a. (1984): Sexual exploitation of clients by therapists. In: Women & Therapy 3:3 (1984), S. 63–69

Sonne, J. L. u. a. (1985): Clients reactions to sexual intimacy in therapy. In: American Journal of Orthotherapy 55, S. 183–189

Vogt, I. (1989): Liebe und Sex in der Therapie. In: Verhaltenstherapie & Psychosoziale Praxis, Heft 1, 1989, S. 39–48

Wirtz, U. (1989): Therapeutische Sackgassen. Sexueller Mißbrauch in der Therapie. In: Seelenmord. Inzest und Therapie. Zürich: Kreuz, 1989

Probleme der Folgetherapie

Apfel, R. J. und B. Simon (1985): Patient-Therapist sexual contact. II. Problems of subsequent Psychotherapy. In: Psychotherapy & Psychosomatic 43, S. 63–68

---

* Vgl. Anmerkung S. 250

Collins, D. T. u. a. (1978): Patient-therapist sex: Consequences for subsequent treatment. McLean Hospital Journal 3, S. 24–36

Pope, K. S. und J. C. Bouhoutsos (1986): Sexual intimacy between therapists and patients. New York: Praeger 1986

Schoener G. u. a. (1981): Responding therapeutically to clients who have been sexually involved with their therapists. Minneapolis (unveröffentlicht) 1981

Ulanov, A. B. (1979): Follow-up treatment in cases of patient-therapist sex. In: Journal American Academy of Psychoanalysis 7, S. 101–100

Wirtz, U. (1989): Seelenmord. Inzest und Therapie. Zürich: Kreuz 1989

Zur Persönlichkeit mißbrauchender Therapeuten

Butler, S. und S. L. Zelen (1977): Sexual intimacies between therapists and patients. In: Psychotherapy: Theory, Research, Practice 14, S. 139–145

Herman, J. L., u. a. (1987): Psychiatrist-patient sexual contact: Results of a national survey. II. Psychiatrists attitudes. In: American Journal Psychiatry 144:2, S. 164–169

– Pope, K. S. und J. C. Bouhoutsos (1986): Sexual Intimacy between Therapists and Patients. New York: Praeger 1986

Rutter, P. (1991): Verbotene Nähe. Düsseldorf: Econ 1991*

Smith, S. (1984): The sexually abused patient and the abusing therapist. In: Psychoanalytic Psychology 2:1, S. 89–98

Vogt, I. (1989): Liebe und Sex in der Therapie In: Verhaltenstherapie & Psychosoziale Praxis 1/1989, S. 39–48

Wirtz, U. (1989): Seelenmord. Inzest und Therapie. Zürich: Kreuz 1989

---

* Vgl. Anmerkung S. 250

Prävention des Mißbrauchs und Rehabilitation mißbrauchender Therapeuten

Gartrell, N. u. a. (1988): Managment and rehabilitation of sexually exploitive therapists. In: Hospital And Community Psychiatry 39:10, S. 1070–1074

Pope, K. S. (1987): Preventing therapist–patient sexual intimacy: Therapy for a therapist at risk. In: Professional Psychology: Research & Practice 18, S. 624–628

Zum Problem sexueller Beziehungen zu Klientinnen nach Beendigung der Therapie

Brown, L. S. (1988): Harmful effects of posttermination sexual and romantic relationships between therapists and their former patients. In: Psychotherapy: Theory, Practice & Research 25:2, S. 249–255

Davidson, V. (1977): Psychiatry's problems with no name: therapist-patient sex. In: American Journal Psychoanalysis 37, S. 43–50

Gottlieb, M. C. (1985): Social and romantic relationships with former clients: A national survey. Paper presented at the annual meeting of the American Psychological Association, Los Angeles, Ca., August 1985 (unveröffentlicht)

Machover, K. (1986): Relationships with clients after termination: Clinical, ethical, and legal considerations. Paper presented at the convention of the American Psychological Association, Washington D. C. (unveröffentlicht) 1986

Rutter, P. (1991): Verbotene Nähe. Düsseldorf: Econ 1991*

Vogt, I. (1989): Liebe und Sex in der Therapie. In: Verhaltenstherapie & Psychosoziale Praxis, 1/1989

Wirtz, U. (1989): Seelenmord. Inzest und Therapie, Zürich: Kreuz 1989

* Vgl. Anmerkung S. 250

Zur Politik von Berufs- und Therapieverbänden

Cremerius, J. (1988): Abstinenz – Maxime und Realität. In: Anonyma, Freiburg 1988, S. 166–190

Dokumentation des Hearings »Sexuelle Übergriffe in der Therapie – Kunstfehler oder Kavaliersdelikt?« am 29. 1. 91 in Bonn. Herausgegeben von der Arbeitsgemeinschaft »Frauen in der psychosozialen Versorgung« in der Deutschen Gesellschaft für Verhaltenstherapie (Bezugsadresse s. Anhang), Tübingen 1991

Vogt, I. (1991): Hearing: Sexueller Mißbrauch in der Therapie – Kunstfehler oder Kavaliersdelikt? Untersuchungsergebnisse zum Thema – Konsequenzen in Theorie und Praxis. Vortrag, gehalten beim Hearing am 29. 01. 1991 in Bonn (unveröffentlicht)

Wirtz, U. (1989): Seelenmord, Inzest und Therapie. Zürich: Kreuz 1989

Zur Arbeit von Selbsthilfegruppen

Schweitzer, Bärbel (1989): Grenzverletzungen, Machtmißbrauch und sexuelle Ausbeutung in Therapien. Diplomarbeit (Psychologie), Universität Hamburg, August 1989. Darin: Bericht über die Arbeit der Hamburger Selbsthilfegruppe zum Thema »Sexueller Mißbrauch in der Therapie«

Juristische Erfahrungen

Bates, C. und A. M. Brodsky (1990): Eine verhängnisvolle Affäre oder Sex in the Therapy Hour. Paderborn: Junfermann 1990

Cummings, N. A. und S. B. Sobel (1985): Malpractice inshurance: Update on sex claims. In: Psychotherapie 22, S. 186–188

Gottlieb, M. C. u. a. (1988): Social/romantic relationships with present and former clients: State Licensing Board actions. In: Professional Psychology: Research and Practice 19, S. 459–462

Sell, J. M. und L. S. Schoenfeld (1986): Ethical consideration of social/romantic relationships with present and former clients. In: Professional Psychology: Research and Practice 17, S. 504–508

Streit (1990): Urteil mit Anmerkungen OLG Düsseldorf: Schmerzensgeld für die Klientin nach sexuellem Mißbrauch durch den Therapeuten. Heft 1/90, S. 37–42

Berichte betroffener Frauen

Anonyma (1988): Verführung auf der Couch. Eine Niederschrift. Freiburg i. Br.: Kore Verlag 1988

Angerolles, Joëlle (1991): Mein Analytiker und ich. Tagebuch einer verhängnisvollen Beziehung. Frankfurt/M: Fischer Taschenbuch 1991

Bates, C. und A. M. Brodsky (1990): Eine verhängnisvolle Affäre. Paderborn: Junfermann 1990

Blaise, M. (1990): »Du hast es doch gewollt!« Zum Problem ambivalenter Gefühle von Frauen, die sexuellen Übergriffen durch ihren Psychotherapeuten ausgesetzt sind. In: Verhaltenstherapie & Psychosoziale Praxis 3/90, S. 361–366

Romane

Smith, Rosamund (Pseudonym für J. C. Oates) (1991): Der Andere. München: Deutscher Taschenbuchverlag, 1991

Wheelis, Allen (1988): Der Doktor und das Verlangen. Reinbek: Rowohlt 1988

Artikel in Zeitschriften und Zeitungen

Burgard, R. (1990): Wenn Therapeuten schwach werden. In: Psychologie heute, Sonderheft Frauen, Heft 3, Dezember 1990, S. 78–83

Claussen, C. (1989): Liebe auf der Therapeutencouch. Eine verhängnisvolle Affäre. Stern 16, S. 94–101

Hösch, A. (1990): Vergiftete Liebe. Sexueller Mißbrauch in der Therapie. In: ZET. Stadtzeitung für Freiburg, Nov. 1990, S. 16–19

Hoffmann, F. (1990): Verführung in der Therapie. Infam wie Inzest. Cosmopolitan (Deutsch), Oktober 1990, S. 85–94

Lukoschat, H. (1991): Wenn Therapeuten ihre Macht mißbrauchen. Späte Erkenntnis in der Fachöffentlichkeit: Sexueller Mißbrauch in der Therapie ist kein »Kavaliersdelikt«. die tageszeitung (taz) vom 18. 3. 1991, S. 14

Naß, B. (1990): Doch die Grenze wird oft verletzt . . . Die Folgen eines sexuellen Mißbrauchs in der Therapie können katastrophal sein. Badische Zeitung vom 31. 7. 1990

dies. (1990): Sexueller Mißbrauch in der Therapie: Frauen berichten von den schweren Folgen. Badische Zeitung vom 9. 8. 1990

dies. (1990): Lange tabuisiert und banalisiert: Mißbrauch in der Therapie – ein »Delikt ohne Namen«. Badische Zeitung vom 12. 11. 1990

Ott, U. (1990): Der gerade Weg vom Inzest in den Wahnsinn. Emma, Juli 1990, S. 146–148

Rutter, P. (1990): Verbotener Sex. Wenn Therapeuten und Helfer das Abstinenzgebot mißachten. In: Psychologie heute, Mai 1990, S. 44–47

Sex auf der Couch, Umfrage. Petra 90:9, S. 185 f.

Spiegel: Mißbrauchte Gefühle: Von Seelenärzten behandelte Frauen zeigen zunehmend sexuelle Übergriffe an. Spiegel 44/28, S. 146–148 (Juli 1990)

Quellennachweis

J. Cremerius, Abstinenz – Maxime und Realität, in: Anonyma, Verführung auf der Couch, Kore Verlag, Freiburg 1988

M. Hirsch, Realer Inzest, Psychodynamik des Sexuellen, Springer Verlag, Berlin 1987

J. M. Masson, Was hat man dir, du armes Kind, getan?, Rowohlt Verlag GmbH, Reinbek 1984

A. Wheelis, Der Doktor und das Verlangen, Rowohlt Taschenbuch Verlag, Reinbek 1988